Valerio Luciani

Il bilancio di esercizio
dopo la direttiva 2013/34/UE

- Prima edizione -

Prima edizione, Dicembre 2015

ISBN-13: **978-1522802181**
ISBN-10: **1522802185**

INDICE

PREFAZIONE

Il bilancio di esercizio è oramai da tempo il principale documento con il quale le imprese mettono a disposizione delle molteplici categorie di stakeholder un insieme di informazioni fondamentali per la valutazione della loro situazione economico-finanziaria e patrimoniale.

I valori esposti nei prospetti di bilancio sono inoltre decisivi nell'espletamento di determinante vicende societarie, pensiamo ad esempio alle operazioni straordinarie e alla determinazione del reddito imponibile.

Negli ultimi anni, dopo una breve quiete normativa, la legislazione bilancistica italiana sta attraversando una nuova fase di fermento che pare destinata a rivoluzionare ancora una volta il nostro modo di intendere il bilancio, forse addirittura con effetti più invasivi rispetto a quanto avvenuto nel 1991 con il recepimento della IV e VII direttiva e nei primi anni duemila caratterizzati dall'entrata in vigore dei Principi contabili internazionali per le grandi società quotate e per gli intermediari finanziari.

Il Decreto Legge n. 91 del 24 giugno 2014 ha eliminato le restrizioni che impedivano alle società chiuse di redigere i propri conti annuali, individuali e consolidati, secondo gli IAS. Allo stato dell'arte, l'utilizzo degli standard internazionali è precluso solamente alle imprese che possono redigere i bilanci in forma semplificata.

Sempre nel 2014, l'OIC ha portato a compimento, con profondo ritardo e con una tempistica del tutto infelice, il progetto di aggiornamento dei Principi contabili nazionali. I nuovi Principi sono stati applicati per la prima volta ai bilanci dell'esercizio 2014.

Ma la vera svolta epocale è segnata dal recepimento, perfezionato in data 18 agosto 2015, della direttiva n. 34 del 26 giugno 2013 in materia di conti annuali e consolidati della generalità delle società di capitali.

La direttiva 34/2013/UE - che ha sostituito le storiche direttive 78/660/CEE e 83/349/CEE - è stata recepita per mezzo di due distinti decreti legislativi: il D.Lgs. 136/2015 disciplina il bilancio degli intermediari finanziari (IAS e non IAS); il D.lgs 139/2015 modifica la normativa del bilancio di esercizio e del bilancio consolidato (riportata nel D.lgs 127/1991) delle società manifatturiere, commerciali e di servizi.

L'ammodernamento del diritto contabile comunitario era pensato per permettere ai diversi Stati membri di adeguare le normative contabili interne alle esigenze delle piccole imprese. In particolare, il progetto avviato dalla Commissione Europea nella seconda parte del decennio scorso si proponeva di alleggerire gli obblighi gravanti sulle small entities. Contestualmente, la riduzione dei trattamenti opzionali avrebbe accresciuto la comparabilità dei bilanci all'interno dell'UE.

Purtroppo, la traduzione pratica degli obiettivi dichiarati non è stata all'altezza delle aspettative. La principale critica da più parti mossa al legislatore europeo è stata quella di concepire la redazione del bilancio e la revisione legale come un onere amministrativo, quasi come un elemento di disturbo, per le piccole imprese. Niente di più sbagliato: il bilancio è, a prescindere dalle dimensioni aziendali, uno strumento essenziale per i diversi portatori di interesse ai fini dell'assunzione di decisioni economiche e della valutazione dell'operato degli amministratori. Una comunicazione societaria chiara ed esaustiva favorisce lo sviluppo e la competitività dell'impresa, oltre a facilitare il reperimento delle risorse finanziarie, a titolo di capitale o di debito, strumentali al raggiungimento degli obiettivi prefissati dai vertici aziendali.

Altre fondate perplessità sono state manifestate riguardo al percorso di semplificazione attuato dai vertici dell'Unione Europea. Il legislatore comunitario ha inteso realizzare l'obiettivo della *deregulation* attraverso lo snellimento della Nota Integrativa e dei prospetti contabili mentre è noto che i costi di redazione del bilancio sono generati principalmente dall'applicazione dei criteri generali e particolari di valutazione. Ignorando questo aspetto fondamentale, la direttiva 34/2013/UE recepisce ulteriori criteri e metodologie di stampo anglosassone che, senza dubbio, complicano, anziché semplificare, l'attività dei compilatori.

La presenza di numerose disposizioni facoltative (vecchie e nuove), assenti nella bozza licenziata dalla Commissione Europea nel mese di ottobre 2011, ha in larga parte pregiudicato l'altro obiettivo dichiarato, ossia l'omogeneizzazione dei bilanci per le imprese medio-grandi.

Proprio le numerose deroghe presenti nella direttiva 34/2013 permettevano agli Stati membri di decidere in autonomia, sulla base del tessuto imprenditoriale di riferimento, le funzioni da assegnare al bilancio.

I margini di flessibilità potevano essere utilizzati, sempre a livello locale, per elaborare un *framework* contabile specifico per le piccole imprese fondato su regole di rilevazione degli eventi gestionali e di valutazione delle voci di bilancio finalmente coerenti con l'operatività delle stesse e con le esigenze informative dei loro portatori di interesse.

Le opportunità concesse dalla nuova direttiva non sono state ben sfruttate dal nostro legislatore il quale, forse non adeguatamente supportato, ha scelto un generale e confusionario allineamento della normativa nazionale del bilancio ai Principi contabili internazionali, andando ben oltre i trattamenti contabili obbligatori previsti in tal senso dall'Unione Europea. Di conseguenza, a partire dal 2016, anche le piccole imprese e le microimprese (categoria introdotta dal D.lgs 139/2015) saranno chiamate a confrontarsi con regole di rilevazione e di valutazione delle voci di bilancio a loro fino ad oggi sconosciute e certamente più complesse rispetto a quelle che caratterizzavano il modello di bilancio tradizionale.

Nella prospettiva delle *small entities*, i minori obblighi di *disclosure* sembrano destinati a generare benefici minimali dal momento che le informazioni eliminate dal bilancio ufficiale saranno comunque richieste dai soci e dai principali finanziatori delle imprese. Di contro, l'esercizio delle opzioni IAS comporterà un aumento significativo dei costi di redazione del bilancio destinato ad assorbire i vantaggi di cui si è appena detto. In poche parole avremo bilanci meno trasparenti ma più onerosi.

Considerato che l'esaustività della Nota Integrativa è fondamentale per assicurare il rispetto della clausola generale della rappresentazione veritiera e corretta, il processo di redazione dei bilanci semplificati ex-art. 2435-bis e ex-art 2435-ter (riferito alla nuova categoria delle microimprese) dovrà essere disciplinato con attenzione dai Principi contabili nazionali licenziati dall'Organismo Italiano di Contabilità. Principi contabili nazionali che a breve, per espressa previsione legislativa, saranno sottoposti a un nuovo corposo aggiornamento, a meno di due anni dalla pubblicazione dei documenti ad oggi in vigore. Confidiamo che questo ulteriore *restyling* possa rimediare a una serie di incoerenze e imprecisioni riscontrate negli OIC 2014.

L'OIC è chiamato a uno sforzo importante viste le numerose questioni tecnico-interpretative poste dal D.lgs 139/2015. Su tutte, citiamo la portata applicativa del principio della sostanza sulla forma, dopo la sua esplicitazione all'interno dell'art. 2423-bis in sostituzione del discusso concetto di funzione economica, e la valutazione al *fair value* degli strumenti finanziari derivati.

Alla luce delle ambiguità lessicali e sostanziali del riformato Codice Civile e della vastità delle novità normative, confidiamo che il nostro standard setter presti finalmente la dovuta attenzione alla statuizione dei Principi contabili nazionali, attività questa ad oggi troppo trascurata da un OIC eccessivamente attratto dalla vetrina internazionale. È inconcepibile al riguardo che il sito della Fondazione non proponga alcun cenno al recepimento della Direttiva. Ancor più incomprensibile il ritardo nell'avvio delle consultazioni sul rinnovamento dei Principi contabili nazionali se pensiamo che i bilanci dell'esercizio 2016 dovranno essere predisposti in base al "nuovo" Codice Civile.

Inoltre, visto il finanziamento pubblico dell'OIC e le sue funzioni istituzionali di recente certificate dal legislatore, auspichiamo una maggiore trasparenza economico-finanziaria della Fondazione. Sarebbe poi corretto rendere nota la composizione dello Staff di studiosi ed esperti coordinato dal Segretario generale.

Da accrescere, a nostro modesto avviso, anche il rigore scientifico e programmatico: i documenti licenziati sembrano in molte circostanze ricercare una mediazione tra le posizioni assunte dai diversi soci fondatori, finendo per sacrificare la validità dottrinaria delle soluzione proposte. Relativamente al processo decisionale dell'Organizzazione, valutiamo non consono per uno standard setter ufficiale la mancata finalizzazione di progetti importantissimi quali, ad esempio, la rappresentazione in bilancio delle aggregazioni aziendali oppure la disciplina dell'abbandono – obbligatorio o volontario - degli IAS da parte delle società italiane.

Un ruolo importante nell'immediato futuro spetta di diritto al Consiglio Nazionale dei Dottori Commercialisti nella duplice veste di socio fondatore della Fondazione OIC e di Organismo rappresentativo della professione contabile. Nel corso delle due consultazioni promosse dal MEF al fine di ottenere pareri sulle modalità di attuazione della Direttiva, il Consiglio ha manifestato tutte le sue preoccupazioni sul pedissequo adeguamento del Codice Civile ai Principi contabili internazionali, nella convinzione - assolutamente fondata – che un simile indirizzo avrebbe avuto ripercussioni negative in termini sia di attendibilità delle stime di bilancio sia di un significativo aggravio delle responsabilità in capo ai compilatori e ai soggetti preposti alla revisione legale dei conti.

Purtroppo, lo scioglimento e il successivo commissariamento dell'Ente - proclamato dal Ministero della Giustizia nel dicembre 2012 per "gravi e ripetuti atti di violazione di legge" riscontrate nel corso della procedura elettorale relativa alla nomina dei componenti del Consiglio per il 2013-2016 - ha molto probabilmente spogliato il CNDCEC della credibilità e dell'autorevolezza imprescindibili per affermare le proprie posizioni.

Nonostante l'immanente danno arrecato alla categoria dalla condotta spregiudicata e sconsiderata di pochi, siamo fiduciosi che la storica e prestigiosa Commissione Norme e Principi contabili del CNDCEC, ora trasformata nella Commissione per lo studio dei Principi contabili nazionali, tornerà a supportare adeguatamente i professionisti e, soprattutto, riuscirà a ritagliarsi uno spazio di primo piano nell'ambito della prossima riscrittura degli OIC standard .

Nel quadro normativo e regolamentare sin qui rapidamente descritto, il presente lavoro si propone di descrivere e commentare le disposizioni di attuazione della direttiva 34/2013/UE relative al bilancio ordinario di esercizio delle imprese "industriali".

La prima parte del volume, introduttiva rispetto al prosieguo della trattazione, ripercorre le varie tappe del processo di armonizzazione contabile europea e riporta una sintesi delle disposizioni della direttiva 34/2013 riferite al bilancio di esercizio (capitolo 1). Successivamente, si procede a un sintetico richiamo alla situazione normativa italiana antecedente al D.lgs 139/2015, ponendo in risalto anche la funzione assolta dai Principi contabili nazionali (capitolo 2).

Lo studio riportato nella seconda parte del testo affronta: le novità concernenti la clausola generale e i postulati di bilancio (capitolo 1), la forma e la struttura dei prospetti contabili (capitolo 2), il contenuto della Nota Integrativa e dei bilanci semplificati (capitolo 3), per terminare con una approfondita descrizione, teorica e pratica, degli emendamenti che hanno interessato i criteri particolari di valutazione di cui all'art. 2426 del Codice Civile (capitolo 4).

Un prospetto di comparazione tra la previgente e la nuova disciplina codicistica del bilancio chiude il volume.

***

Mentre redigevo questo libro tornavano alla mia mente le lunghe e frequenti conversazioni sulle diverse tematiche dell'Economia Aziendale che ho avuto il privilegio di intrattenere con il Prof. dott. Matteo Pozzoli durante la mia collaborazione con il Consiglio Nazionale dei Dottori Commercialisti e degli Esperti Contabili. A Lui devo tanto, forse tutto, ed è per questo che gli dedico la presente pubblicazione nel ricordo della Sua caratura morale, ancor prima che scientifica, e nell'assoluta convinzione – rectius certezza - che Egli saprà regalarci altri contributi di assoluto pregio.

Ringrazio inoltre il dott. Valerio Mancuso per il supporto editoriale e l'avv. Daniele Colobraro per l'assistenza legale. Eventuali errori e imprecisioni sono naturalmente responsabilità dell'Autore.

È possibile formulare quesiti o richieste di chiarimenti sul contenuto del volume al seguente indirizzo di posta elettronica: lucianivalerio@legalmail.it.

Nuove analisi e osservazioni sulla riforma del Codice Civile e sull'aggiornamento dei Principi contabili nazionali saranno presto disponibili sul sito www.contabilitaebilancio.it.

Valerio Luciani   Roma, Dicembre 2015

PARTE I

Il processo di emanazione della direttiva 34/2013/UE e il suo recepimento in Italia

CAPITOLO 1
LA RIFORMA DEL DIRITTO CONTABILE EUROPEO TRA OBIETTIVI DICHIARATI E PERCORSI ATTUATIVI

1.1. Il bilancio comunitario prima dell'avvento degli IAS/IFRS

Già agli inizi degli anni settanta, la comparabilità dei bilanci era considerata un passaggio fondamentale per rendere più agevole il percorso di internazionalizzazione delle imprese europee. La disomogeneità delle regole contabili rendeva estremamente problematico lo studio e il confronto delle informazioni riportate nei conti annuali delle aziende di diversa nazionalità, finendo così per scoraggiare gli investimenti fuori confine. Le limitazioni all'approvvigionamento di risorse finanziarie dall'estero frenavano lo sviluppo delle aziende continentali.

La direttiva n. 660 del 25 luglio 1978 (IV direttiva) ha avuto l'importante merito di codificare per la prima volta a livello normativo alcuni "principi contabili" che fino a quel momento trovavano riconoscimento solo nella dottrina o nella prassi.
L'espressione "principi contabili" comprende i criteri, le procedure e le tecniche applicative che definiscono: i fatti di gestione da rappresentare nei conti annuali e le relative modalità di iscrizione, gli approcci e le metodiche di valutazione degli elementi attivi e passivi del patrimonio aziendale, nonché le regole di redazione dei documenti, contabili e discorsivi, che compongono il fascicolo di bilancio.
I principi contabili elaborati dalla dottrina economico-aziendale e dalla pratica professionale rivestono un ruolo fondamentale e insostituibile nel processo di redazione del bilancio. Essi si distinguono in postulati (principi generali) e principi applicati (principi particolari). I postulati dettano le linee guida essenziali ai fini della misurazione del reddito e del patrimonio nonché per la predisposizione del bilancio; i principi applicati sono regole pratiche funzionali alla rilevazione degli eventi gestionali e alla rappresentazione dei valori in bilancio in attuazione dei principi generali.

La relazione che si instaura tra i principi contabili e le disposizioni di legge in materia di bilancio muta da Paese a Paese a seconda dell'ordinamento giuridico vigente.
Nei sistemi di *common law* - caratterizzanti in via pressoché totalitaria i Paesi di origine anglosassone quali, ad esempio, Stati Uniti, Regno Unito, Australia, Canada - sono le pronunce della magistratura, ovvero le sentenze passate in giudicato, a costituire la principale fonte normativa. Nell'ambito bilancistico, il mancato intervento del legislatore comporta che i principi contabili assurgano al rango di norme di legge e, dunque, la loro inosservanza può avere pesanti ripercussioni giudiziarie in capo al redattore del bilancio e al soggetto preposto alla revisione legale dei conti.

L'assenza di una legislazione sul bilancio richiede agli amministratori di selezionare di volta in volta, tra le regole generalmente accettate (*Generally accepted accounting principles*, GAAP), quella giudicata più idonea ad assicurare la corretta rappresentazione del fatto aziendale. La generale accettazione non si riferisce tanto alla diffusa applicazione di un criterio contabile tra gli operatori (ragionieri, dirigenti aziendali, revisori dei conti), quanto al suo riconoscimento da parte della dottrina e della pratica professionale (MELIS, 2008). Infatti, astrattamente parlando, un principio potrebbe essere ampiamente utilizzato ma non ricevere il consenso degli studiosi oppure della *best practice*. Ne consegue che la generale accettazione non è un requisito del principio quanto una sua caratteristica che ne certifica il ruolo espletato (MARCHI, 2012).

Diversamente, nei sistemi di matrice romanistica (*civil law*) tipici dei Paesi dell'Europa continentale (p.e.: Italia, Germania, Francia Spagna), la legge è la principale fonte del diritto a cui la collettività deve adeguarsi. La sfera di competenza delle autorità interessa anche la regolamentazione dell'informativa societaria. Ecco dunque che i Codici recepiscono alcuni principi contabili di riferimento (generali e applicativi) i quali, tuttavia, devono essere integrati e interpretati in ottica tecnico-applicativa dagli studiosi e dalla prassi. Le pronunce della *best practice* sono attuabili, come ovvio, solo se compatibili con le previsioni normative (FRATTINI, 2011). Il concetto di generale accettazione viene così sostituito dal requisito della correttezza: un principio emanato da un pur accreditato organismo tecnico-professionale non può definirsi corretto se non previa una asseverazione di conformità alle previsioni legislative da parte del compilatore del bilancio. A nulla rileva ai fini del giudizio, il consenso che la medesima ottiene tra gli esperti o tra gli operatori. D'altro canto, è naturale che l'approvazione ricevuta dal principio e il prestigio dell'Ente che lo ha elaborato sono elementi che propendono a favore della correttezza del medesimo.

La IV direttiva poneva i postulati della chiarezza e della rappresentazione veritiera e corretta in una posizione sovraordinata rispetto agli altri principi contabili. La generalità e indeterminatezza alla base dei principi generali in oggetto non hanno permesso di rinvenire una esegesi condivisa sul contenuto effettivo delle regole che esse forniscono. Ciò nonostante, gli studiosi convergono nel sostenere che il principio della chiarezza attiene al rispetto delle regole relative alla compilazione dei prospetti di bilancio, mentre la rappresentazione veritiera e corretta riguarda in via prevalente la rilevazione dei fatti di gestione e la valutazione delle diverse poste contabili.

La direttiva 78/660 sanciva inoltre il principio dell'unitarietà del bilancio, il cui fascicolo comprendeva lo Stato Patrimoniale, Conto Economico e Nota Integrativa: la legge comunitaria disciplinava, pur con varie opzioni di recepimento, la forma e la struttura dei prospetti contabili, oltre a specificare il contenuto dell'allegato discorsivo.

Un aspetto caratterizzante la IV direttiva era l'elevato numero di facoltà concesse agli Stati membri. Le autorità europee tentarono di trovare un punto di incontro tra i principali orientamenti nazionali fin dove possibile, tramutando in trattamenti opzionali gli aspetti non conciliabili. Un approccio più rigoroso non avrebbe permesso con molta probabilità di superare gli ostacoli posti dalla coesistenza di una pluralità di culture e prassi contabili all'interno dell'Unione Europea.

Sempre in quel periodo, il modello organizzativo del "gruppo di imprese" si affermava come valida alternativa al modello della "grande impresa indipendente" per la realizzazione delle strategie di crescita dimensionale e di allargamento dei confini delle aziende europee (FIORI-TISCINI, 2014; PAOLONI-CELLI, 2011). Dal punto di vista della rendicontazione finanziaria, le informazioni sulle *performance* del gruppo erano per lo più tratte dal bilancio della *holding* attraverso l'analisi delle variazioni del valore contabile delle partecipazioni nelle società controllate e collegate dei dividendi eventualmente percepiti.

Un simile approccio difettava in esaustività e di attendibilità dei risultati poiché privo di una visione unitaria dell'aggregato aziendale. Si diffondeva così il bisogno di un documento di secondo livello – denominato bilancio consolidato - il quale, tramite una "finzione giuridica", superasse la distinzione formale tra le diverse personalità giuridiche delle società del gruppo (GARDINI, 2010).

Questa esigenza è stata colmata dalla Direttiva n. 349 del 13 giugno 1983 (VII Direttiva). La disciplina europea del bilancio consolidato definiva: i soggetti tenuti alla redazione del documento e i casi di esonero, la forma e il contenuto del bilancio, l'area di consolidamento (perimetro del controllo) e altre fondamentali regole di compilazione.

La legislazione contabile comunitaria è stata oggetto di successive integrazioni. Tra queste, segnaliamo la direttiva n. 635 dell'8 dicembre 1986 relativa al bilancio d'esercizio e al bilancio consolidato delle imprese bancarie e la direttiva n. 674 del 19 dicembre 1991 applicabile ai conti annuali (individuali e di gruppo) delle imprese di assicurazione.

Precisiamo che la disamina della normativa (europea e nazionale) del bilancio consolidato e dei bilanci degli intermediari finanziari non rientra tra le finalità del presente volume.

***

Nel complesso, le direttive contabili hanno garantito un miglioramento generale della qualità e della confrontabilità della comunicazione economico-finanziaria, a vantaggio soprattutto delle imprese transfrontaliere. Tuttavia, questa "armonizzazione imperfetta" ha manifestato nel corso degli anni evidenti limiti che sono stati amplificati dall'evoluzione dello scenario finanziario mondiale. L'introduzione della moneta unica, il progresso tecnologica e la globalizzazione dei mercati hanno richiesto alle società europee una comparabilità e una profondità delle informazioni di bilancio che il testo originario delle direttive e i successivi aggiornamenti non erano in grado di offrire.

A partire dalla seconda metà degli anni novanta, la strategia di armonizzazione contabile virava verso la ricerca di un sistema coordinato di regole di redazione del bilancio da applicarsi in via obbligatoria a tutte le imprese quotate nell'ambito dell'Unione Europea.

L'ipotesi di licenziare una nuova direttiva, in sostituzione dei testi allora vigenti, fu scartata visti i lunghi tempi richiesti dalla sua emanazione e dalla successiva attuazione all'interno dell'UE. La soluzione ritenuta più efficace per venire tempestivamente incontro alle esigenze delle multinazionali fu quella di emanare un Regolamento comunitario che adottasse un *corpus* di principi contabili generalmente accettati già emanati da Enti privato-professionali riconosciuti a livello mondiale. Sul punto, vale la pena precisare che i Regolamenti comunitari sono atti giuridici di portata generale e sono obbligatori e direttamente applicabili in ciascuno Stato membro (*atti self-executing*), mentre le direttive diventano cogenti nei Paesi dell'UE soltanto dopo il recepimento da parte delle singole autorità nazionali.

La scelta dei vertici della Commissione Europea – diffusa per la prima volta nel 1995 attraverso la Comunicazione n. 508/95/CEE, *"Armonizzazione contabile: una nuova strategia nei confronti del processo di armonizzazione internazionale* – ricadde sui Principi contabili internazionali licenziati dall'*International Accounting Standard Board* (all'epoca *International Accounting Standard Committee*).

I principi IAS/IFRS furono preferiti agli US GAAP emanati dal *Financial Accounting Standard Board* in virtù del loro elevato *standard* qualitativo e di una visione più globale rispetto ai principi contabili statunitensi. Il riconoscimento degli IAS/IFRS da parte di autorevoli istituzioni internazionali (IOSCO; Comitato di Basilea, Fondo Monetario Internazionale) è stato un altro fattore rilevante nel processo decisionale dei *Board* europei.

Il processo legislativo di adozione dei Principi contabili internazionali ha portato all'emanazione del Regolamento (CE) n. 1606/2002 che ha obbligato le società quotate (o in procinto di quotarsi) dell'UE a presentare i loro bilanci consolidati in base ai principi dello IASC (dal 2001 IASB), al più tardi dal 2005. Il Regolamento permetteva agli Stati membri di consentire o imporre l'applicazione degli IAS alle:

- società quotate nei loro bilanci d'esercizio;
- società non quotate (sia per il bilancio individuale che per quello di gruppo);
- società operanti in settori particolarmente delicati come le banche e le imprese di assicurazione.

È bene puntualizzare che i Principi contabili internazionali man mano emanati dallo IASB entrano in vigore nei Paesi membri dell'Unione europea dopo un accurato processo di "omologazione" (*endorsement*), che coinvolge due organismi dell'Unione Europea: uno di tipo tecnico (EFRAG, *European Financial Reporting Advisory Group)* e uno di tipo politico (ARC, *Accounting Regulatory Committee*).

Secondo quanto riportato all'art. 3 del Regolamento 1606/2002, i singoli *standard* IAS/IFRS sono adottati dall'UE a condizione che:

- siano coerenti con il principio della true and fair view affermato dalle direttive contabili;
- rispondano all'interesse pubblico europeo;
- soddisfino i criteri di comprensibilità, pertinenza, affidabilità e comparabilità richiesti dall'informazione finanziaria necessaria per adottare decisioni economiche e valutare l'idoneità della gestione.

Nel contesto italiano, l'applicazione dei Principi contabili internazionali è regolamentata dal D.lgs 38/2005 che sarà analizzato nel prossimo capitolo.

Riteniamo opportuno anticipare che, ai sensi dell'art. 5 del predetto Decreto, le disposizioni degli IFRS omologati dall'UE devono essere disattese, in casi eccezionali, se contrarie al principio della rappresentazione veritiera e corretta.

In aggiunta, le norme di cui ai commi 7-*bis* e 7-*ter* dell'art. 4 del D.lgs 38/2005 – introdotte dalla Legge 10/2011 di conversione del Decreto legge 225/2010 (mille proroghe) – prevedono un ulteriore *endorsement* a livello domestico degli *standard* internazionali recepiti dall'Unione Europea a partire dal 1° gennaio 2011. In particolare, il Ministro della Giustizia, di concerto con il Ministro dell'Economia e delle Finanze, acquisito il parere dell'Organismo italiano di contabilità e delle Autorità di Vigilanza (Banca d'Italia, CONSOB e IVASS), emana, entro novanta giorni dall'entrata in vigore dei Regolamenti UE che recepiscono uno o più Principi contabili internazionali, un apposito decreto contenente eventuali disposizioni applicative volte a realizzare, ove compatibile, il coordinamento tra i Principi medesimi e la disciplina nazionale del bilancio.

1.2. Una sintetico confronto tra il modello di bilancio tradizionale e il paradigma IAS/IFRS

La transizione ai principi contabili IAS/IFRS (di seguito anche solo "IAS" o "IFRS") ha radicalmente modificato la concezione e il significato della rendicontazione finanziaria nell'ambito dei Paesi dell'Unione Europea (LAGHI, 2006).

Storicamente, il bilancio assolve due funzioni fondamentali. In primo luogo, esso è il principale strumento tramite il quale le imprese comunicano periodicamente a un'ampia platea di destinatari la loro situazione patrimoniale, finanziaria e reddituale (funzione informativa).

Oltre a fornire informazioni ai terzi sullo stato di salute dell'impresa, le grandezze esposte nei prospetti di bilancio – ci riferiamo al reddito di esercizio e al connesso capitale di funzionamento – influenzano le modalità di realizzazione di determinate operazioni aziendali, finendo così per incidere in modo rilevante sulle dinamiche societarie. Ci riferiamo, ad esempio, all'assegnazione dei dividendi ai proprietari dell'impresa, alle operazioni sul capitale sociale, alla determinazione del reddito imponibile, fino ad arrivare al calcolo del patrimonio di vigilanza per gli intermediari finanziari (funzione organizzativa).

Il modello di bilancio di esercizio previsto dalla Quarta Direttiva era fortemente influenzato dalla cultura contabile dei Paesi di *civil law* dove il finanziamento delle imprese avviene in via prevalente tramite il sistema bancario. In questi contesti socio-economici, la funzione organizzativa del bilancio tende a prevalere su quella informativa: lo scopo prevalente del bilancio consiste nella determinazione di un reddito di esercizio assegnabile ai soci senza pregiudicare la consistenza patrimoniale della società. Tale modo di pensare il bilancio era funzionale al raggiungimento di due obiettivi basilari e allo stesso tempo complementari: la tutela dei creditori sociali che fanno affidamento sulla solidità patrimoniale della società data la responsabilità limitata dei soci; la garanzia della continuità della vita dell'azienda in una logica di miglioramento del livello di soddisfazione dei bisogni umani e di incentivo alla crescita della produzione.

Il sacrificio della funzione informativa a vantaggio della funzione organizzativa si riflette sui criteri di valutazione delle poste patrimoniali e nelle logiche di determinazione del reddito. Un bilancio rivolto in via prevalente ai finanziatori non deve fornire un'immagine fuorviante delle *performance* aziendali, ossia una situazione migliore di quella effettivamente esistente. Il processo di formazione del bilancio è improntato sul principio della prudenza, postulato da intendersi sia come norma di comportamento (cautela nell'esperimento delle valutazioni di bilancio – prudenza amministrativa) sia come una regola che impone di imputare a Conto Economico solo gli utili realizzati alla data di chiusura dell'esercizio, mentre le perdite presunte probabili concorrono alla formazione del reddito (prudenza estimativa).

A livello di situazione patrimoniale, l'asimmetria nel momento di riconoscimento degli utili e delle perdite obbliga a rilevare le attività di bilancio al minore tra il costo di acquisizione, o di produzione, e il valore di mercato. È evidente che un reddito di esercizio incapace di esprimere le aspettative dei vertici aziendali sulle operazioni in corso, a meno che queste non siano negative, e un capitale netto di bilancio sottostimato rispetto al reale valore dell'azienda, pregiudicano la valenza informativa del bilancio come indicatore di risultato.

Il modello di bilancio IAS/IFRS riflette l'impostazione dei Paesi anglosassoni, il cui tessuto imprenditoriale è caratterizzato dalla presenza di grandi società quotate a larga base azionaria. In queste realtà, la funzione organizzativa del bilancio è di fatto ignorata e, come indicato nel primo paragrafo, la statuizione delle norme bilancistiche viene demandata alla prassi professionale.

Lo scopo del bilancio consiste quindi nell'informare i terzi sulla situazione patrimoniale e finanziaria e sul risultato economico al fine di favorire la consapevole e razionale assunzione di decisioni economiche da parte degli *stakeholder* aziendali, quali ad esempio: scegliere quando comprare, mantenere o smobilizzare un investimento in capitale di rischio; valutare lo spirito di servizio o il senso di responsabilità della direzione aziendale; valutare la capacità dell'impresa di pagare e fornire altri benefici ai propri dipendenti; valutare le garanzie connesse ai finanziamenti concessi all'impresa; determinare le politiche fiscali; determinare gli utili distribuibili e i dividendi; preparare e utilizzare le statistiche sul reddito nazionale; regolamentare le attività poste in essere dalle imprese.

Un bilancio così concepito riduce il gap di conoscenze tra i destinatari e il *top management* e assicura il corretto funzionamento del sistema economico per effetto di un'allocazione ottimale delle risorse fra le diverse imprese quotate, le cui capacità di raccogliere risorse finanziarie sono commisurate ai risultati raggiunti e adeguatamente divulgati.

Posto che i conti annuali non sono in grado di soddisfare contemporaneamente il fabbisogno conoscitivo dei diversi *stakeholder* aziendali, è compito della normativa contabile specificare la categoria di portatori di interesse a cui l'informazione societaria è prioritariamente rivolta. Tradizionalmente, il Quadro sistematico dei Principi contabili internazionali (*Framework*) individua negli investitori - intesi come i soggetti conferenti il capitale di rischio - i destinatari privilegiati del bilancio.

Un bilancio rivolto ai "proprietari" deve esprimere la capacità dell'impresa di generare flussi di cassa idonei a garantire la congrua remunerazione e il recupero delle somme conferite. La necessità di mostrare le *performance* conseguite nel periodo amministrativo comporta l'accantonamento del principio della prudenza estimativa a favore della piena attuazione della competenza economica. In altre parole, il saldo finale del Conto Economico esprime un reddito potenziale comprensivo degli utili (e delle perdite) attesi su investimenti ancora in essere alla data di riferimento del bilancio.

L'anticipazione dei ricavi (e delle perdite) si traduce dal punto di vista patrimoniale nell'iscrizione delle attività e delle passività ai rispettivi valori di mercato (*fair value*), così da registrarne tempestivamente le eventuali fluttuazioni di valore (rivalutazioni e svalutazioni), senza dover attendere la conclusione del processo produttivo. In questo modo, la configurazione di capitale netto esposta nello Stato Patrimoniale non dovrebbe discostarsi dal "valore reale" della società.

È importante segnalare che il vigente *Conceptual Framework for Financial Reporting* (2010) estende la categoria dei *primary users* ai creditori sociali. Questo emendamento al testo del 1989 è stato interpretato da taluni osservatori come un avvicinamento dell'impianto IAS/IFRS al modello di bilancio comunitario. Una simile visione non appare del tutto condivisibile. A parere di chi scrive, lo IASB ha semplicemente posto sullo stesso piano creditori e azionisti, nella convinzione che entrambe le categorie di *stakeholder* siano interessate a comprendere la dinamica del valore dell'azienda osservata. Infatti, il novellato *Framework* conferma che il bilancio IAS deve in primo luogo rendicontare sull'attitudine dell'impresa di generare flussi finanziari da destinare ai finanziatori – a titolo di interessi e di rimborso del prestito – e ai proprietari della medesima sottoforma di dividendi o di incremento del valore della partecipazione. Pertanto, le configurazioni di reddito e di capitale mostrate nei conti IAS (reddito potenziale, capitale economico) continuano a divergere da quelle presentate in un bilancio conforme alla prima versione della IV direttiva (reddito distribuibile e connesso capitale di funzionamento).

1.3. La riforma delle direttive contabili comunitarie

Dopo l'entrata in vigore del Regolamento 1606/2002, le direttive in materia di bilancio rimanevano la base normativa di riferimento per l'emanazione delle regole contabili nazionali rivolte alla generalità delle società non IAS.

Viste le divergenze tra la concezione europea del bilancio e gli *standard* internazionali, la prosecuzione del percorso di armonizzazione contabile non poteva prescindere da un adeguamento delle direttive al dettato degli IAS.

In questo modo, i Principi contabili internazionali sarebbero stati applicati in Europa:

- in via diretta dalle imprese che per scelta, o per obbligo, redigono i propri bilanci in aderenza agli IAS/IFRS sulla base del Regolamento 1606/2002 e delle conseguenti deliberazioni dei governi nazionali;
- in via indiretta dalle altre imprese, una volta terminata la modernizzazione delle direttive contabili e il successivo recepimento da parte dei singoli Stati membri.

La rivisitazione in ottica IAS della normativa comunitaria del bilancio è stata compiuta attraverso la direttiva n. 65 del 27 settembre 2001 e la direttiva n. 51 del 18 giugno 2003. Entrambi i provvedimenti hanno modificato le direttive 78/660/CEE, 83/349/CEE e 86/635/CEE; la direttiva 51/2003 ha riguardato anche il bilancio delle imprese di assicurazione (direttiva 91/674/CEE).

È utile segnalare che l'adeguamento "indiretto" agli IAS era per lo più un'opzione concessa ai Paesi dell'UE e non un obbligo, fatta eccezione per alcune disposizioni vincolanti.

La direttiva 2001/65/CEE mirava consentire agli Stati membri di autorizzare o prescrivere la valutazione al valore equo (o *fair value*) degli strumenti finanziari, compresi i derivati, detenuti con finalità speculativa. La nozione di *fair value* e la sua misurazione saranno affrontate nella seconda parte del volume, nell'ambito della nuova disciplina codicistica degli strumenti finanziari derivati (par. 4. 4).

La direttiva 2003/51/CEE proponeva un pacchetto di disposizioni ad ampio raggio (presentazione del bilancio, rilevazione e valutazione delle poste contabili e *disclosure*) finalizzate all'adattamento – come anticipato, prevalentemente facoltativo - delle normative bilancistiche locali agli IAS.

Le versioni aggiornate delle direttive riassumevano un complesso di regole e assiomi provenienti da diverse culture contabili. I principi contabili "tradizionali" (pensiamo al costo storico e alla prudenza) erano stati affiancati da una serie di postulati e regole tecniche di derivazione anglosassone.

La conferma e l'ampliamento dei trattamenti opzionali palesavano la volontà di delegare ai legislatori nazionali la definizione del fine assunto dal bilancio di esercizio.

Era altresì evidente come le norme fossero da sempre focalizzate sui bisogni delle società di grandi dimensioni, entità queste in larga misura uscite dall'ambito di applicazione delle direttive in seguito al Regolamento 1606/2002 e alla sua attuazione da parte dei diversi Stati membri.

Il *focus* sulle imprese medio-grandi aveva condotto ad inserire obblighi contabili sempre più sofisticati, sia a livello di valutazione delle voci di bilancio che di informativa, senza ponderare in modo adeguato la possibilità di operare una semplificazione delle regole esistenti. In conseguenza di tale approccio, il contenuto delle direttive era da molti giudicato eccessivamente oneroso e inadeguato rispetto alle esigenze delle piccole imprese, divenute le principali destinatarie delle disposizioni comunitarie dopo la rivoluzione degli IAS. Inoltre, le continue integrazioni avevano minato la chiarezza del disposto legislativo.

Le criticità ora evidenziate spinsero i vertici dell'Unione Europea a procedere nel più breve tempo possibile alla sostituzione della IV e della VII direttiva.

I lavori della Commissione Europea, propedeutici alla stesura della nuova legge europea in materia di bilancio, hanno avuto inizio con la Comunicazione del 10 luglio 2007. In tale occasione, la Commissione individuava nella riduzione degli oneri amministrativi a carico delle imprese europee l'obiettivo fondamentale della riforma.

Nel solco di questa attività, la Comunicazione della Commissione del 26 giugno 2008 *"Una corsia preferenziale per la piccola impresa. Alla ricerca di un nuovo quadro fondamentale per la Piccola Impresa"* (uno *"Small Business Act"* per l'Europa) affermava per la prima volta il principio del *"Think small first"*. Pensare anzitutto al piccolo vuole intendere tener conto delle dimensioni d'impresa al momento di legiferare in una prospettiva di semplificazione del contesto normativo vigente.

Lo *Small Business Act*, poi aggiornato con la Comunicazione della Commissione del 23 febbraio 2011 *"Riesame dello Small Business Act per l'Europa"*, puntava alla creazione di un nuovo quadro politico, a livello nazionale e comunitario, volto a favorire la crescita delle piccole imprese attraverso la definizione di una serie di principi guida e la contestuale elaborazione di proposte di intervento idonee a trasformare in pratica le linee di indirizzo individuate.

La prima consultazione pubblica sulla predisposizione della nuova direttiva è stata promossa nel 2009 attraverso il documento *Consultation on the review of the Accounting Directive* che sviluppava le tematiche affrontate nel documento del 2007. L'avvio del confronto con gli operatori rispondeva all'invito formulato dal Parlamento europeo – per mezzo della Raccomandazione datata 18 dicembre 2008 – di completare il processo di revisione della IV e della VII direttiva addirittura entro la fine del 2009.

Una seconda consultazione promossa nel febbraio del 2009 si proponeva di raccogliere pareri riguardo a una possibile adozione a livello europeo dell'*International Financial Reporting Standard for small and medium-sized entities*, come possibile alternativa alla riscrittura dell'ordinamento contabile comunitario. L'IFRS for SMEs (QUAGLI-PAOLONI, 2011) è un documento che riporta una selezione dei *full IAS* giudicata dallo IASB adatta per soddisfare le esigenze degli *stakeholder* delle piccole e medie imprese. I risultati dell'analisi di impatto convinsero la Commissione a non recepire l'IFRS for SMEs, ritenuti dalla maggior parte dei rispondenti contrari agli obiettivi di semplificazione e riduzione degli oneri amministrativi. La bocciatura dell'IFRS for SMEs e' stata molto probabilmente favorita dalla volontà di non estendere il potere legislativo dello IASB alla disciplina del bilancio delle piccole e medie imprese.

I lavori della Commissione Europea hanno portato alla pubblicazione, in data 25 ottobre 2011, della bozza ufficiale della nuova direttiva contabile. La relazione accompagnatoria attribuiva alla proposta i seguenti obiettivi:

- riduzione/semplificazione degli oneri amministrativi, prestando particolare attenzione alle piccole imprese;
- miglioramento della chiarezza e della comparabilità dei bilanci, con particolare riferimento alle categorie di imprese per le quali queste considerazioni sono particolarmente importanti a causa di una più intensa attività transfrontaliera e del maggior numero di parti interessate esterne;
- tutela delle esigenze essenziali degli utilizzatori, con l'intento di conservare informazioni contabili ad essi necessarie.

Senza voler entrare nel dettaglio delle disposizioni contenute nella bozza rilasciata del 2011 (CARATOZZOLO, 2012), è utile far presente che la strategia di intervento prescelta per realizzare l'obiettivo della *deregulation* era la definizione di un miniregime specifico per le piccole focalizzato sulla riduzione degli obblighi di informativa.

Per quanto concerne le grandi imprese, il miglioramento della comparabilità dell'informativa societaria sarebbe stato assicurato dalla pressoché totale eliminazione dei trattamenti contabili facoltativi.

La pubblicazione della Proposta della Direttiva è stata sottoposta al vaglio degli organismi politici e tecnici dell'Unione Europea, oltre ad essere oggetto di numerose osservazioni e commenti da parte della dottrina e della professione contabile.

L'iter legislativo si è concluso il 26 giugno 2013 con l'emanazione della direttiva n. 34 del Parlamento Europeo e del Consiglio dell'Unione Europea relativa ai bilanci di esercizio e consolidati di talune tipologie di imprese, che abroga la IV e la VII direttiva e apporta modifiche alla direttiva 2006/43/CE sulla revisione legale dei conti. La direttiva 34/2013 è stata pubblicata nella Gazzetta Ufficiale dell'Unione Europea del 29 giugno 2013 (Serie L, pag. 19 e segg).

La Direttiva 34/2013 doveva essere recepita entro il 20 luglio 2015, con la facoltà per gli Stati membri di posticipare la data di entrata in vigore delle disposizioni di attuazione ai bilanci dell'esercizio 2016.

1.4. Struttura e contenuto della Direttiva 34/2013

La direttiva 34/2013 (di qui innanzi, per brevità, anche solo "Direttiva") comprende 58 considerando e 55 articoli in materia di: redazione del bilancio di esercizio e del bilancio consolidato, revisione legale dei conti e informativa di bilancio per le imprese estrattive relativamente alle somme corrisposte alle autorità di uno Stato membro (VENUTI, 2014).

Il testo della direttiva è strutturato, secondo le diverse tematiche affrontate in 11 capi:

- capo 1, *Ambito di applicazione, definizione e categorie di imprese e gruppi di imprese* (artt. 1-3). ;
- capo 2, *Disposizioni e principi generali* (artt. 4-8);
- capo 3, *Stato Patrimoniale e Conto Economico* (artt. 9-14);
- capo 4, *Nota Integrativa* (artt. 15-18);
- capo 5, *Relazione sulla Gestione* (artt. 19-20);
- capo 6, *Bilanci e relazioni consolidati* (artt. 21-29);
- capo 7, *Pubblicazione* (artt. 30-33);
- capo 8, *Revisione dei conti* (artt. 34-35);
- capo 9, *Disposizioni relative alle esenzioni e alle restrizioni sulle esenzioni* (artt. 36-40);
- capo 10, *Relazione sui pagamenti a favore dei governi* (artt.41-48);
- capo 11, *Disposizioni finali* (artt. 49-55).

L'ambito d'applicazione della Direttiva, secondo quanto indicato nell'articolo 1, paragrafo 1, riguarda sostanzialmente le società a responsabilità limitata, le società per azioni e le società in accomandita per azioni (Allegato I della Direttiva), a cui si aggiungono le società in nome collettivo e le società in accomandita semplice quando tutti i soci, diretti o indiretti, godono della responsabilità limitata in quanto società di capitali (Allegato II della Direttiva).

Sono escluse: (a) le tipologie societarie che applicano i principi contabili internazionali, (b) le imprese senza fine di lucro, (c) le imprese regolamentate da altre normative specifiche al settore di loro appartenenza.

Nel prosieguo del paragrafo si espongono in estrema sintesi le disposizioni contenute nei primi 20 articoli della Direttiva (AVI, 2015; SOTTORIVA, 2014). Ulteriori analisi e commenti saranno riportati nella seconda parte del volume dedicata all'esame delle disposizioni di recepimento italiano della Direttiva. Cogliamo l'occasione per ricordare che il presente volume concentra l'attenzione esclusivamente sulla riforma del bilancio ordinario di esercizio.

Le tipologie societarie

Si definiscono *microentità*, le imprese che alla data di riferimento del bilancio non superano i limiti numerici di almeno due dei tre parametri di seguito esposti: a) totale dello Stato Patrimoniale: Euro 350.000; b) ricavi netti delle vendite e delle prestazioni: Euro 750.000; c) numero medio dei dipendenti occupati durante l'esercizio: 10.

Ai sensi dell'art. 3, co. 2, sono considerate *piccole imprese*, le entità diverse dalle microentità che alla data di riferimento del bilancio non superano i limiti numerici di almeno due delle tre soglie di seguito esposte:

a) totale dello Stato Patrimoniale: 4 €/mln (4,4 nella IV direttiva);
b) ricavi netti delle vendite e delle prestazioni: 8 €/mln (8,8 nella IV direttiva);
c) numero medio dei dipendenti occupati durante l'esercizio: 50 (conforme alla IV direttiva).

In aderenza all'art. 3, co. 3, si definiscono *medie imprese* le imprese diverse dalle microentità e dalle piccole imprese che alla data di riferimento del bilancio non superano i limiti numerici di almeno due dei tre parametri di seguito esposti:

a) totale dello Stato Patrimoniale: 20 €/mln (17,5 nella IV direttiva);

b) ricavi netti delle vendite e delle prestazioni: 40 €/mln (35 nella IV direttiva);

c) numero medio dei dipendenti occupati durante l'esercizio: 250 (conforme alla IV direttiva).

Sono considerate grandi imprese ed enti di interesse pubblico le società che alla data di riferimento del bilancio superano i limiti numerici di almeno due delle tre soglie fissate per le medie imprese (art. 3, co. 4).

	Microentità	Piccole Imprese	Medie Imprese	Grandi Imprese/Enti di interesse pubblico
Totale Attivo (€/000)	≤€ 350	€ 350<x≤4.000	€ 4.000<x≤20.000	> € 20.000
Ricavi netti delle vendite e delle prestazioni (€/000)	≤€ 700	€ 700<x≤8.000	€ 8.000<x≤40.000	>€ 40.000
N° dipendenti	≤10	10<x≤50	50<x≤250	> 250

I criteri dimensionali di cui sopra sono applicati, su base consolidata, anche per la classificazione dei gruppi societari.

Gli Stati membri possono stabilire limiti superiori per il fatturato e per l'attivo dello Stato Patrimoniale ai fini della definizione delle piccole imprese, senza tuttavia eccedere i 6 ml/€ per l'attivo e i 12ml/€ per il fatturato.

Gli effetti del passaggio alla categoria superiore si concretizzano dal secondo anno consecutivo in cui si sono superati due dei tre limiti della categoria cui si apparteneva in precedenza.

Ai sensi dell' articolo 2 della Direttiva, gli enti di interesse pubblico comprendono:
- le società i cui valori mobiliari sono ammessi alla negoziazione in un mercato regolamentato di uno Stato membro,
- gli enti creditizi,
- le imprese di assicurazione;
- le imprese designate dagli Stati membri quali enti di interesse pubblico per via, ad esempio, della natura della loro attività, delle loro dimensioni o del numero di dipendenti.

L'espressione "enti di interesse pubblico" è stata introdotta nell'ordinamento europeo dalla Direttiva 2006/43/CE in materia di revisione legale dei conti. In Italia, il D.lgs. n. 39 del 2010 – emanato in recepimento della "direttiva revisione" – assegna la qualifica di "enti di interesse pubblico", con maggiore dettaglio rispetto al disposto comunitario, alle seguenti società:
- le società italiane emittenti valori mobiliari ammessi alla negoziazione su mercati regolamentati italiani e dell'Unione europea;
- le banche;
- le imprese di assicurazione e riassicurazione;
- le società emittenti strumenti finanziari, che, ancorché non quotati su mercati regolamentati, sono diffusi tra il pubblico in maniera rilevante;
- le società di gestione dei mercati regolamentati;
- le società che gestiscono i sistemi di compensazione e di garanzia;
- le società di gestione accentrata di strumenti finanziari;
- le società di intermediazione mobiliare;

- le società di gestione del risparmio;
- le società di investimento a capitale variabile;
- gli istituti di pagamento;
- gli istituti di moneta elettronica;
- gli intermediari finanziari.

La definizione della tipologia societaria assume particolare rilevanza nella nuova normativa contabile europea in conseguenza della stratificazione delle regole bilancistiche in dipendenza delle dimensioni di impresa. In particolare, la strategia della *deregulation* comporta il divieto per le autorità local di imporre alle *small entities*:

- l'inclusione nel fascicolo di bilancio di altri prospetti oltre a quelli di Stato Patrimoniale, Conto Economico e Nota Integrativa (art. 4, co. 2);
- l'indicazione in Nota Integrativa di informazioni diverse da quelle espressamente richieste dalla Direttiva (artt. 16, co. 3).

Postulati di bilancio

La legislazione europea del bilancio (art. 3) continua ad essere imperniata sul concetto di rappresentazione veritiera e corretta (GIUNTA-PISANI, 2008). Sono inoltre riproposte le disposizioni che obbligano:

- a fornire in Nota Integrativa le informazioni ulteriori a quelle richieste dalla Direttiva quando queste siano indispensabili ai fini della rappresentazione veritiera e corretta della situazione patrimoniale, finanziaria e reddituale dell'impresa (art. 3);
- in casi eccezionali, a non rispettare le norme della Direttiva se ritenute in contrasto con la regola generale della *true and fair view*. In queste circostanze, la Nota Integrativa deve indicare i motivi della deroga e l'effetto della medesima sui conto societari. I casi eccezionali non sono dichiarati dalla Direttiva, ma possono essere definiti dal legislatore nazionale (art. 4).

I postulati del bilancio (art. 6) che permettono di raggiungere il sovraordinato *true and fair view* sono di seguito fedelmente riportati:

a) la valutazione delle attività e passività dell'impresa è fondata sul presupposto della continuità aziendale dell'impresa;
b) i principi contabili e i criteri di valutazione non possono essere modificati da un esercizio all'altro;
c) la rilevazione e la valutazione sono effettuate secondo il principio della prudenza;
d) gli importi rilevati nello Stato Patrimoniale e nel Conto Economico sono rilevati secondo il principio della competenza;
e) lo Stato Patrimoniale di apertura di un esercizio corrisponde allo Stato Patrimoniale di chiusura dell'esercizio precedente;
f) gli elementi delle voci dell'attivo e del passivo sono valutati separatamente;
g) è vietata la compensazione fra voci dell'attivo e del passivo, nonché fra quelle dei costi e dei ricavi;
h) la rilevazione e la presentazione delle voci nel Conto Economico e nello Stato Patrimoniale tengono conto della sostanza dell'operazione o del contratto in questione;
i) le voci rilevate nel bilancio sono valutate secondo il principio del prezzo di acquisto o del costo di produzione;

j) non occorre rispettare gli obblighi di rilevazione, valutazione, presentazione, informativa e consolidamento previsti dalla Direttiva quando la loro osservanza abbia effetti irrilevanti (*materiality*).

Riguardo alle lettera g), il comma 2 dell'art. 6 permette agli Stati membri, in casi specifici, di consentire o imporre alle imprese di effettuare una compensazione fra voci dell'attivo e del passivo, nonché fra quelle dei costi e dei ricavi, purché gli importi compensati siano indicati come importi lordi nella Nota Integrativa.
Riguardo alla lettera h), gli Stati membri possono decidere di non dare compimento al principio della prevalenza della sostanza sulla forma.
Riguardo alla lettera j), il principio della *materiality* può essere circoscritto dagli Stati membri alla predisposizione degli schemi di bilancio e alla stesura della Nota Integrativa.
Rispetto alla IV direttiva (MEZZABOTTA, 2013), le principali novità (MARCELLO-LUCIDO, 2013) hanno interessato:

- l'esposizione tra i principi generali del divieto di compenso di partite (precedentemente rientrante tra le disposizioni generali);
- la disciplina del principio della prevalenza della sostanza sulla forma. Il sesto comma dell'art. 4 della IV direttiva – aggiunto dalla direttiva 51/2003 - permetteva agli Stati membri di autorizzare o prescrivere che la presentazione degli importi nei prospetti contabili tenesse conto della sostanza dell'operazione o del contratto. Tale facoltà (obbligo) poteva essere limitata a determinati tipi di società e/o al bilancio consolidato. La direttiva 34/2013 annovera la *substance over form* tra i criteri generali di redazione del bilancio, con facoltà di esclusione per i governi nazionali. Il concreto recepimento del postulato in oggetto resta quindi una prerogativa dei singoli legislatori; tuttavia la transizione da un sistema di *opt-in* a uno di *opt-out* sembra dimostrare la volontà delle istituzioni europee di favorire l'evidenza nello Stato Patrimoniale e nel Conto Economico dell'essenza economica dei fatti amministrativi rilevati in contabilità generale.
- l'introduzione del criterio della rilevanza, peraltro non inserito nei postulati di bilancio della IV direttiva ma richiamato dalla medesima (spesso con formulazioni improprie) in specifiche disposizioni sull'informativa e sulla classificazione delle poste contabili.

Schemi di bilancio
La Direttiva apporta sostanziali cambiamenti alla composizione degli schemi di Stato Patrimoniale e Conto Economico.
In relazione allo Stato Patrimoniale, le principali innovazioni derivano dall'eliminazione dei Conti d'ordine e dalla revisione del trattamento contabile delle azioni proprie.
Le indicazioni in materia di impegni, garanzie e passività potenziali saranno fornite in Nota Integrativa congiuntamente alle informazioni di tipo narrativo, e non più in calce allo Stato Patrimoniale evitando allo scopo di prevenire duplicazioni di valori nocive alla chiarezza del bilancio.
In base a quanto previsto dalla IV direttiva, le azioni proprie erano incluse tra le immobilizzazioni finanziarie o tra le attività finanziarie del circolante sempreché gli Stati membri ne autorizzassero l'iscrizione nell'attivo.

La direttiva 34/2013 dispone che le azioni proprie e le quote proprie, nonché le partecipazioni in imprese affiliate, non possono essere iscritte in voci diverse da quelle a tal fine previste (art. 12, co. 2). Gli schemi di Stato Patrimoniale previsti dalla Direttiva non inseriscono le azioni proprie tra le immobilizzazioni finanziarie e quindi i titoli associati a tale comparto sono tassativamente portati a decremento del capitale netto.

Le azioni proprie acquisite con finalità speculative figurano tra le attività finanziarie del circolante, sempre se ammesso dalla legislazione nazionale. In altre parole, la IV direttiva lasciava assoluta autonomia ai singoli Paesi relativamente alla presentazione delle azioni proprie in bilancio (iscrizione nell'attivo o riduzione del patrimonio netto); la novellata normativa contabile europeo conferma questa discrezionalità solo per le azioni proprie disponibili per la vendita.

	IV direttiva	*direttiva 34/2013*
Azioni proprie – immobilizzazioni finanziarie	Iscrivibili nell'attivo sempreché la legislazione nazionale ne autorizzi l'iscrizione nello stato patrimoniale	Non previste – Riduzione del patrimonio netto
Azione proprie – attivo circolante	Iscrivibili nell'attivo sempreché la legislazione nazionale ne autorizzi l'iscrizione nello stato patrimoniale	Iscrivibili nell'attivo sempreché la legislazione nazionale ne autorizzi l'iscrizione nello stato patrimoniale

Passando alla struttura dello Stato Patrimoniale, gli schemi di riferimento riportati negli allegati III e IV (e non più nel corpo delle direttive) rimangono in linea di massima invariati. Gli Stati membri possono continuare a scegliere tra un modello a struttura orizzontale e un altro a struttura verticale. Permane anche la possibilità, introdotta dalla direttiva 51/2003, di presentare lo Stato Patrimoniale in base a una distinzione tra attività correnti e attività correnti.

Emendamenti importanti riguardano il Conto Economico. In primis, scompare la forma a sezioni contrapposte. Gli schemi alternativi previsti dall'allegato V e VI si distinguono per la classificazione dei costi operativi: l'allegato V propone una distinzione per natura, basata sulla causa economica dell'evento che ha generato la componente negativa di reddito (costi per ammortamento, costo per acquisto di materie prime; costi del lavoro, costi per servizi, etc). L'allegato VI presenta una suddivisione per destinazione, che considera l'ambito funzionale del costo (costi industriali, costi amministrativi, costi di ricerca e sviluppo).

Un altro intervento normativo di assoluta rilevanza è l'eliminazione delle voci proventi e oneri straordinari. Detta modifica è volta ad evitare comportamenti difformi (e talvolta scorretti) tra imprese stante l'assenza di parametri oggettivi funzionali alla classificazione tra gestione ordinaria e gestione straordinaria. In ogni modo, la Nota Integrativa dovrà mostrare "l'importo e la natura dei singoli elementi di ricavo o di costo di entità o incidenza eccezionali". Al proposito, si osserva che il concetto di eccezionalità non è del tutto assimilabile a quello di straordinarietà. Ciò comporta che le informazioni da presentare in Nota Integrativa potrebbero non coincidere con i costi e i ricavi fino ad oggi classificati nell'area straordinaria del Conto Economico.

Ricordiamo infine che la Direttiva permette agli Stati membri di imporre alle imprese medio-grandi la redazione di prospetti e/o documenti ulteriori a quelli di Stato Patrimoniale, Conto Economico e Nota Integrativa. Diversamente dalla IV Direttiva, questa facoltà non riguarda più le piccole imprese.

Criteri particolari di valutazione

Il criterio del costo storico rimane la logica di riferimento per la determinazione del reddito di esercizio e del connesso capitale di funzionamento in ambito europeo. Restano però valide le previsioni introdotte dalla direttive di aggiornamento del 2001 e del 2003 al fine di consentire la valutazione al *fair value* delle attività di bilancio.

L'art. 7 della Direttiva permette agli Stati membri di autorizzare o prescrivere, a tutte le imprese o a talune categorie di imprese, la rivalutazione delle immobilizzazioni. In caso di esercizio di questa opzione, la legge nazionale ne disciplina il contenuto, i limiti e le modalità d'applicazione. Il maggior valore delle immobilizzazioni è imputato direttamente a patrimonio netto. L'utilizzo della riserva è anch'esso regolato dai governi nazionali, tenendo presente che il transito a Conto Economico della riserva avviene solo a copertura di successive svalutazioni oppure al momento della dismissione del cespite; la vendita del bene rende distribuibile la riserva di rivalutazione.

L'art. 8 della Direttiva attribuisce ai governi nazionali il potere di introdurre, in via obbligatoria o facoltativa, la valutazione al fair value degli strumenti finanziari, compresi i derivati, e delle altre poste dell'attivo patrimoniale. Con riferimento agli strumenti finanziari, la Direttiva afferma un insieme organico di norme che specificano:

- le situazioni in cui il criterio del *fair value* non trova applicazione. In sostanza, l'iscrizione del fair value è esclusa per gli strumenti finanziari, per i crediti e i debiti non detenuti per la negoziazione;
- i criteri di determinazione del *fair value* secondo una gerarchia così articolata: (a) valore di mercato dello strumento se stimabile in modo attendibile; (b) valore di mercato di strumenti similari; (c) valore di mercato stimato attraverso modelli di generale accettazione quando i prezzi ufficiali non forniscono informazioni utili;
- il trattamento contabile delle variazioni di valore degli strumenti finanziari con particolare riguardo alle rivalutazioni/svalutazioni dei derivati di copertura.

Si prevede anche l'opzione per gli Stati membri di assoggettare gli strumenti finanziari alle regole stabilite dai Principi contabili internazionali omologati dall'Unione Europea.

Importanti novità hanno interessato l'iscrizione degli oneri pluriennali e dell'avviamento. Premesso che l'iscrizione nello Stato Patrimoniale degli oneri pluriennali rimane una facoltà concessa ai singoli Stati, la capitalizzazione dei costi di ricerca non è più consentita. In materia di avviamento, la Direttiva, ribaltando l'impostazione precedente, richiede l'ammortamento lungo la vita utile e, secondariamente, l'imputazione a Conto Economico in un periodo "prestabilito", ossia non inferiore a 5 anni e non superiore a 10, nei soli casi eccezionali in cui la durata non sia attendibilmente stimabile. Il criterio della vita utile è esteso anche ai costi di sviluppo, mentre per i costi di impianto e ampliamento valgono le regole della precedente normativa.

Le innovazioni in materia di intangible marcano una convergenza tra la normativa comunitaria e il Principio contabile IFRS for SMEs. Sul punto si deve precisare che, nonostante il legislatore comunitario abbia rigettato l'ipotesi di recepire tale documento in sostituzione delle direttive contabili, le regole in esso riportate sono di fatto adottabili dagli Stati membri qualora compatibili con la Direttiva. L'implementazione esplicita e integrale dell'IFRS for SMEs rimane invece preclusa alle autorità nazionali in virtù del permanere di punti di disallineamento rispetto alla Direttiva.

Il contenuto della Nota Integrativa

La revisione della disciplina della Nota Integrativa è il fulcro della strategia di semplificazione e comparabilità adottata dal legislatore comunitario.

Il regime agevolato e specifico per le piccole imprese trova la sua ragione tanto nella limitata esigenza di informazioni supplementari per gli utilizzatori dei bilanci quanto nella eccessiva onerosità di raccolta ed elaborazione di alcune informazioni (PAOLONI- DEMARTINI, 1997).

L'approccio alla regolamentazione del contenuto della Nota Integrativa registra profondi cambiamenti. Rispetto alle numerose opzioni contenute nelle IV direttiva, le imprese appartenenti alla stessa categoria dimensionale sono in linea di massima soggette alle medesime regole di *disclosure*.

In attuazione del principio del *think small first*, la Direttiva adotta un approccio dal basso verso l'alto che definisce *in primis* le informazioni obbligatorie per tutte le società (art. 16). L'art. successivo definisce gli altri obblighi di informazioni gravanti su tutte le imprese diverse dalle piccole. Infine, l'art. 18 detta ulteriori disposizioni di *disclosure* cogenti solo per le grandi imprese e per gli enti di interesse pubblico.

	Art. 16. Informazioni richieste per tutte le imprese
1	Principi contabili adottati
2	Informazioni sulle immobilizzazioni se valutate con il modello del *fair value*
3	Informazioni su strumenti finanziari e altre attività se valutati al *fair value*
4	Importo e altre informazioni su impegni, garanzie e passività potenziali che non figurano nello Stato Patrimoniale
5	Importo delle anticipazioni e dei crediti erogati agli organi di amministrazione direzione e controllo e altre informazioni
6	Importo e natura di singoli elementi di ricavo o di costo eccezionali
7	Importo dei debiti dell'impresa la cui scadenza è superiore ai cinque anni
8	Numero dei dipendenti occupati in media nell'esercizio
	Art. 17. Informazioni aggiuntive per medie e grandi imprese ed enti di interesse pubblico
9	Informazioni sulle movimentazioni delle immobilizzazioni
10	Ammontare delle rettifiche di valore ad attività se per motivi fiscali
11	Informazioni sul *fair value* degli strumenti finanziari se valutati al costo di acquisto
12	Importo delle retribuzioni ai membri degli organi di amministrazione e controllo
13	Numero di dipendenti e ripartizione per categorie e informazioni sulla composizione del costo del personale
14	Movimenti del saldo fondo imposte differite
15	Nome, sede legale e frazione del capitale posseduto delle società partecipate**
16	Numero e valore nominale delle azioni sottoscritte nell'esercizio
17	Se esistono più categorie di azioni, numero e valore nominale
18	Esistenza di azioni di godimento, obbligazioni convertibili, *warrants*, opzioni
19	Nome e sede delle società nelle quali l'impresa è socia illimitatamente responsabile
20	Nome e sede dell'impresa che redige il bilancio consolidato dell'insieme più piccolo di cui l'impresa fa parte*
21	Nome e sede dell'impresa che redige il bilancio consolidato dell'insieme più grande di cui l'impresa fa parte

22	Luogo in cui si possono ottenere i bilanci consolidati
23	Proposta di destinazione degli utili
24	Natura e obiettivi degli accordi fuori bilancio e impatto finanziario sull'impresa purché rischi e benefici di tali accordi siano rilevanti*
25	Natura ed effetto finanziario di eventi verificatesi dopo la data di chiusura dell'esercizio***
26	Informazioni sulle operazioni dell'impresa con parti correlate***

Art. 18. Informazioni aggiuntive per grandi imprese ed enti di interesse pubblico

27	Ripartizione dei ricavi netti per categorie di attività e per mercati geografici se le categorie e i mercati presentano differenze notevoli**
28	Importo di competenza di ciascun revisore legale per la revisione legale e l'importo per gli altri servizi di assicurazione o altri servizi**

Tabella ripresa da: IZZO-SARTORI-LUCIANI (2014a)

* Gli Stati membri possono prescrivere che dette informazioni siano fornite dalle piccole imprese.

** Gli Stati membri possono prevedere nei casi indicati dalla Direttiva che tali informazioni siano omesse.

*** Gli Stati membri possono prescrivere che dette informazioni siano fornite in forma sintetica dalle piccole imprese.

L'elemento di maggiore novità è senza dubbio il già accennato divieto per gli Stati membri di aggiungere informazioni al contenuto della Nota Integrativa delle piccole imprese stabilito dall'art. 16 della Direttiva. Le uniche deroghe consentite riguardano:
- l'indicazione delle variazioni di valore che hanno riguardato le immobilizzazioni;
- l'indicazione del nome e della sede della società che redige il bilancio consolidato;
- la descrizione dei fatti intervenuti dopo la chiusura dell'esercizio, in precedenza illustrati nella relazione sulla gestione;
- la *disclosure* sugli accordi fuori bilancio limitatamente alla loro natura e all'obiettivo commerciale;
- la *disclosure* sulle operazioni con parti correlate limitatamente alle transazioni concluse con: proprietari che detengono una partecipazione nell'impresa; imprese in cui l'impresa stessa detiene una partecipazione; membri degli organi di amministrazione, direzione o controllo dell'impresa.

Dopo il recepimento della direttiva, le *small entities* non saranno più chiamate a fornire le seguenti informazioni:
- nome e sede delle società nelle quali si detiene una partecipazione qualificata (interessenza di controllo o di collegamento);
- nome, sede e forma giuridica delle società di cui si é illimitatamente responsabili;
- numero e valore nominale (o parità contabile in assenza del valore nominale) delle azioni sottoscritte durante l'esercizio;
- (se esistenti) numero e valore nominale (o parità contabile) delle diverse categorie di azioni;
- (se esistenti) numero e diritti conferiti da azioni di godimento, obbligazioni convertibili;

- per le immobilizzazioni finanziarie iscritte a un valore superiore al valore equo: (a) valore contabile e valore equo delle singole attività o di appropriati raggruppamenti di asset finanziari, (b) motivi per i quali non si è proceduto alla svalutazione.

Sempre sulla Nota Integrativa delle piccole imprese, osserviamo che:
- le informazioni richieste di cui ai nn. 1, 2, 3, 5 della Tabella 1 erano già presentate dalle piccole in base alla IV direttiva, sebbene le disposizioni sono state in parte revisionate;
- l'eliminazione dei Conti d'ordine ha comportato l'indicazione nell'Allegato dell'importo complessivo di impegni finanziari, garanzie e passività potenziali che non figurano nello Stato Patrimoniale (n. 4). In passato, si richiedeva solo l'esposizione del totale degli impegni finanziari non indicati nello Stato Patrimoniale se ritenuta utile per la valutazione della situazione finanziaria dell'impresa che redige il bilancio. I governi nazionali potevano però esentare le piccole imprese da questo supplemento di informativa;
- l'inserimento dei costi e ricavi eccezionali (n. 6) nella Nota Integrativa di tutte le imprese deriva dall'eliminazione della gestione straordinaria del Conto Economico;
- le informazioni di cui ai punti 7 e 8 della Tabella potevano essere omesse in caso di esercizio della deroga, previsto dalla IV direttiva, da parte dello Stato membro di appartenenza. Per quanto concerne il punto 7, la Nota Integrativa delle piccole imprese doveva in ogni caso esporre il valore complessivo dei debiti scadenti oltre i cinque anni;
- l'informazione sul numero dei dipendenti occupati (n. 8) in media durante l'esercizio poteva essere omessa dalle piccole imprese.

Le informazioni minime obbligatorie che le piccole imprese dovranno fornire saranno, nel complesso, quantitativamente inferiori rispetto a quanto previsto dalle direttive precedenti. Resta valido, come già detto, l'obbligo di allegare tutte le informazioni complementari indispensabili per garantire la rappresentazione veritiera e corretta. Sarà da valutare, anche in relazione alle modalità di esercizio delle predette opzioni, se lo snellimento del contenuto della Nota Integrativa produrrà benefici economici tali da giustificare l'inevitabile scadimento della qualità e della completezza dell'informazione societaria.

Facciamo notare che il contenuto della Nota Integrativa previsto dall'art. 16 della Direttiva diverge in buona parte dalla proposta della Commissione Europea: la prima bozza della Direttiva istituiva un blocco di obblighi di *disclosure* gravanti sulle *small entities* del tutto inderogabile dagli Stati membri composto da sei punti:
a) i principi contabili applicati;
b) le garanzie, gli impegni, le sopravvenienze;
c) gli accordi fuori bilancio;
d) gli eventi successivi alla chiusura dell'esercizio;
e) i crediti a lungo termine e i crediti garantiti;
f) le operazioni con parti correlate.

Come possiamo osservare, l'orientamento della Commissione è stata accolto solo parzialmente dal Parlamento Europeo e dal Consiglio dell'Unione Europea. Il testo finale della Direttiva adotta una soluzione di compromesso che conferma la discrezionalità per i governi nazionali riguardo alle modalità di applicazione alle piccole entità delle prescrizioni di cui ai punti c), d), f).

La rigidità che caratterizza il contenuto della Nota Integrativa delle piccole imprese non è estesa all'Allegato delle imprese di maggiori dimensioni: gli Stati membri possono richiedere alle medie e grandi imprese informazioni aggiuntive rispetto a quelle espressamente indicate dal legislatore europeo (art. 4, co. 5). Le diverse istituzioni locali sono quindi nelle condizioni di sottoporre le medie imprese alle stesse disposizioni previste per le grandi.

Senza questa deroga all'approccio modulare delle regole di informativa, i singoli Paesi dell'UE sarebbero stati obbligati a recepire nei propri ordinamenti contabili la tipologia societaria delle medie imprese. Proprio al riguardo, il Considerando 16 della Direttiva afferma che "Gli Stati membri non dovrebbero essere tenuti a definire nella loro legislazione nazionale categorie separate per le medie e grandi imprese qualora le medie imprese siano soggette agli stessi obblighi delle grandi imprese".

Vale la pena far presente che la Direttiva non contempla alcuna prescrizione vincolante rivolta alle medie imprese ma solamente delle agevolazioni opzionali soprattutto in materia di presentazione dei prospetti contabili. É chiaro che l'esercizio di una sola di queste facoltà e/o la piena stratificazione degli obblighi di *disclosure* comporterebbe, in ambito domestico, la definizione di un nuovo modello di bilancio semplificato che andrebbe ad aggiungersi a quello delle piccole imprese (inderogabile) e delle microentità (facoltativo).

La decisione di continuare a demandare ai singoli governi la scelta sull'istituzione o meno della categoria delle medie imprese è da apprezzare se pensiamo che in molte nazioni (come l'Italia) dette entità rappresentano una percentuale esigua del tessuto imprenditoriale.

Merita inoltre segnalare il cambiamento che ha interessato l'informativa sulle operazioni con parti correlate. In base a quanto stabilito dalla IV direttiva, dette transazioni erano illustrate nella Nota Integrativa solo se di estrema importanza e concluse a condizioni non di mercato. La Direttiva elimina i due requisiti ora enunciati e quindi obbliga a rendicontare tutte le operazioni con parti correlate, fermo restando che il postulato della *materiality* esclude la rendicontazione delle operazioni di importo modesto. Viene però consentito agli Stati membri di derogare a questa disposizione, così da conservare l'impianto della IV Direttiva che limitava la *disclosure* alle sole transazioni fuori mercato (Si veda, Parte II, par. 3.4).

Facciamo infine presente che la Direttiva esplicita la regola, da tempo invalsa nella prassi professionale, che impone di illustrare le voci di bilancio in Nota Integrativa nel medesimo ordine in cui sono esposte nei prospetti contabili (art. 15).

CAPITOLO 2
L'ORDINAMENTO CONTABILE ITALIANO ANTE E POST-DIRETTIVA 34/2013

2.1. Contesto di riferimento

Le norme civilistiche sul bilancio d'esercizio sono parte integrante della disciplina delle società per azioni (Libro Quinto "Del lavoro", Titolo V "Delle società", Capo V "Delle Società per azioni", Sezione IX "Del bilancio", artt. 2423-2435-*bis*).

Tali disposizioni sono rivolte, per effetto di specifici rinvii normativi, anche ai soggetti in appresso indicati:

1) società a responsabilità limitata (art. 2478-*bis*) e società in accomandita per azioni (art. 2454);
2) società in nome collettivo e società in accomandita semplice, quando tutti i soci illimitatamente responsabili, siano società per azioni, in accomandita per azioni o società a responsabilità limitata (articolo 111-duodecies delle disposizioni per l'attuazione del codice civile e disposizioni transitorie);
3) società cooperative (art. 2519);
4) consorzi con attività esterna e società consortili, coerentemente con la disciplina giuridica di tali soggetti (rispettivamente, art. 2615-*bis* e *ter*).

Dal 2005-2006, le regole civilistiche del bilancio sono state abbandonate dalle società che, per obbligo o per facoltà, redigono i propri rendiconti annuali secondo i Principi contabili internazionali IAS/IFRS.

Il legislatore italiano ha optato per un'attuazione estensiva del già trattato Regolamento IAS 1606/2002. Il D.lgs. n. 38 del 28 febbraio 2005, *Esercizio delle opzioni previste dall'articolo 5 del regolamento (CE) n. 1606/2002 in materia di principi contabili internazionali* (GU n. 66 del 21 marzo 2005), esplicita nel dettaglio i soggetti che devono, o possono, applicare gli *standard* IAS/IFRS per la stesura del bilancio consolidato (art. 3) e del bilancio d'esercizio (art. 4).

L'introduzione obbligatoria degli IAS/IFRS ha coinvolto prevalentemente le grandi società quotate e gli intermediari finanziari, ossia realtà economiche espressione di un'esigua minoranza del tessuto imprenditoriale italiano. Più nello specifico, sono tenute a redigere i propri conti annuali e di gruppo secondo i principi contabili internazionali:

a) le società quotate diverse dalle imprese di assicurazione;
b) le società con strumenti finanziari diffusi tra il pubblico;
c) le banche e altri intermediari finanziari vigilati (SIM; Società di gestione del risparmio, società finanziarie, istituti di moneta elettronica, istituti di pagamento);
d) in ordine al comparto assicurativo, gli IAS/IFRS sono impiegati per la redazione del bilancio consolidato di tutte le società (sia per le quotate che per le non quotate) e per la stesura del bilancio di esercizio delle società quotate che non redigono il bilancio consolidato. Nelle altre fattispecie, il bilancio di esercizio segue le pertinenti disposizioni nazionali previste dal D.lgs. n. 173/1997 (come modificato ed integrato dal D.lgs. n. 209/2005) e dallo schema obbligatorio imposto dal Reg. ISVAP n. 22 del 04/04/08.

Il D.lgs 38/2005 autorizza inoltre determinate tipologie societarie a utilizzare gli IAS/IFRS. Sino al 2014, l'impiego facoltativo dei Principi contabili internazionali ha riguardato:

e) le entità controllate da società obbligate a predisporre il bilancio consolidato in base agli *standard* IAS/IFRS → Gli IAS possono essere applicati sia al bilancio consolidato sia al bilancio di esercizio;

f) le società che redigono il bilancio consolidato diverse da quelle alla lettera e) → Gli IAS possono essere applicati per la redazione del bilancio consolidato. In caso di esercizio della facoltà, è possibile utilizzare gli IAS/IFRS anche per il bilancio di esercizio;

g) le società non tenute alla compilazione del bilancio consolidato ma che sono controllate da una società che si avvale della facoltà di cui alla lettera f) → Gli IAS sono applicabili per la redazione del rendiconto individuale.

Relativamente alle residue società che non predispongono il bilancio consolidato (ossia le entità diverse da quelle descritte nella lettera g), la possibilità di redigere il bilancio individuale secondo i principi IAS/IFRS decorreva a partire dall'esercizio individuato con decreto del Ministro dell'economia e delle finanze e del Ministero della giustizia (D.lgs 38/2005, art. 4, co. 6).

Questa categoria comprende, in sostanza, le imprese che:

- non detengono partecipazioni di controllo o, pur detenendole, sono esonerate dalla redazione del bilancio consolidato ai sensi del D.lgs 127/1991; e
- non rientrano nell'area di consolidamento di società che per, obbligo o per facoltà, applicano gli *standard* IAS/IFRS.

Trattandosi di una quota rilevante dell'universo delle imprese italiane, e tenuto conto delle delicate funzioni assolte dal bilancio di esercizio, il legislatore valutò prudente affidare al Governo l'incarico di individuare l'esercizio di prima applicazione facoltativa degli IAS. Detto provvedimento attuativo non è stato però mai emanato, precludendo così alla maggior parte delle nostre società non quotate la transizione agli IAS/IFRS.

Tale ostacolo è stata rimosso attraverso il Decreto legge 91/2014 - *Disposizioni urgenti per il settore agricolo, la tutela ambientale e l'efficientamento energetico dell'edilizia scolastica e universitaria, il rilancio e lo sviluppo delle imprese, il contenimento dei costi gravanti sulle tariffe elettriche, nonché per la definizione immediata di adempimenti derivanti dalla normativa europea*, convertito con modificazioni dalla Legge n. 116 dell' 11 agosto 2014 (in S.O. n. 72, relativo alla G.U. 20/8/2014, n. 192).

Il D.L. 91/2014 (art. 20, co. 2) ha espunto dal D.lgs 38/2005 il riferimento al decreto interministeriale di cui sopra. Ne consegue che, a partire dai bilanci 2014, la facoltà di utilizzo degli IAS/IFRS è estesa a tutte le società chiuse, con la sola eccezione delle imprese autorizzate a redigere il bilancio abbreviato ai sensi dell'art. 2435-*bis*, c.c. L'esclusione delle piccole società era prevista anche dalla versione originaria del Decreto IAS.

Si segnala, infine, che se una capogruppo non esercita la facoltà di redigere il bilancio consolidato in aderenza agli IAS/IFRS, il bilancio di esercizio deve essere predisposto in base alla normativa contabile interna.

2.2. La normativa contabile civilistica prima del recepimento della nuova direttiva

La disciplina civilistica del bilancio antecedente all'emanazione del D.lgs 139/2015 era costruita sul Decreto Legislativo n. 127 del 9 aprile 1991, *Attuazione delle direttive n. 78/660/CEE e n. 83/349/CEE in materia societaria, relative ai conti annuali e consolidati, ai sensi dell'art. 1, comma 1, della legge 26 marzo 1990, n.*

69 (GU n.90 del 17-4-1991 - Suppl. Ordinario n. 27, entrata in vigore: 2 maggio 1991).

Le disposizioni di attuazione della IV direttiva riferite al bilancio di esercizio della generalità delle imprese italiane sono confluite nel Codice Civile, andando a stravolgere nella forma e nella sostanza il previgente impianto normativo risalente al 1942.

L'integrale rivisitazione della normativa contabile ha definito anzitutto la composizione del bilancio che prevedeva due schemi contabili (Stato Patrimoniale e Conto Economico) e un allegato discorsivo (Nota Integrativa).

I requisiti della "chiarezza" e della "precisione" della situazione patrimoniale e degli utili e delle perdite sofferte stabiliti dalla precedente clausola generale del bilancio furono sostituiti dai postulati della "chiarezza" e della "rappresentazione veritiera e corretta" della situazione patrimoniale, reddituale e finanziaria, quest'ultima del tutto ignorata dal "vecchio" Codice Civile.

Il rispetto della *true and fair view* impose la presentazione di informazioni aggiuntive ("informazioni complementari") a quelle espressamente richieste dal legislatore, nonché di derogare alle disposizioni di legge qualora queste, in "casi eccezionali", risultassero incompatibili con la clausola generale.

In ossequio alla IV direttiva, l'art. 2423-*bis* attribuì valenza di legge a determinati postulati di bilancio, quali la prudenza, la competenza, la continuazione dell'attività, la costanza dei criteri di valutazione, la valutazione atomistica delle voci.

Ai fini di migliorare la comparabilità spazio-temporale dei bilanci e di ridurre la discrezionalità dei redattori del bilancio, il D.lgs 127/991 stabilì in modo puntuale il contenuto e la struttura dei prospetti contabili; eccezioni a tale rigidità erano regolamentate dal codice stesso.

Il contenuto dei criteri di valutazione (art. 2426) confermò l'orientamento che individuava nel criterio del costo storico l'approccio di base per la misurazione del valore contabile delle poste attive del capitale di funzionamento.

Un cambiamento radicale interessò invece la *disclosure* di bilancio; la precedente "Relazione degli amministratori" fu idealmente scissa in due documenti obbligatori: la Nota Integrativa (art. 2427) e la Relazione sulla Gestione (art. 2428).

Un'altra importante novità fu la facoltà per le imprese di ridotte dimensioni di predisporre una rendiconto di esercizio sintetico (bilancio in forma "abbreviata"). Le semplificazioni concesse dall'art. 2435-*bis* si riferivano alla redazione dei prospetti contabili e all'informativa discorsiva, senza estendersi ai criteri generali e particolari di valutazione.

Successivamente alla prima applicazione del D.lgs 127/1991 - avvenuta nel 1993 - la legislazione codicistica ha registrato una serie di emendamenti, alcuni di una certa importanza, che però non ne hanno intaccato le fondamenta.

Una prima minirivoluzione della legislazione contabile italiana è legata alla riforma organica del diritto societario realizzata per mezzo del Decreto Legislativo n. 6 datato 17 gennaio 2003, *Riforma organica della disciplina delle società di capitali e società cooperative, in attuazione della legge 3 ottobre 2001, n. 366.* (GU n. 17 del 22-1-2003 - Suppl. Ordinario n. 8, entrata in vigore: 1 gennaio 2004) e dal successivo Decreto Legislativo correttivo n. 310 del 2004, *Integrazioni e correzioni alla disciplina del diritto societario ed al testo unico in materia bancaria e creditizia* (GU n. 305 del 30-12-2004, entrata in vigore: 14 gennaio 2005).

La clausola generale ex-art. 2423 rimase inalterata, mentre l'art. 2423-*bis* fu emendato al fine di introdurre il postulato della valutazione delle voci di bilancio "tenendo conto della funzione economica dell'elemento dell'attivo o del passivo considerato", principio generale da più parti interpretato come una graduale introduzione del principio della "prevalenza della sostanza sulla forma".

Gli schemi di Stato Patrimoniale e Conto Economico (art. 2425) furono oggetto di lievi aggiustamenti connessi agli interventi in materia di criteri particolari di valutazione (operazioni in valuta estera) e di rappresentazione di specifici eventi aziendali secondo la *substance over form,* sulla quale torneremo diffusamente nella seconda parte del volume.

Importanti ritocchi riguardarono il contenuto della Nota Integrativa ex. art. 2427, c.c.. Segnaliamo in particolare l'ampliamento dell'informativa sulle voci del patrimonio netto e una serie di richieste aggiuntive in ordine a: finanziamenti dei soci, patrimoni (art. 2447-*septies*) e finanziamenti (art. 2447-*decies*) destinati a uno specifico affare, operazioni di locazione finanziaria.

Ma il punto di rottura sancito dalla riforma del diritto societario, e ancora oggi valida seppur con un cambiamento di approccio, è stata certamente l'eliminazione delle interferenze della normativa tributaria sulla determinazione del reddito di esercizio. Il disinquinamento del bilancio era un passaggio ritenuto da tutti fondamentale per l'accrescimento della qualità, della trasparenza e della comparabilità dei bilanci.

Fino all'emanazione del D.lgs 6/2003, l'impianto normativo italiano era caratterizzato da una relazione biunivoca tra reddito imponibile e bilancio di esercizio: da un lato, la base di partenza per la determinazione del reddito imponibile era data dal saldo finale del Conto Economico al quale si apportavano le variazioni in aumento e in diminuzione richieste dalla normativa fiscale (*principio di derivazione*). Dall'altro, in determinate circostanze, la normativa fiscale condizionava il calcolo del reddito di esercizio (*principio della dipendenza rovesciata*).

L'influenza delle regole tributarie sul Conto Economico operava a livello civilistico mediante l'articolo 2426, comma 2, che consentiva di *"effettuare rettifiche di valore e accantonamenti esclusivamente in applicazione di norme tributarie",* fornendo adeguata informativa in Nota Integrativa. L'inquinamento del bilancio era completato dalla normativa tributaria, la quale condizionava la deducibilità dei costi alla loro imputazione a Conto Economico (art. 75, co. 4 del vecchio Tuir).

La riforma del diritto societario portò alla separazione tra il reddito imponibile e reddito civilistico attraverso l'eliminazione del secondo comma dell'art. 2426 e la relativa informativa richiesta in Nota Integrativa.

La simultanea revisione del TUIR, resasi necessaria per adeguare la disciplina fiscale alle modificazioni in materia bilancistica, perfezionò l'abbandono del principio della dipendenza rovesciata. Il legislatore tributario, pur mantenendo il diritto alla deducibilità delle rettifiche di valore e degli accantonamenti effettuate solo ai fini fiscali stabilì che, a partire dal 2004, le suddette variazioni in diminuzione del reddito di esercizio fossero registrare in un apposito prospetto della dichiarazione dei redditi (Quadro EC), senza transitare nel bilancio ufficiale.

Il Quadro EC è stato poi eliminato dalla dichiarazione dei redditi attraverso la Legge n. 244 del 24 dicembre 2007. *Disposizioni per la formazione del bilancio annuale e pluriennale dello Stato (legge finanziaria 2008)* (GU n.300 del 28-12-2007 - Suppl. Ordinario n. 285). A partire dal periodo d'imposta 2008, gli ammortamenti, gli accantonamenti e le altre rettifiche di valore (che prima transitavano dal QUADRO EC) sono fiscalmente deducibili, salvo specifiche eccezioni, per l'importo imputato al Conto Economico secondo i criteri di valutazione dettati dalla legislazione sul bilancio.

La marcia indietro sulle rettifiche extra-contabili al reddito di esercizio non ha significato il ripristino del principio della dipendenza rovesciata: il permanere del divieto di registrare in contabilità generale rettifiche di valore, ammortamenti e accantonamenti esclusivamente in esecuzione di norme tributarie garantisce a tutt'oggi l'indipendenza delle valutazioni di bilancio da elementi privi di giustificazione economica, assicurando così l'ontologico funzionamento del principio di derivazione così come affermato dal legislatore della riforma del diritto societario. Tuttavia, è innegabile che il ripristino del vincolo dell'imputazione a Conto Economico per la deducibilità dei costi favorisce la pratica (non ortodossa) di iscrivere in contabilità generale valori di costo (su tutti, gli ammortamenti) allineati al limite massimo deducibile fiscalmente.

Le altre principali innovazioni alla normativa contabile civilistica antecedente al D.lgs 139/2015 si ricollegano alle più volte menzionate direttive di aggiornamento licenziate nei primi anni del nuovo secolo. In entrambi i casi, il legislatore ha optato per un'attuazione circoscritta alle disposizioni vincolanti per gli Stati membri.
Il recepimento della Direttiva 65/2001 è avvenuto con il D.lgs. n. 394 del 30 dicembre 2003, *Attuazione della direttiva 2001/65/CE che modifica le direttive CEE 78/660, 83/349 e 86/635, per quanto riguarda le regole di valutazione per i conti annuali e consolidati di taluni tipi di società, nonché di banche e di altre istituzioni finanziarie,* (GU n.44 del 23-2-2004, Entrata in vigore: 1 gennaio 2005). Il Decreto 394/2003 ha definito l'indicazione in Nota Integrativa:

- del *fair value* degli strumenti finanziari derivati e dei pertinenti criteri di misurazione, escludendone implicitamente l'esposizione nei prospetti contabili;
- dell'entità e della natura immobilizzazioni finanziarie eventualmente iscritte a un valore superiore al fair value unitamente alle motivazioni per le quali non si è proceduto alla loro svalutazione.

Inoltre, il D.lgs. 394/2003 ha rivisita to il contenuto della Relazione sulla Gestione prescrivendo l'illustrazione delle politiche di gestione del rischio finanziario e l'esposizione a tale rischio, nelle sue potenziali manifestazioni.
L'attuazione della direttiva 51/2003 è stata compiuta mediante il D.lgs n. 32 del 2 febbraio 2007, *Attuazione della direttiva 2003/51/CE che modifica le direttive 78/660, 83/349, 86/635 e 91/674/CEE relative ai conti annuali e ai conti consolidati di taluni tipi di societa', delle banche e altri istituti finanziari e delle imprese di assicurazione* (GU n.73 del 28-3-2007, entrata in vigore: 12 aprile 2007), applicato per la prima volta ai bilanci relativi agli esercizi aventi inizio dalla data successiva a quella della sua entrata in vigore.
Il legislatore rinunciò in quel momento ad esercitare le diverse opzioni comunitarie che avrebbero permesso un deciso avvicinamento della disciplina del bilancio ai Principi contabili internazionali.
Il D.lgs. 32/2007 ha modificato profondamente il contenuto della Relazione sulla Gestione. Gli emendamenti apportati al primo comma dell'art. 2428 c.c. sono indirizzati a richiedere una descrizione approfondita e aderente al vero della situazione attuale e prospettica della società rafforzata dalla descrizione dei principali rischi e incertezze a cui l'entità deve far fronte. Il secondo comma dell'art. 2428, introdotto dal decreto in parola, richiede che il volume dell'informativa sia coerente con l'entità e la complessità degli affari della società. L'analisi dell'andamento gestionale deve essere corroborata dalla presentazione di appropriati indicatori finanziari e, se opportuno, non finanziari.
Un altro provvedimento che ha apportato delle revisioni alla disciplina bilancistica nazionale, anch'esso emanato per dare attuazione a una legge europea di aggiornamento della IV e VII direttiva, è stato il Decreto Legislativo n. 173 del 3 novembre 2008 "*Attuazione della direttiva 2006/46/CE che modifica le direttive*

78/660/CEE, 83/349/CEE, 86/635/CEE e 91/674/CEE, relative, rispettivamente, ai conti: annuali di taluni tipi di società, consolidati, annuali e consolidati delle banche, degli altri istituti finanziari e delle imprese di assicurazione. (GU n.260 del 6-11-2008, entrata in vigore: 21/11/2008). Il D.lgs 173/2008, oltre ad allineare al disposto comunitario le soglie quantitative nazionali per la redazione del bilancio abbreviato, ha incluso nella Nota Integrativa delle informazioni su operazioni con parti correlate e accordi fuori bilancio che prenderemo in esame nella seconda parte del volume.

2.3. I Principi contabili in Italia

Nel panorama italiano, l'esigenza di emanare un pacchetto di regole bilancistiche di generale accettazione si è manifestata per la prima volta per via dell'introduzione della certificazione obbligatoria dei bilanci avvenuta per mezzo del Decreto del Presidente della Repubblica n. 136 del 31 marzo 1975 , *Attuazione della delega di cui all'art. 2, lett. a), della Legge 7 giugno 1974, n. 216, concernente il controllo contabile e la certificazione dei bilanci delle SPA quotate in borsa.*

Una delle condizioni stabilite dal D.P.R 136/1975 per ottenere l'asseverazione dei conti era proprio la redazione del bilancio secondo *"corretti principi contabili"*.

Il recepimento della IV direttiva e la soppressione del riferimento ai "corretti principi" dal D.P.R 136/1975 in seguito all'emanazione del D.lgs 127/1991 non hanno per nulla ridimensionato la funzione assegnata alla prassi contabile.

La vigente legislazione civilistica del bilancio presenta frequenti rinvii alla tecnica professionale a causa dell'impossibilità delle disposizioni di legge di regolamentare nel dettaglio le molteplici situazioni che possono manifestarsi in sede di predisposizione del bilancio.

Eloquenti casistiche normative di un simile rinvio sono rinvenibili nella clausola generale del bilancio: l'espressione "rappresentazione veritiera e corretta" costituisce di per sé un implicito rinvio ai principi contabili dal momento che essa è assicurata dal rispetto delle disposizioni civilistiche e delle norme tecniche, queste ultime coerenti con le volontà legislative.

Le norme poste a corollario della clausola generale del bilancio sono anch'esse da interpretarsi come un rimando ai principi contabili: l'informativa complementare richiesta dal terzo comma dell'art. 2423 c.c. demanda alla professione l'individuazione dei casi in cui le disposizioni di legge in materia di *disclosure* non sono sufficienti a fornire una rappresentazione veritiera e corretta. La delega concerne anche l'individuazione dei casi eccezionali in cui i criteri di redazione del bilancio stabiliti dal Codice Civile contrastano con la *true and far view* (art. 2423, co. 4, c.c.).

In termini operativi, i principi contabili assolvono a una duplice funzione: la prima è quella di interpretare in una prospettiva tecnica le norme bilancistiche affermate dal legislatore, la seconda consiste nel colmare le lacune riscontrabili nella disciplina civilistica del bilancio.

La natura integrativa dei principi contabili comporta che la prassi non rimane passiva laddove (di rado) la legge affronta nel dettaglio una determinata fattispecie. Nell'ipotesi contraria, la *best practice* emana gli opportuni chiarimenti limitatamente agli spazi lasciati scoperti dalle autorità. Se ne deduce che le previsioni della pratica professionale non dovrebbero mai entrare in concorrenza con i precetti normativi.

Il richiamo (anche diretto) ai principi contabili è un percorso seguito dal legislatore e dalla giurisprudenza tributaria sia a livello IRAP sia (più recentemente) a livello IRES. La crescente rilevanza assunta dai principi contabili sotto il profilo fiscale si deve alla necessità di fornire al contribuente e all'Amministrazione Finanziaria parametri più precisi rispetto alle norme di legge, con evidenti vantaggi in termini di semplificazione nella determinazione del reddito imponibile. La validità ai fini fiscali delle disposizioni civilistiche, e delle regole integrative interpretative dei principi contabili, è da tempo affermata dalla giurisprudenza tributaria. A tal proposito, la sentenza n. 20678 della Corte di Cassazione, depositata in data 14 ottobre 2015, ha confermato il principio, ribadito in altre pronunce della Suprema Corte secondo cui, le previsioni inderogabili di cui dell'art. 2426, co. 1, n. 2, c.c. in materia di ammortamento delle immobilizzazioni strumentali trovano applicazione, in difetto di disposizioni specifiche di segno contrario, anche ai fini fiscali. Di conseguenza, il calcolo delle quote di ammortamento fiscalmente deducibili deve essere improntato al criterio di sistematicità affermato dal Codice civile e chiarito dai Principi contabili nazionali. Una eventuale variazione del piano di ammortamento richiede l'indicazione in Nota Integrativa della giustificazione economica alla base della revisione. Nel caso di specie, una modifica dettata solo dal passaggio ai coefficienti ministeriali, senza peraltro fornire un'adeguata *disclosure*, è stato valutato un comportamento contrario sia alla clausola generale della *true and fair view* sia ai criteri di valutazione specifici della posta in oggetto.

L'orientamento della Corte di Cassazione è fondato sul fatto che i criteri di cui all'art. 2426 c.c. assumano carattere di inderogabilità, giacché fondamentali e irrinunciabili per assicurare la trasparenza e la chiarezza del bilancio. La loro violazione produce un'alterazione della base imponibile e quindi porta a una ripresa a tassazione dei relativi importi.

La statuizione dei Principi contabili nazionali

Le disposizioni regolamentari in materia di contabilità e bilancio vigenti nel nostro Paese possono essere suddivise in due categorie:

- norme tecniche emanate dal soggetto formalmente preposto alla statuizione dei principi contabili (accounting *standard* setter) e racchiuse in documenti a loro volta denominati "Principi contabili nazionali";
- indicazioni applicative emanate da altre autorevoli Associazioni di Categoria e da prestigiose Fondazioni di ricerca - citiamo su tutte, la Fondazione Nazionale dei Commercialisti che ha preso il posto nel 2014 dell'Istituto di Ricerca dei Dottori Commercialisti e degli Esperti Contabili - .

I Principi contabili nazionali sono emanati a partire dal 2002 dall'Organismo Italiano di Contabilità. In precedenza, tale attività era svolta da di un'apposita Commissione del Consiglio Nazionale dei Dottori Commercialisti e del Consiglio Nazionale dei Ragionieri (dal 2008 trasformatosi nel Consiglio Nazionale dei Dottori Commercialisti e degli Esperti Contabili, CNDCEC).

Dopo il passaggio di testimone, i Commercialisti istituirono la Commissione "Norme e Principi contabili" (ora Commissione per lo studio dei principi contabili nazionali), la quale dal 2004 (purtroppo con interventi sempre più sporadici) si propone di fornire un autorevole supporto ai professionisti nella risoluzione di particolari problematiche attinenti alla predisposizione del bilancio non affrontate in modo puntuale dal legislatore e dall'OIC.

L'OIC è stato costituito nel 2001 nella veste giuridica di Fondazione di diritto privato dall'insieme dei principali Organismi pubblici e privati interessati allo sviluppo delle tematiche contabili e di bilancio. Gli attuali Soci Fondatori dell'OIC sono: per la professione contabile, l'Assirevi, il Consiglio Nazionale dei Dottori Commercialisti e il Consiglio Nazionale dei Ragionieri; per i preparer, l'Abi, l'Andaf, l'Ania, l'Assilea, l'Assonime, la Confagricoltura, la Confcommercio, la Confcooperative, la Confindustria e la Lega delle Cooperative; per gli user, l'Aiaf, l'Assogestioni e la Centrale Bilanci; per i mercati mobiliari, la Borsa Italiana. Parere favorevole alla costituzione della Fondazione OIC fu espresso dai Ministeri della Giustizia e dell'Economia e delle Finanze, e dalle Autorità Regolamentari di Settore (Banca d'Italia, Consob e Isvap, ora Ivass).

L'articolo 3 dello statuto della Fondazione OIC enuncia le funzioni svolte dalla Fondazione OIC, nella veste di Istituto Nazionale per i Principi Contabili:

a) emanare i principi contabili nazionali, ispirati alla miglior prassi operativa, per la redazione dei bilanci secondo le disposizioni del codice civile;

b) fornire supporto all'attività del Parlamento e degli Organi Governativi in materia di normativa contabile ed esprimere pareri, quando ciò è previsto da specifiche disposizioni di legge o dietro richiesta di altre istituzioni pubbliche;

c) partecipare al processo di elaborazione dei principi contabili internazionali adottati in Europa;

d) fornire interpretazioni dei principi contabili nazionali, nonché, su richiesta, pareri nei casi in cui non vi siano principi contabili da applicare;

e) seguire il processo di applicazione e interpretazione dei principi contabili internazionali;

f) predisporre, ricorrendone i presupposti, principi contabili per la redazione dei bilanci preventivi e consuntivi delle aziende non profit e delle amministrazioni pubbliche, nazionali e locali;

g) perseguire l'efficienza del sistema normativo contabile segnalando le esigenze di miglioramento e i possibili rimedi;

h) promuovere la cultura contabile tramite l'emanazione di documenti e ricerche in materia, nonché mediante l'organizzazione di convegni, seminari e incontri di studio.

La qualifica di *Italian Accounting Standard setter* dell'OIC è stata formalizzata dalla già citata Legge 116/2014. Tale provvedimento ha integrato il D.lgs. 38/2005 con gli articoli 9-*bis* e 9-*ter* che illustrano, rispettivamente, le attività svolte dall'OIC - corrispondenti a quelle indicate alle lettere a), b) e c), del precedente elenco - e le modalità di finanziamento della Fondazione.

L'art. 9-ter del D.lgs 38/2005, confermando le previsioni contenute nella Legge 244/2007, stabilisce che le imprese concorrono al finanziamento dell'OIC attraverso contributi derivanti dall'applicazione di una maggiorazione dei diritti di segreteria dovuti alle camere di commercio, industria, artigianato e agricoltura con il deposito dei bilanci presso il registro delle imprese. Il Collegio dei fondatori dell'Organismo Italiano di Contabilità stabilisce annualmente il fabbisogno di finanziamento dell'OIC nonché lo stanziamento di risorse da destinare allo IASB e all'EFRAG. L'entità della maggiorazione è definita dal Ministro dello sviluppo economico, di concerto con il Ministro dell'economia e delle finanze, sulla base della richiesta formulata dall'OIC.

L'attestato di fiducia ricevuto dalle istituzioni nazionali ha spinto l'OIC ha riformulare il proprio statuto con l'obiettivo di potenziare l'efficacia e la professionalità della Fondazione.

L'accrescere dell'efficienza, concepita soprattutto in termini di riduzione dei costi, ha condotto all'"incorporazione" del Comitato Tecnico Scientifico nel Consiglio di Gestione, così da rendere più dinamico e proficuo il processo decisionale. Parallelamente, sono state ridefinite le funzioni del Consiglio di Sorveglianza e del Consiglio di Gestione per rafforzare l'incarico di indirizzo strategico del primo e di gestione operativa del secondo.

Il potenziamento dei gruppi di lavoro e delle commissioni tecniche ha permesso di accrescere le capacità professionali e di relazione con le autorità nazionali deputate alla statuizione delle norme giuscontabili.

La formale attestazione della finalità di interesse pubblico perseguita dall'OIC, invero già implicitamente ammessa dal finanziamento pubblico previsto dalla Legge 244/2007, e la conferma della piena autonomia decisionale della Fondazione eliminano i residui dubbi riguardo all'incontestabilità in sede di contenzioso dei bilanci predisposti in aderenza agli *standard* OIC, e certificati dal soggetto preposto alla revisione legale dei conti.

Il tema dell'obbligatorietà delle regole tecniche emanate dalla best practice è da sempre dibattuto dalla dottrina giuridica e aziendale. Eminenti studiosi ed esperti (FORTUNATO, 1993; CARATOZZOLO, 2006) ritengono che i principi contabili assumano validità giuridica in forza dei continui richiami alla pratica professionale operati dal legislatore civilistico. Il mancato rispetto dei "corretti" Principi dovrebbe produrre i medesimi effetti (e le medesime sanzioni) che si manifesterebbero in caso di violazione delle norme di legge come avviene nei sistemi di *common law*.

Il carattere vincolante dei principi contabili sarebbe tuttavia subordinato alla verifica della coerenza delle regole con il dettato legislativo. In altre parole, eventuali indicazioni di *best practice* incompatibili con il Codice Civile non devono essere rispettate, anche qualora giudicate da più parti tecnicamente corrette o condivisibili. Pertanto, a differenza di quanto avviene nei Paesi anglosassoni, la cogenza delle regole professionali non è per nulla legata al concetto di generale accettazione, bensì alla conformità con la lettera della legge e alla corretta analisi della medesima sulla base della funzione assegnata dal legislatore al bilancio (COLOMBO, 2002). È tuttavia evidente che l'aderenza ai sani e condivisi precetti ragionieristici contribuisce a qualificare la correttezza dei Principi.

Per completezza d'analisi, merita puntualizzare che l'autorevolezza della fonte non significa in automatico la correttezza del principio contabile, nell'accezione in precedenza descritta. I redattori del bilancio sono quindi sempre tenuti ad accertare la coerenza delle istruzioni fornite dalle associazioni professionali rispetto alle norme contabili civilistiche.

A prescindere dalla condivisibilità o meno della posizione ora enunciata, il confronto dottrinario e giurisprudenziale sulla perentorietà dei Principi contabili nazionali assume rilevanza a livello teorico più che pratico, poiché le imprese nazionali hanno tutto l'interesse ad applicarli, sia ai fini dell'asseverazione del bilancio, sia in una prospettiva di trasparenza della rendicontazione societaria.

Inoltre, il permanente coordinamento tra l'OIC e le altre autorità competenti in materia contabile unito al rigore che caratterizza, almeno sulla carta, il processo di emanazione degli *accounting standard* nazionali dovrebbero assicurare la conformità dei medesimi alle previsioni civilistiche. Problematiche di incompatibilità potrebbero verificarsi più che altro in conseguenza di aggiornamenti normativi non prontamente recepiti dall'OIC.

Discorso diverso per quanto riguarda le regole di *best practice* dettate da altre associazioni professionali. Il ricorso a tali pareri o istruzioni richiede sempre una verifica preliminare da parte dei *preparer* sulla compatibilità delle medesime rispetto alle norme di legge e alle correlate integrazioni/interpretazioni dello *standard setter* nazionale.

L'aggiornamento dei Principi contabili nazionali prima e dopo la Direttiva 34/2013
Nel mese di maggio del 2010, l'Organismo Italiano di Contabilità (OIC) ha avviato, attraverso una consultazione pubblica, un progetto di aggiornamento dei Principi contabili nazionali (di seguito solo "Principi") avente la duplice e complementare finalità di accrescerne l'intelligibilità e di recepire l'evoluzione della normativa contabile e della best practice nazionale ed internazionale (GAETANO-CIMINI-PAGANI, 2012).
La "riscrittura" dei Principi era un'esigenza comunemente avvertita se si pensa che la precedente revisione dei Documenti risaliva al 2005, ed aveva come unico obiettivo quello di recepire le novità legislative apportate dalla riforma del diritto societario del 2003.
Gli *standard* abrogati riportavano in molti casi regole oramai obsolete, alcune delle quali risalenti alle prime versioni dei Principi pubblicate negli anni settanta, e a volte mal collegate e contraddittorie in conseguenza dei periodici aggiornamenti. Oltre a ciò, permaneva una visione orientata alle grandi imprese "quotate", società che ormai da tempo hanno abbandonato la disciplina nazionale del bilancio.
L'OIC manifestò la volontà di prestare maggiore attenzione alle piccole e medie imprese che - allo stato dell'arte - rappresentano i principali utilizzatori degli *standard* locali. In questa prospettiva, il progetto si proponeva di considerare anche i recenti orientamenti dell' Unione Europea fondati sulla riduzione dei costi di redazione del bilancio per le PMI attraverso l'attenuazione degli obblighi contabili (*simplification project*).
I lavori sono terminati nel mese di agosto del 2014 con la pubblicazione di diciannove documenti revisionati (contro i ventiquattro inizialmente previsti):

- OIC 9, *Svalutazione per perdite durevoli di valore delle attività materiali e immateriali.*
- OIC 10, *Rendiconto finanziario.*
- OIC 12, *Composizione e schemi del bilancio d'esercizio.*
- OIC 13, *Rimanenze.*
- OIC 14, *Disponibilità liquide.*
- OIC 15, *I crediti.*
- OIC 16, *Immobilizzazioni materiali.*
- OIC 17, *Bilancio consolidato e metodo del patrimonio netto.*
- OIC 18, *Ratei e risconti.*
- OIC 19, *Debiti.*
- OIC 20, *Titoli di debito.*
- OIC 21, *Partecipazioni e azioni proprie.*
- OIC 22, *Conti d'ordine.*
- OIC 23, *Lavori in corso su ordinazione.*
- OIC 25, *Imposte sul reddito.*
- OIC 26, *Operazioni, attività e passività in valuta estera.*
- OIC 28, *Patrimonio netto.*
- OIC 29, *Cambiamenti di principi, di stime contabili, correzione di errori.*
- OIC 31, *Fondi rischi e oneri e trattamento di fine rapporto.*

I nuovi OIC sono stati utilizzati per la prima volta per i bilanci dell'esercizio 2014, con la possibilità di applicazione anticipata per gli *standard* n. 15, 20 e 21. I tre documenti in ultimo menzionati sono stati rilasciati in data 26 maggio 2014 (OIC, 2014).

A margine del progetto, nel mese di gennaio del 2015, è stato licenziato il ventesimo Principio contabile aggiornato: l'OIC 24, *Immobilizzazioni immateriali*.

Il tema della prima applicazione dei Principi aggiornati è stato affrontato dal CNDCEC con un comunicato stampa rilasciato in data 17 aprile 2015: la Commissione per lo studio dei principi contabili nazionali sosteneva che l'adozione degli OIC 2014 potesse costituire una causa per il differimento del termine di approvazione del bilancio chiuso al 31.12.2014 da parte dell'assemblea dei soci. Tale rinvio era subordinato all'applicazione delle nuove disposizioni emanate dall'OIC e alla previsione nello statuto sociale della facoltà di approvare il bilancio delle società per azioni (art. 2364) e delle società a responsabilità limitata (art. 2478 c.c.) c.c., entro centottanta giorni dalla data di chiusura dell'esercizio, in deroga al termine ordinario dei centoventi giorni.

I Principi aggiornati presentano per lo più un format comune così articolato: ambito di applicazione, definizioni, classificazione, rilevazione iniziale, valutazione e rilevazione successiva, informazioni in Nota Integrativa, appendice normativa. Sono previste, naturalmente delle deroghe in relazione alle peculiarità delle situazioni trattate.

Dal punto di vista sostanziale, i Principi hanno assunto un carattere maggiormente precettistico che pone in risalto i profili contabili delle varie tematiche affrontate; i riferimenti giuridici non compaiono più nel corpo del documento, ma sono stati trasferiti nelle appendici oppure eliminati quando ritenuti superflui. Si registra poi un avvicinamento dei Principi agli IAS, chiaramente nel rispetto dei vincoli posti dalla normativa civilistica antecedente al D.lgs 139/2015, sebbene tale convergenza non fosse indicata tra gli obiettivi del progetto.

Una novità meritevole di segnalazione attiene all'ambito di applicazione degli OIC *standard* . La versione aggiornata del Principio contabile OIC 12, raccomanda l'utilizzo degli OIC *standard* anche alle società in nome collettivo e in accomandita semplice diverse da quelle interamente partecipate da società di capitali (ricordiamo che per queste società vige l'obbligo di predisporre i conti annuali secondo il dettato civilistico e dei principi contabili nazionali) e agli imprenditori individuali che svolgono attività commerciale. Le motivazioni alla base della presa di posizione dei board dell'OIC sono illustrate nell'appendice H dell'OIC 12: in primo luogo il calcolo del reddito di periodo richiede in ogni caso la valutazione di una serie di elementi patrimoniali esistenti alla data di riferimento del bilancio. Ne consegue che lo Stato Patrimoniale deve far parte dell'inventario di tutte le imprese commerciali, individuali o sociali, sebbene l'art. 2217, co. 2, c.c., (Redazione dell'inventario) richiami impropriamente solo il bilancio e il Conto Economico. Inoltre, lo stesso art. 2217, al terzo comma, afferma che *"nelle valutazioni di bilancio l'imprenditore deve attenersi ai criteri stabiliti per i bilanci delle società per azioni, in quanto applicabili"*. Se ne deduce, quindi, che il legislatore non differenzia le norme di redazione del bilancio a seconda della forma imprenditoriale e della tipologia societaria.

L'imprenditore individuale e le società di persone sono così invitate a predisporre il bilancio d'esercizio in coerenza alle regole previste per le società di capitali, con le semplificazioni previste dall'articolo 2435-bis e compatibilmente con la disciplina giuridica delle società di persone e delle imprese individuali. Ciò significa che nello Stato Patrimoniale e nel Conto Economico semplificato non devono comparire tutte le poste incompatibili con la natura e la disciplina delle società di persone e delle imprese individuali (ad esempio, le azioni proprie).

Gli OIC 2014 sono in questo periodo oggetto di una serie di approfondimenti tematici da parte del CNDCEC. Al momento, la Commissione per lo studio dei principi contabili nazionali ha reso disponibili tre guide operative sull'OIC 16, l'OIC 24 e di recente sull'OIC 23 (CNDCEC, 2015). Altri utili contributi sono stati licenziati dalla Fondazione Nazionale dei Commercialisti (FNC, 2015).

In aggiunta, corre l'obbligo di far notare che l'OIC dovrà a strettissimo giro avviare un ulteriore corposo aggiornamento dei Principi contabili nazionali al fine di conformarne il contenuto alla disposizioni contenute nel D.lgs 139/2015.
Al proposito, lascia interdetti la decisione dei vertici dell'OIC, dettata forse da contingenti esigenze interne alla Fondazione, di portare avanti la riscrittura degli *accounting standard* italiani in parallelo alla revisione del diritto contabile europeo. La ferma volontà dell'Unione Europea di arrivare in tempi brevi alla stesura del testo definitivo della Direttiva consigliava la sospensione del progetto in attesa di conoscere l'evoluzione della normativa comunitaria. Questa (naturale) schedulazione era favorita dai copiosi ritardi accumulati dall'OIC nella fase iniziale del progetto. Si consideri a questo riguardo che il primo blocco di principi contabili aggiornati è stato posto in consultazione circa due mesi dopo la pubblicazione della prima proposta ufficiale da parte della Commissione Europea.
L'OIC ha scelto invece di portare comunque a termine la revisione dei Principi, tentando di non intervenire sulle questioni al centro del dibattito europeo. Nelle intenzioni della Fondazione, le novità riportate negli *standard* aggiornati non avrebbero interferito con i futuri provvedimenti di attuazione della Direttiva e i professionisti avrebbero avuto presto a disposizione dei documenti allineati allo sviluppo della materia contabile. Il rivisitato *format* dei Principi avrebbe facilitato le integrazioni e le correzioni richieste dai successivi emendamenti normativi.
Proprio per evitare di tornare su decisioni già prese, l'OIC sospese la riscrittura di alcuni Principi (OIC 11 in materia di postulati di bilancio e l'OIC 3 sulla valutazione al *fair value* degli strumenti finanziari) e non riconfermò nel testo finale degli OIC 2014 alcune proposte di cambiamento contenute nelle bozze licenziate nel 2012 e nel 2013.
Gli scopi prefissati non sono stati però raggiunti: alcuni degli interventi deliberati sono nei fatti già superati dalla riforma dell'ordinamento contabile europeo. Menzioniamo, a titolo di esempio, gli emendamenti alla disciplina dei conti d'ordine e della gestione straordinaria, i requisiti per la capitalizzazione degli oneri pluriennali, il trattamento contabile dello scorporo degli interessi impliciti nei crediti e debiti commerciali.
La pubblicazione dei nuovi Principi nell'estate del 2014, con più di un anno di ritardo rispetto alla pianificazione originaria, appare ancor più incomprensibile visto che, alla luce della strettissima tempistica di recepimento della Direttiva fissata dal legislatore comunitario, l'OIC era perfettamente al corrente che le modificazioni di cui sopra sarebbero rimaste in vigore al massimo per un biennio (2014-2015). Il risultato finale è stato quello di obbligare i compilatori ad un duplice, e certamente poco gradito, cambiamento di principi contabili.

In ogni modo, il lavoro che spetta nel prossimo futuro allo *standard* nazionale si presenta assai delicato e complesso alla luce delle lacune terminologiche e contenutistiche che caratterizzano alcune delle disposizioni del D.lgs 139/2015. Queste problematiche saranno analizzate e commentate nella seconda parte del volume.

2.4. L'iter di recepimento della Direttiva 34/2013

In data 19 maggio 2014, il Ministero dell'economia e delle finanze - Dipartimento del Tesoro Direzione IV – Ufficio IV (di seguito MEF) ha pubblicato un questionario relativo all'attuazione della Direttiva al fine di ottenere orientamenti generali e suggerimenti generali da parte dei redattori e dei destinatari dell'informativa finanziaria. Hanno partecipato alla consultazione autorevoli esponenti del mondo professionale e accademico. Le lettere di risposta possono essere esaminate sul sito Dipartimento del tesoro al seguente link:

Successivamente, la Legge n. 154 del 7 ottobre 2014 *Delega al Governo per il recepimento delle direttive europee e l'attuazione di altri atti dell'Unione europea – legge di delegazione europea 2013 – secondo semestre* (G.U. n. 251 del 28 ottobre 2014, entrata in vigore: 12 novembre 2014) ha autorizzato il Governo a emanare uno o più decreti legislativi per il recepimento, tra le altre, della Direttiva.

La L. 154/2014 consiste nella seconda legge di delegazione europea relativa al 2013, la quale comprende le linee guida in ordine all'attuazione di 19 direttive, di cui 2 inserite nell'Allegato A e 17 nell'Allegato B, tra cui compare per l'appunto la Direttiva 34/2013.

Per quanto riguarda le procedure, i principi e i criteri direttivi della delega, la Legge 154/2014 rinvia alle disposizioni previste dalla legge n. 234 del 24 dicembre 2012, *Norme generali sulla partecipazione dell'Italia alla formazione e all'attuazione della normativa e delle politiche dell'Unione europea* (GU n.3 del 4-1-2013, entrata in vigore: 19 gennaio 2013). Segnaliamo tra queste la norma secondo la quale gli atti di recepimento di direttive dell'Unione europea non possono prevedere l'introduzione o il mantenimento di livelli di regolazione superiori a quelli minimi richiesti dalle direttive stesse (divieto di gold plating, L. 234/2012, art. 32, co. 1, let. c).

In attuazione di tale delega, in data 13 aprile 2015 il MEF ha licenziato la bozza di due schemi di decreti legislativi per il recepimento della Direttiva, peraltro non accompagnati da una relazione illustrativa. La decisione di emanare due distinti decreti legislativi si deve all'ampiezza dell'ambito di applicazione della Direttiva che comprende sia le società commerciali sia gli intermediari finanziari nella veste di enti di interesse pubblico.

Il *primo schema di decreto legislativo*:

- introduce la nuova disciplina circa gli obblighi di trasparenza posti a carico delle imprese operanti nel settore estrattivo o in quello dello sfruttamento delle aree forestali;
- integra e modifica il codice civile e il D.lgs. 127 del 9 aprile 1991 al fine di allineare le disposizioni in materia di bilancio di esercizio e consolidato alle disposizioni della direttiva e altri provvedimenti legislativi già esistenti;
- apporta modifiche a provvedimenti legislativi per adeguarne il contenuto alle prescrizioni della Direttiva o per esigenze di coordinamento in materia di conti annuali e consolidati delle imprese di assicurazione e di revisione legale dei conti.

Questo proposta di articolato di attuazione è stata predisposta con il supporto dell'Organismo Italiano Contabilità (OIC). In precedenza, l'OIC aveva assistito il MEF anche nei lavori connessi alla negoziazione europea della Proposta di modifica delle direttive n. 78/660/CE e n. 83/349/CE.

Il secondo schema di decreto legislativo disciplina:
- i bilanci degli intermediari finanziari (confidi e operatori minori) che redigono i bilanci sulla base delle previsioni della Direttiva 86/635/CEE;
- i casi in cui un intermediario bancario o finanziario vigilato dalla Banca d'Italia è tenuto a redigere il bilancio consolidato sulla base dei principi contabili internazionali emanati dall'organo incaricato di emanare i principi contabili (IASB) e adottati dalla Commissione europea.

Lo schema di decreto riconosce inoltre alla Banca d'Italia il potere di emanare disposizioni relativamente alle forme tecniche dei bilanci e delle situazioni dei conti destinate al pubblico nonché alle modalità e ai termini della pubblicazione delle situazioni dei conti, prevedendo opportune forme di coordinamento con la CONSOB.

Congiuntamente ai due schemi di decreto è stata pubblicata una tabella di comparazione tra le disposizioni previgenti e gli emendamenti proposti. Nonostante la brevità della consultazione (appena dieci giorni) il Ministero ha ricevuto anche in questa occasione un numero cospicuo di lettere di risposta per la cui analisi rinviamo al sito del Dipartimento del Tesoro (http://www.dt.tesoro.it/it/consultazioni_pubbliche/consultazioni_pubbliche_online_corrente/consultazione_pubblica_2013_34_eu.html).

Le proposte di articolati di attuazione licenziati dal MEF, in parte corretti per recepire talune osservazioni emerse dalla consultazione, sono state approvate in via preliminare dal Consiglio dei Ministri nell'adunanza del 18 maggio 2015.
Nei mesi di giugno e luglio, i testi sono stati esaminati ed approvati dalle Commissioni parlamentari della Camera dei deputati e del Senato della Repubblica.
I decreti legislativi di attuazione della direttiva 2013/34/UE hanno avuto il via libera definitivo del Consiglio dei ministri nella riunione del 6 agosto 2015 e sono stati emanati in data 18 agosto 2015.
Il D.lgs 136/2015 - *Attuazione della direttiva 2013/34/UE relativa ai bilanci d'esercizio, ai bilanci consolidati e alle relative relazioni di talune tipologie di imprese, recante modifica della direttiva 2006/43/CE del Parlamento europeo e del Consiglio e abrogazione delle direttive 78/660/CEE e 83/349/CEE, per la parte relativa ai conti annuali ed ai conti consolidati delle banche e degli altri istituti finanziari, nonché' in materia di pubblicità dei documenti contabili delle succursali, stabilite in uno Stato membro, di enti creditizi ed istituti finanziari con sede sociale fuori di tale Stato membro, e che abroga e sostituisce il decreto legislativo 27 gennaio 1992, n. 87* (GU n.202 del 1-9-2015, data di entrata in vigore: 16 settembre 2015) - completa l' attuazione della direttiva 2013/34/UE, relativa ai bilanci d'esercizio e ai bilanci consolidati delle banche e degli altri intermediari finanziari. Il testo definitivo del provvedimento è così strutturato:
- CAPO I – *Disposizioni generali* (art. 1-5)
- CAPO II – *Disposizioni applicabili agli intermediari non IFRS* (artt. 6-21)
- CAPO III - *Disposizioni applicabili agli intermediari IFRS* (art. 22-37)
- CAPO IV - *Documenti contabili delle succursali di banche e società finanziarie di altri Paesi* (art. 38-41)
- CAPO V - *Poteri delle Autorità' e sanzioni* (art. 43-44)
- CAPO VI - *Disposizioni finali* (art. 45-49)

Il D.lgs 139/2015 - *Attuazione della direttiva 2013/34/UE relativa ai bilanci d'esercizio, ai bilanci consolidati e alle relative relazioni di talune tipologie di imprese, recante modifica della direttiva 2006/43/CE e abrogazione delle direttive 78/660/CEE e 83/349/CEE, per la parte relativa alla disciplina del bilancio di esercizio e di quello consolidato per le societa' di capitali e gli altri soggetti individuati dalla legge.* (GU n.205 del 4-9-2015, data di entrata in vigore: 1 gennaio 2016) - riporta le disposizioni di recepimento della Direttiva in materia di bilancio di esercizio e di quello consolidato delle imprese industriali e commerciali costituite nella forma giuridica di società di capitali, oltre alle norme relative alla trasparenza dei pagamenti. Il testo definitivo del provvedimento è così strutturato:

- CAPO I – *Disposizioni in materia di trasparenza dei pagamenti* (art. 1-5)
- CAPO II –*Disposizioni in materia di bilancio di esercizio e di bilancio consolidato* (artt. 6 e 7)
- CAPO III - *Disposizioni di coordinamento per altri provvedimenti legislativi* (art. 8-12).

Il prosieguo della trattazione affronterà il contenuto del D.lgs 139/2015, limitatamente alle modifiche in tema di bilancio ordinario di esercizio stabilite dall'art. 6.

2.5. Le scelte di fondo del legislatore italiano

L'emanazione della Direttiva ha segnato un ulteriore avvicinamento del diritto contabile europeo al disposto dei principi contabili internazionali.

Tuttavia, gli ampi margini di flessibilità riconosciuti dalla novella comunitaria finiscono per demandare alle autorità nazionali la definizione delle configurazioni di reddito e di capitale oggetto di rappresentazione nel bilancio di esercizio. Al riguardo, segnaliamo la riproposizione, immutata, delle disposizioni della IV Direttiva che autorizzavano ma non obbligavano gli stati membri ad uniformare, sotto diversi punti di vista (presentazione del bilancio, postulati e criteri particolari di valutazione), la disciplina contabile europea a quella dei *financial reporting standard* internazionali.

Si può constatare altresì che la maggior parte delle previsioni vincolanti della Direttiva risultano già presenti nella legislazione civilistica del bilancio giacché il legislatore dell'Unione Europea, pur apportando sostanziali innovazioni al *framework* contabile europeo, ha confermato la maggior parte delle norme contenute nel testo aggiornato della direttiva 78/660. Conseguentemente, l'obbligo di recepimento in capo al governo italiano ha riguardato un insieme circoscritto di nuove norme comunitarie, la maggior parte delle quali attinenti alla *disclosure* di bilancio.

Nel paragrafo 2.2 abbiamo avuto modo di far presente come l'avvicinamento della normativa civilistica del bilancio agli IAS sia stata un'eventualità attentamente vagliata dal governo italiano in occasione del recepimento delle direttive 65/2001 e 51/2003. Aggiungiamo in questa sede che l'art. 25 del Legge n. 34 del 2008, *Disposizioni per l'adempimento di obblighi derivanti dall'appartenenza dell'Italia alle Comunità europee* (Legge comunitaria 2007, GU n.56 del 6-3-2008 - Suppl. Ordinario n. 54, entrata in vigore: 21 marzo 2008) delegava per diciotto mesi il governo ad emanare delle disposizioni atte a completare il recepimento delle direttive di aggiornamento sulla base di specifiche linee guida che prevedevano, tra le altre, "la modificazione della normativa civilistica di bilancio per avvicinarla alle disposizioni previste dai principi contabili internazionali compatibilmente con le opzioni consentite dalle direttive, assicurando un congruo periodo interinale per l'adeguamento".

Allo scopo di dare attuazione a tale incarico, il MEF pubblicò in consultazione sul proprio sito una proposta OIC di articolato di piena   attuazione delle direttive 65/2001 e 51/2003 relative sia al bilancio di esercizio, sia al bilancio consolidato. Tale bozza in realtà era stata diffusa dallo *standard   setter* nazionale nel 2006 e aveva già ricevuto pareri più o meno favorevoli in ambito accademico e professionale.

Le perplessità da più parti manifestate sulla congruità dell'impostazione adottata e il manifestarsi dei primi sintomi della crisi finanziaria mondiali indussero il governo nazionale a far decadere l'iniziativa. Maturò infatti il convincimento che l'aumento dei costi amministrativi generati dalla proposta riforma della normativa contabile interna avrebbe certamente accentuato le difficoltà delle imprese italiane, in quel momento alle prese con gli albori di una crisi che si è protratta fino ai giorni d'oggi.

Per completezza d'analisi, segnaliamo che una seconda delega prevista dalla Legge 34/2008, anch'essa lasciata decadere, era tesa a consentire il passaggio del bilancio assicurativo dalla normativa di settore agli IAS-IFRS.

Le ipotesi di recepimento delle Direttiva 34/2013

A distanza di poco meno di un decennio dal recepimento incompleto delle direttive di aggiornamento, le nostre istituzioni hanno dovuto nuovamente interrogarsi sull'opportunità di obbligare, o consentire, alle imprese italiane *non IAS adopter* di predisporre un'informativa societaria per molti aspetti conforme a quella diffusa dalle entità che applicano i Principi contabili internazionali.

In generale, la consultazione avviata dal MEF ha fornito pareri discordanti riguardo alle modalità di attuazione della novella comunitaria.

Una prima ipotesi contemplava l'adozione delle sole disposizioni obbligatorie in guisa tale da mantenere pressoché inalterato l'architettura regolamentare statuita dal D.lgs 127/1991.

La strada alternativa prevedeva l'esercizio "delle opzioni IAS" contenute nella riformata normativa bilancistica europea, come detto riprese integralmente dalle direttive 65/2001 e 51/2003, al fine di completare il processo di armonizzazione contabile iniziato dal D.lgs 38/2005 e, in tempi recenti, ripreso dal D.L. 91/2014 con l'estensione della facoltà di impiego degli IAS alle società chiuse.

I fautori del recepimento conservativo (CNDCEC) giudicano l'avvicinamento agli IAS un cortocircuito logico se si pensa che le disposizioni emanate dallo IASB sono rivolte in via quasi esclusiva alle grandi imprese, mentre la quasi totalità delle società assoggettate alla disciplina civilistica del bilancio rientrano nella categoria delle piccole imprese. Non solo: lo stravolgimento della normativa codicistica del bilancio avrebbe obbligato le PMI a seguire regole contabili assai più sofisticate e arbitrarie, in controtendenza rispetto agli obiettivi della semplificazione e della deregulation affermati in molteplici occasioni dalle istituzioni europee e ripresi dall'OIC in sede di aggiornamento dei principi contabili, anche se poi, con una certa sorpresa, talune regole applicative degli IAS sono state alla lettera trasposte negli OIC 2014.

Ciò osservato, i principi cardine della cultura ragionieristica italiana – su tutti, la prudenza, il costo storico, la prevalenza della forma sulla sostanza - erano reputati idonei, anche nel contesto socio-economico attuale, idonei ad assicurare una rappresentazione degli eventi gestionali coerente con la clausola generale del bilancio.

Una   corrente di pensiero opposta riteneva fondamentale rimuovere l'attuale significativa non comparabilità sostanziale tra i bilanci redatti dalle imprese che, per obbligo o per scelta, adottano gli IAS e le imprese che ricadono nell'ambito di applicazione del Codice Civile (in taluni casi operanti in settori similari e aventi dimensioni analoghe). Il recepimento integrale della Direttiva avrebbe permesso a tutte le società italiane di "sfruttare" le possibilità fornite dai principi contabili internazionali in termini di valorizzazione dei principali asset societari (Assirevi) . Su questa impostazione, ci permettiamo di muovere alcune osservazioni.

In primo luogo, la Commissione Europea ha in varie occasioni osservato che il miglioramento della qualità dell'informativa societaria e della comparabilità dei bilanci sono obiettivi primari esclusivamente per le imprese medio-grandi. La disciplina bilancistica delle *small entities* dovrebbe tendere alla riduzione degli oneri amministrativi.

In seconda istanza, il vigente ordinamento nazionale permette alle imprese di maggiori dimensioni di predisporre il bilancio (individuale e consolidato) secondo i full IAS/IFRS. Ad oggi, infatti, le uniche società a cui è fatto divieto di applicare i principi contabili internazionali sono le entità di piccole dimensioni definite secondo i parametri di dell'art. 2435-*bis*, c.c. Conseguentemente, la presentazione di un'informativa di bilancio non conforme agli IAS da parte di una grande (o media) impresa italiana non quotata è da considerarsi una scelta consapevole e ponderata del top management, e non la risultante di un impedimento normativo.

Altri autorevoli esponenti della prassi professionale (Assonime) auspicavano che il progetto di ammodernamento della disciplina nazionale del bilancio seguisse le linee guida dettate dai vertici dell'Unione Europea. In dettaglio, il legislatore italiano avrebbe dovuto realizzare un adeguamento del Codice Civile ai principi contabili internazionali e, contemporaneamente, stratificare le regole di redazione del bilancio in relazione alle dimensioni dell'impresa.

L'esercizio delle opzioni previste dalla Direttiva era giustificato nell'ottica di rendere confrontabili le informazioni esposte nei bilanci delle grandi aziende italiane non quotate con quelle riportate negli *annual report* di società di analoga natura e dimensione che utilizzano gli IAS. Viceversa, le disposizioni di recepimento relative al bilancio delle piccole imprese avrebbero dovuto conformarsi al principio per cui la ridotta dimensione comporta un minore fabbisogno informativo da parte degli *stakeholder*.

L'orientamento in ultimo riportato può considerarsi una soluzione intermedia che realizza un tentativo di conciliare pregi e difetti delle due posizioni "estreme" esposte in precedenza. In ogni modo, è chiaro che sostenere la proporzionalità delle regole contabili voleva dire esprimere un parere negativo all'adozione degli IAS nel contesto domestico.

Ancora sul tema dell'omogeneizzazione dei bilanci, un aspetto ampiamente analizzato dai commentatori riguarda la capacità degli *standard* internazionali ad ottemperare all'insieme delle funzioni assolte dal bilancio ordinario di esercizio nella realtà italiana, indipendentemente dalle dimensioni d'impresa. Questa considerazione prescindeva dalle dimensioni d'impresa. A dimostrazione della delicatezza della questione riportiamo uno stralcio della *comment letter* rilasciata dall'Assonime: "Al riguardo il punto veramente delicato è costituito dalle specifiche funzioni che nel nostro ordinamento sono assegnate al bilancio d'esercizio il quale non ha solo una funzione informativa per gli investitori ma ha anche una funzione organizzativa, una funzione di rendiconto della gestione e costituisce la base per la tassazione dell'impresa. I criteri di redazione del bilancio d'esercizio devono quindi essere necessariamente coerenti con il complesso di queste funzioni. […]Non si può mancare di sottolineare poi che la scelta di applicare i principi contabili internazionali anche al bilancio d'esercizio ha comportato una serie di difficoltà che sono state in parte risolte attraverso particolari regole sulla distribuzione di utili e sull'utilizzazione delle riserve generati in sede di applicazione dei principi IAS/IFRS. In tale ottica, appare opportuno ripensare la scelta effettuata con il decreto legislativo n. 38/2005 di imporre in via obbligatoria i principi contabili internazionali per i bilanci d'esercizio delle società quotate e per i bilanci d'esercizio e consolidati delle società con strumenti finanziari diffusi, quando non sussistano motivazioni legate ad esigenze di vigilanza ai fini di stabilità finanziaria. Si potrebbe affidare alla stessa società la scelta del regime contabile applicabile nel caso di quotazione o nel caso in cui si venga a rientrare tra le società con strumenti finanziari diffusi".

Possiamo osservare, quindi, che anche autorevoli sostenitori dell'armonizzazione contabile (nel caso di Assonime proposta solo per e grandi imprese) si mostravano dubbiosi sulla adattabilità degli IAS al bilancio di esercizio, tanto da arrivare a suggerire una revisione del D.lgs 38/2005.

Premesso che le modifiche e le integrazioni apportate alla legislazione civilistica dal D.lgs 139/2015 saranno affrontate in modo analitico nei prossimi capitoli, si ritiene opportuno, a conclusione della prima parte del volume, riassumere le deliberazioni del nostro Governo, in esercizio della delega parlamentare (D'AGOSTINIS, 2014; SOTTORIVA, 2015).

I principali interventi
Diversamente dalle passate esperienze, il legislatore italiano è andato ben oltre l'innesto nel corpo del Codice Civile delle sole disposizioni obbligatorie della Direttiva. In particolare, l'esercizio di talune opzioni da tempo contenute nella legislazione bilancistica comunitaria palesano la scelta di concretizzare, dopo un lungo tergiversare, l'adeguamento della normativa contabile italiana agli *standard* IAS/IFRS. L'omogeneizzazione coinvolge (purtroppo) tutte le categorie societarie, fatte salve alcune limitate esenzioni nella redazione del bilancio abbreviato e del bilancio super semplificato predisposto dalle microimprese.

In ordine ai principi generali di redazione del bilancio, il nuovo bilancio estende l'applicazione del postulato della rilevanza alla rappresentazione dei fatti di gestione e alla valutazione delle poste contabili (art. 2423, co. 4, c.c.). Prima dell'entrata in vigore del D.lgs 139/2015, le norme di legge e i principi contabili nazionali, sebbene con un lessico ambiguo e non appropriato, richiamavano il postulato della materiality ai fini della predisposizione degli schemi di bilancio e della Nota Integrativa.

Il legislatore ha scelto, o almeno questa sembra l'intenzione, di dare piena attuazione al postulato della *substance over form*, predisponendo uno specifica comma in conformità del quale *"la rilevazione e la presentazione delle voci è effettuata tenendo conto della sostanza dell'operazione o del contratto"* in sostituzione dell'espressione *"funzione economica dell'elemento dell'attivo o del passivo considerato"*, da più parti ritenuta lacunosa e foriera di dubbi interpretativi circa la portata applicativa del principio in oggetto.

Le novità di maggiore rilievo per quanto concerne i criteri particolari di valutazione riguardano l'avviamento, i costi pluriennali, i crediti e i debiti, e gli strumenti finanziari derivati.

In materia di attività immateriali, l'ammortamento dell'avviamento dovrà avvenire lungo la sua vita utile. La spalmatura del costo secondo un periodo convenzionale (non superiore ai dieci anni) è prevista solo "nei casi eccezionali in cui è impossibile determinarne la vita utile".

Novità non trascurabili riguardano anche gli oneri pluriennali: i costi di ricerca e di pubblicità non saranno più capitalizzabili; i costi di sviluppo, al pari del *goodwill*, dovranno essere ammortizzati in base alla vita utile. Così come per l'avviamento, è previsto l'ammortamento lungo un arco temporale predefinito nei casi eccezionali in cui non sia possibile determinare con puntualità il periodo di recuperabilità del costo. Per tale voce dell'attivo, la durata massima del periodo di ammortamento è di cinque anni e non di dieci.

Il legislatore nazionale ha optato per l'introduzione del criterio del costo ammortizzato "ove applicabile" per la valutazione dei titoli di debito, dei crediti e dei debiti. Sempre in tema di strumenti finanziari, innovazioni destinate a stravolgere alcuni criteri cardine della tradizione contabile italiana e che genereranno importanti questioni a livello fiscale, riguardano i derivati. Oltre a prevedere l'applicazione del criterio del fair value per detti strumenti, si richiede che per determinate operazioni di copertura la variazione del fair value venga addebitata a patrimonio netto (senza transitare per il Conto Economico). In conseguenza di queste importanti cambiamenti, sono state elaborate specifiche disposizioni in materia di distribuibilità delle riserve e di determinazione del patrimonio netto per specifiche finalità (ad esempio per la riduzione del capitale per perdite).

Prima di trattare gli aspetti formali del bilancio, è doveroso far presente che l'art. 12, co. 1 del D.lgs 139/2015 consente di non utilizzare il metodo del costo ammortizzato e le nuove regole di ammortamento dell'avviamento per le "voci riferite a operazioni che non hanno esaurito i loro effetti in bilancio". In caso di esercizio dell'opzione, dunque, l'avviamento, i titoli di debito, i crediti e i debiti iscritti in bilancio prima dell'entrata in vigore delle nuove disposizioni potranno essere valutate secondo i "vecchi" criteri di valutazione.

In ordine agli schemi di bilancio, l'intervento di maggiore importanza è la previsione del Rendiconto finanziario come prospetto contabile obbligatorio per le imprese non piccole. Prima di questo cambiamento, il Rendiconto finanziario era comunemente compreso tra gli allegati della Nota Integrativa in ottemperanza a quanto richiesto dai principi contabili nazionali. Si deve precisare che il riformato codice civile non indica uno schema di Rendiconto finanziario, limitandosi a individuare nelle disponibilità liquide la grandezza di riferimento e a prevedere una classificazione dei flussi di cassa per aree gestionali in linea con le regole di presentazione statuite dallo IAS 7.

Altro fattore di cambiamento è l'eliminazione dell'area straordinaria del Conto Economico e dei Conti d'ordine in attuazione delle deliberazioni del legislatore europeo.

Si segnalano poi modifiche anche rilevanti al contenuto della Nota Integrativa e della relazione sulla gestione che, per esigenze espositive, saranno affrontate in un capitolo specifico.

In termini di semplificazioni a favore delle entità di dimensioni ridotte, il D.lgs 139/2015 introduce la nuova categoria delle microimprese (microentità nella formulazione della Direttiva) disciplinata dall'art. 2435-*ter*. Si passa, quindi, dalle due categorie di imprese presenti nella precedente normativa contabile, alle tre tipologie societarie indicate nell'emendato Codice Civile.

Sono considerate micro-imprese, le società che nel primo esercizio o, successivamente, per due esercizi consecutivi, non abbiano superato due dei seguenti limiti:

1) totale dell'attivo dello stato patrimoniale: 175.000 euro;
2) ricavi delle vendite e delle prestazioni: 350.000 euro;
3) dipendenti occupati in media durante l'esercizio: 5 unità.

Le agevolazioni concesse alle microimprese prevedono, oltre a quelle già previste per le piccole società di cui all'art. 2435-*bis*, l'esonero assoluto dalla redazione del Rendiconto finanziario e dei documenti discorsivi se in calce allo Stato Patrimoniale sono fornite determinate informazioni richieste rispettivamente dall'art. 2427 e 2428 c.c. Non si applicano inoltre i nuovi criteri di valutazione degli strumenti finanziari (costo ammortizzato e *fair value* per i derivati) e l'obbligo di fornire l'informazione comparativa di cui al quinto comma dell'art. 2423 (quarto comma nella precedente versione) .

Sempre in tema di bilanci "semplificati", l'art. 2435-bis è stato oggetto di emendamenti necessari per allineare il contenuto della Nota Integrativa delle piccole imprese alle disposizioni vincolanti della Direttiva.

In conclusione, evidenziamo il mancato esercizio dell'opzione, già contemplata dalla IV direttiva, che consentiva alle autorità nazionali di stabilire delle semplificazioni *ad hoc* per le medie imprese.

PARTE II

La redazione del bilancio di esercizio secondo il D.lgs 139/2015: principi generali e particolari di valutazione, schemi di bilancio e contenuto della Nota Integrativa

CAPITOLO 1
CLAUSOLA GENERALE E POSTULATI DI BILANCIO

La normativa contabile civilistica, in aderenza alla legislazione comunitaria, presenta una struttura piramidale composta da tre livelli:

- *il livello superiore enuncia la clausola generale del bilancio, composta da due postulati distinti: la chiarezza e la rappresentazione veritiera e corretta;*
- *il livello intermedio comprende gli altri postulati su cui si fonda la redazione dei conti annuali (art. 2423-bis) e le regole di carattere generale su forma e struttura dei prospetti contabili (art. 2423-ter).*
- *il livello inferiore include le disposizioni specifiche per la valutazione degli elementi attivi e passivi del patrimonio della società e per la redazione dei documenti che compongono il fascicolo di bilancio (artt. 2424-2427-bis).*

Nell'impalcatura normativa ivi descritta, i precetti attinenti alla composizione degli schemi di bilancio e alla valutazione delle diverse poste contabili (terzo livello) sono ispirati ai principi generali (secondo livello) e tutte le norme in oggetto risultano giuridicamente sottordinate alla clausola generale (primo livello).

Il D.lgs 139/2015, pur lasciando invariato l'assetto regolamentare, interviene in profondità su ciascuno degli ordini gerarchici di cui sopra.

La clausola generale è stata completata con l'inserimento del principio della rilevanza (materiality). Nell'ambito dei principi generali di valutazione, l'unica modificazione attiene all'esplicitazione del principio della prevalenza della sostanza sulla forma in sostituzione del concetto di funzione economica.

Le innovazioni che hanno interessato gli schemi di bilancio e la Nota Integrativa sono oggetto, rispettivamente, del secondo e terzo capitolo. Il quarto e ultimo capitolo illustra l'evoluzione dei criteri particolari di valutazione di cui all'art. 2426.

1.1. La clausola generale del bilancio
Ai sensi del secondo comma dell'art. 2423 c.c., "il bilancio deve essere redatto con chiarezza e deve rappresentare in modo veritiero e corretto la situazione patrimoniale e finanziaria della società e il risultato economico dell'esercizio".

A completamento della clausola generale del bilancio, il D.lgs 139/2015 ha introdotto la seguente disposizione: "Non occorre rispettare gli obblighi in tema di rilevazione, valutazione, presentazione e informativa quando la loro osservanza abbia effetti irrilevanti al fine di dare una rappresentazione veritiera e corretta. Rimangono fermi gli obblighi in tema di regolare tenuta delle scritture contabili. La Nota Integrativa evidenzia l'eventuale mancato rispetto degli obblighi di rilevazione, valutazione, presentazione e informativa" (art. 2423, co. 4, c.c).

Il legislatore italiano non ha esercitato l'opzione prevista dalla Direttiva che permette agli Stati membri di limitare l'applicazione del principio della rilevanza alla presentazione e all'informativa di bilancio.

1.1.1 *Chiarezza e rappresentazione veritiera e corretta*
Rinviando ai numerosi contributi pubblicati dalla migliore dottrina italiana per approfondimenti sul significato della clausola generale del bilancio (FERRERO, 1991; FIORI, 1999; SUPERTI FURGA, 2004; VENUTI, 2006), è sufficiente ai nostri scopi ricordare che l'attributo formale della chiarezza richiede il rispetto delle prescrizioni relative alla struttura e al contenuto dei prospetti contabili e della Nota Integrativa.

Il postulato della rappresentazione veritiera e corretta riguarda invece gli aspetti sostanziali della normativa codicistica. La clausola della *true and fair view* è verificata quando le determinazioni quantitative riportate nel bilancio riflettono lo scopo assegnato all'informativa esterna d'impresa dal soggetto preposto alla statuizione delle regole contabili (ZANDA, 2006).

Nei sistemi di *civil law*, il bilancio di esercizio si pone in via prioritaria l'obiettivo di tutelare gli interessi dei creditori sociali, attraverso l'impiego di criteri prudenziali che conducono all'imputazione a Conto Economico delle perdite presunte (principalmente tramite la svalutazione delle attività reali e finanziarie e l'accensione di fondi rischi) ma non degli utili sperati (contabilmente espressi dalla rivalutazione degli *asset* patrimoniali oltre il costo di acquisizione o di produzione).

Il risultato di esercizio così determinato dovrebbe approssimare il reddito distribuibile ai soci, senza ledere l'integrità economica del capitale. Dal punto di vista patrimoniale, il divieto di rilevare le plusvalenze latenti si traduce nella valutazione delle attività al minore tra il costo di acquisto (o di produzione) e il valore recuperabile, quest'ultimo espressione di un valore di realizzo diretto per i beni collocati sul mercato (prodotto finiti e merci) e di un valore di realizzo indiretto per i cespiti non destinati alla vendita (immobilizzazioni strumentali e rimanenze di materie prime e similari).

Nei sistemi di *common law*, il bilancio comunica agli investitori (attuali e potenziali) le previsioni del *top management* sulla capacità dell'impresa di generare flussi di benefici economici funzionali al recupero dei capitali immessi nella società. Nella visione dell'azionista, le informazioni sui dividendi assegnabili e quelle sull'incremento del valore economico della partecipazione posseduta assumono il medesimo significato ai fini della valutazione dei rendimenti attesi. Un bilancio concepito come strumento per l'assunzione di decisioni economiche (vendere, mantenere o smobilizzare le interessenze partecipative) deve evidenziare il reddito potenziale, senza distinzione tra componenti realizzati e non realizzati. In questo paradigma contabile, la prudenza non interferisce sul sistema delle valutazioni di fine esercizio, ma costituisce al massimo un semplice richiamo alla cautela nelle stime e nelle congetture propedeutiche alla redazione delle scritture di assestamento. Il superamento del criterio di simmetria negativa delle stime comporta l'adozione della logica del valore corrente per la rappresentazione delle attività e passività nei conti societari.

Riepilogando i termini della questione: i fini teoricamente assegnabili al bilancio sono plurimi e a ognuno di essi corrisponde una diversa nozione di rappresentazione veritiera e corretta. Sotto il profilo tecnico, definire il fine significa stabilire la configurazione di capitale e di reddito che si intende esporre nello Stato Patrimoniale e nel Conto Economico. Ancor più nel concreto, vuol dire scegliere i criteri di competenza economica dei costi e dei ricavi, ossia, da un'altra angolazione, i metodi di valutazione delle attività e delle passività esistenti alla data di redazione del bilancio.

Da quanto sin qui esposto emerge con chiarezza la natura sovraordinata del fine del bilancio rispetto ai principi contabili vigenti in un determinato ordinamento. L'insieme dei criteri di rilevazione, classificazione e valutazione delle voci di bilancio é lo strumento mediante il quale addivenire al fine stabilito dal legislatore e, di conseguenza, alla rappresentazione veritiera e corretta.

Il disposto normativo può esplicitare il fine oppure lasciare che lo stesso sia ricavabile con ragionevole certezza e rigore dall'interpretazione a sistema dei principi generali e particolari di valutazione.

Nella prima ipotesi, la normativa contabile potrebbe in astratto dettare solamente la funzione assegnata al bilancio, delegando ai compilatori la selezione dei criteri generali e particolari di valutazione ritenuti più idonei al suo conseguimento. Un percorso legislativo alternativo consiste nell'esplicitazione tanto del fine quanto delle disposizioni attuative, così da assegnare compiti prettamente esecutivi agli amministratori.

Tentiamo ora di esplorare, senza pretesa di esaustività, il significato attribuibile al reddito e al capitale di funzionamento nel sistema contabile italiano.
Iniziamo col precisare che le previsioni civilistiche, ante e post Direttiva, non specificano il fine del bilancio. I principi della "verità" e della "correttezza" non forniscono alcuna indicazione sulla logica di competenza economica o sui metodi di valutazione delle poste patrimoniali. È privo di pregio scientifico sostenere, ad esempio, che la valutazione di un fabbricato è veritiera e corretta se effettuata in base al criterio del costo storico, mentre non lo è se realizzata al valore corrente. Entrambi i metodi di valutazione sono razionali e idonei a rispondere a particolari bisogni di conoscenza degli utilizzatori del bilancio. La scelta tra iscrizione al costo oppure al *fair value* dipende dal messaggio informativo che si vuole veicolare con il bilancio e, soprattutto, da quale categoria di *stakeholder* si vuole privilegiare (creditori o investitori).

Cosciente della inespressività e della vaghezza dei principi affermati nella clausola generale, il legislatore disciplina con estrema puntualità il processo di formazione dei valori delle voci patrimoniali. Vediamo se dallo studio di tale regole è possibile risalire al fine del bilancio.
Da un primo esame dei postulati riportati nell'art. 2423-*bis* c.c. e dei criteri particolari di valutazione di cui all'art. 2426 c.c., si potrebbe pensare che il reddito civilistico misuri la capacità dell'impresa di assegnare risorse finanziarie ai proprietari dell'impresa sottoforma di dividendi. La tutela dei creditori sociali è assicurata dal criterio della prudenza estimativa che, si è già detto, impone di rilevare in contabilità le aspettative sugli investimenti in essere solo se negative.
In realtà, il risultato di esercizio determinato sulla base delle regole di valutazione dettate dal nostro legislatore è assai lontano dalla nozione di reddito distribuibile. Ciò si deve in prima istanza alla presenza di una serie di eccezioni al principio del costo storico. Ci riferiamo alle partecipazioni qualificate valutate con il metodo del patrimonio netto, ai lavori in corso su ordinazione in caso di utilizzo del criterio della percentuale di completamento, alla disciplina delle operazioni in valuta estera che ammette l'evidenza di utili su cambi non realizzati e, per finire, alla valutazione al *fair value* degli strumenti finanziari derivati introdotta dalle disposizioni di recepimento della direttiva 34/2013. Tutte le tecniche di valutazione ora descritte conducono ad una "anticipazione dei ricavi", in deroga al postulato che vieta l'iscrizione di utili non realizzati.
Il disallineamento tra reddito di esercizio e reddito distribuibile è inoltre generato dall'assenza di una norma che, alla data di redazione del bilancio, imponga di certificare la capacità prospettica dell'impresa di operare in condizioni di equilibrio economico, ovvero di garantire ai proprietari dei ritorni almeno pari a quelli attesi. L'art. 2426 c.c. richiede di escludere l'esistenza di perdite contabili sui singoli cespiti (valore recuperabile almeno pari al valore di libro), ma non prevede un *impairment test* di secondo livello (a livello dell'intera azienda) che prevenga il rischio di esporre in bilancio un patrimonio netto superiore al valore del capitale economico della *reporting entity* (DAMODARAN, 2011; GUATRI-BINI, 2009; MASSARI-ZANETTI, 2002; ZANDA-LACCHINI-ONESTI, 2005).

È ampiamente noto infatti che l'azienda è un sistema complesso e dinamico il cui valore finale non è la risultante della somma algebrica dei *fair value* delle attività e delle passività (CAPALDO, 1998).

Per meglio comprendere questo concetto, consideriamo la costituzione di una società con un capitale iniziale di 1.000 CU. La remunerazione attesa dai soci corrisponde al 10% del capitale investito.

Di seguito, riportiamo lo Stato Patrimoniale e il Conto Economico redatti secondo i principi di valutazione civilistici. Per esigenze espositive, si è scelto di adottare una struttura "didattica" degli schemi di bilancio in guisa da richiamare il processo logico di formazione del reddito e del connesso capitale di funzionamento (MANNI, 1998).

CONTO ECONOMICO esercizio X (criteri civilistici)

Costi sostenuti	250	Ricavi conseguiti	300
Integrazioni di costi [1]	80	Integrazioni di ricavi [2]	20
Rinvio al futuro di ricavi [3]	40	Rinvio al futuro di costi [4]	100
Totale costi	370	Totale ricavi	420
Utile di esercizio	**50**		
Totale a pareggio	420		

STATO PATRIMONIALE al 31.12.X esercizio X (criteri civilistici)

Disponibilità liquide	900	Capitale iniziale	1000
Crediti e attività finanziarie	300	Utile di esercizio	50
Crediti per integrazione di ricavi [5]	20	Debiti per integrazione di costi [6]	80
Costi sospesi [7]	100	Ricavi sospesi [8]	40
		Debiti finanziari	150
Totale Attività	**1.320**	**Totale Passività e Netto**	**1.320**

[1] *Costi di competenza dell'esercizio in chiusura che avranno manifestazione numeraria nei successivi periodi amministrativi (ad esempio: valori economici misurati da ratei passivi, accantonamento al fondo rischi e oneri, valori economici misurati da fatture da ricevere)*

[2] *Ricavi di competenza dell'esercizio in chiusura che avranno manifestazione numeraria nei successivi periodi amministrativi (ad esempio: valori economici misurati da ratei attivi, valori economici misurati da fatture da emettere)*

[3] *Costi che hanno avuto manifestazione finanziaria nell'esercizio in chiusura ma che, in tutto o in parte, sono di competenza economica dei futuri periodi amministrativi (rettifica, in conto o fuori conto, dei costi rilevati in contabilità generale durante l'esercizio in contropartita della movimentazione di conti economici accesi, ad*

esempio, a risconti attivi, rimanenze di magazzino, immobilizzazioni strumentali, oneri pluriennali)

(4) *Ricavi che hanno avuto manifestazione finanziaria nell'esercizio in chiusura ma che, in tutto o in parte, sono di competenza economica dei futuri esercizi (rettifica dei ricavi rilevati in contabilità generale durante l'esercizio in contropartita della movimentazione di conti economici accesi, ad esempio, a risconti passivi)*

(5) *Crediti presunti che misurano le integrazioni di ricavi (ratei attivi, fatture da emettere, ecc)*

(6) *Debiti presunti che misurano le integrazioni di costi (ratei passivi, fatture da ricevere, ecc)*

(7) *Costi sostenuti nell'esercizio in chiusura (o nei precedenti esercizi) che troveranno il loro recupero nei successivi esercizi (rimanenze di magazzino, immobilizzazioni strumentali, oneri pluriennali, risconti attivi, ecc.)*

(8) *Ricavi conseguiti nell'esercizio in chiusura (o nei precedenti esercizi) che troveranno il loro recupero nei successivi esercizi (risconti passivi, ecc.)*

I piani previsionali stimano in 90 CU il reddito medio atteso dell'impresa. Il valore economico stimato con la formula della rendita perpetua ($W=R/i$) ammonta a 900 (POZZOLI-LUCIANI, 2012).

In siffatta situazione, la piena attuazione del principio della prudenza imporrebbe di chiudere l'esercizio con una perdita pari a 100 CU e un valore di capitale netto di 900 CU, corrispondente al "reale valore" della società alla data di redazione del bilancio.

In ottica contabile, la perdita da mancata economicità dovrebbe essere portata a decremento dei "costi sospesi" (principalmente come svalutazione delle immobilizzazioni strumentali) e, per l'eccedenza, in un apposito fondo rischi.

CONTO ECONOMICO esercizio X (criteri prudenziali)

Costi sostenuti	250	Ricavi conseguiti	300
Integrazioni di costi	80	Integrazioni di ricavi	20
Rinvio al futuro di ricavi	40		
Acc. fondo ripristino economicità	50		
Totale costi	420	Totale ricavi	320
		Perdita di esercizio	**100**
		Totale a pareggio	420

Stato Patrimoniale al 31.12.X esercizio X (criteri prudenziali)

Disponibilità liquide	900	Capitale iniziale	1000
Crediti e attività finanziarie	300	Perdita di esercizio	(100)
Crediti per integrazione di ricavi	20	Debiti per integrazione di costi	80
		Ricavi sospesi	40
		Debiti finanziari	150
		Fondo ripristino economicità	*50*
Totale Attività	**1.220**	**Totale Passività e Netto**	**1.220**

Esponiamo ora i principali elementi ostativi, di ordine normativo e regolamentare, che impediscono tale rappresentazione.

L'attualizzazione dei flussi finanziari è una tecnica prevista dall'OIC 9 per la stima del valore recuperabile delle immobilizzazioni strumentali. Tuttavia, le valutazioni di *impairment* non sono effettuate sull'intera entità, ma in relazione ai singoli asset oppure ai comparti aziendali in grado di generare flussi di cassa autonomi in linea con lo IAS 36.

Un'eccezione all'approccio delle *cash generating unit* è riservata alle imprese di piccole dimensioni, le quali possono testare la sostenibilità del valore di libro delle immobilizzazioni in funzione dei redditi prospettici dell'intera struttura produttiva. Ciò nonostante, il metodo della capacità di ammortamento non previene del tutto il rischio di sovrastima del capitale netto poiché ai fini del superamento della verifica è sufficiente la garanzia del pareggio contabile nel periodo coperto dal piano, e non della congrua remunerazione del capitale investito. Più chiaramente, se i margini reddituali prospettici coprono l'importo complessivo degli ammortamenti non occorre abbattere ulteriormente (oltre al normale ammortamento) il valore di bilancio dei cespiti.

Passando all'altra possibile modalità di appostazione della perdita, uno dei requisiti stabiliti dall'art. 2424-*bis*, co. 3, c.c. per l'iscrizione dei fondi rischi e oneri è la natura determinata della passività potenziale o della perdita. Pertanto, un accantonamento rivolto alla copertura del rischio generico di impresa è del tutto incompatibile con le regole civilistiche.

Possiamo quindi asserire che, malgrado il ruolo centrale attribuito al postulato della prudenza, il legislatore – forse inconsapevolmente - ammette l'esposizione di un patrimonio netto superiore al valore "reale" della società. Quando ciò si manifesta, l'eventuale assegnazione di utili non rappresenta una distribuzione di reddito, come all'apparenza potrebbe sembrare, bensì di capitale.

L'impossibilità di attribuire un preciso significato economico al patrimonio netto e al reddito di esercizio rende alquanto nebuloso e vago il quadro di rappresentazione veritiera e corretta stabilito dal Codice Civile.

Riscontrata questa evidente lacuna nell'ordinamento nazionale successivo al recepimento della IV Direttiva, la dottrina nazionale ha profuso sforzi significativi per elaborare una interpretazione della clausola generale del bilancio coerente con gli orientamenti della migliore prassi contabile. Sotto questo profilo, è maturata la convinzione che il nostro legislatore abbia scientemente deciso di non specificare il fine proprio del bilancio di esercizio, preferendo costruire un "insieme di regole" fondato su principi contabili di generale accettazione e ispirati alla sana e prudente gestione.

Preso atto del pragmatismo del nostro legislatore, qualsiasi investigazione circa la coerenza delle disposizioni contabili del Codice Civile e il fine del bilancio è apparsa priva di utilità, semplicemente poiché quest'ultimo è assente nel nostro ordinamento. In definitiva, occorre prendere atto che la normativa italiana solo in apparenza è articolata in un fine (true and fair view) e in sistema di norme idoneo a realizzarlo.

In tale scenario, il concetto di verità deve essere interpretato in senso assoluto solo per le quantità certe esposte nei prospetti contabili (ad esempio, il volume dei ricavi di vendita, i costi sostenuti per l'acquisto di fattori produttivi, la consistenza di cassa). Per quanto attiene ai valori di bilancio basati su stime, congetture e previsioni da parte del management, il concetto di verità è concepito in termini di attendibilità delle stime e di aderenza alle norme di legge.

Il principio della correttezza richiama il rispetto dei principi contabili licenziati dalla tecnica professionale il cui ruolo consiste nell'interpretare e nell'integrare le statuizioni normative (LACCCHINI-TREQUATTRINI, 2007).

Il recepimento della direttiva 34/2013 ha accentuato la fusione tra regole bilancistiche tradizionali e principi derivanti da altre culture contabili, rendendo ancor più ibride le configurazioni di reddito e capitale evidenziate nei conti annuali delle società italiane. In particolare, l'apertura verso il criterio del *fair value* per le attività e le passività finanziarie amplifica il divario tra il reddito civilistico e la nozione di reddito distribuibile.

1.1.2 Il regime dei casi eccezionali (art. 2423, co. 3 e 5, c.c.)

Le disposizioni successive all'enunciazione della clausola generale del bilancio sembrano palesare le perplessità dello stesso legislatore sulla mancata esplicitazione del fine del bilancio.

Nello specifico, egli ammette che le disposizioni da lui stesso emanate potrebbero non essere sufficienti a garantire la rappresentazione veritiera e corretta, richiedendo in queste circostanze di fornire le opportune informazioni complementari in Nota Integrativa (art. 2423. co. 3, c.c.).

E' inoltre riconosciuto che, in casi eccezionali, le norme codicistiche potrebbero addirittura contrastare con la *true and fair view*. Le previsioni normative che violano la clausola generale devono essere disapplicate seguendo le disposizioni di cui al quinto comma dell'art. 2423. Il regime delle deroghe prevede che:

a) l'esenzione dall'adempimento delle norme contabili codicistiche è obbligatorio e non facoltativo;

b) le motivazioni che hanno portato a non rispettare una o più norme di legge devono essere illustrate in Nota Integrativa;

c) gli eventuali utili derivanti dalla deroga sono iscritti in una riserva non distribuibile.

Il legislatore e i Principi contabili nazionali da sempre non chiariscono quali sono i "casi eccezionali". Dalla formulazione adottata, la deroga sembra potersi estendere a tutta la normativa civilistica del bilancio con l'esclusione della clausola generale. Gli articoli successivi al 2423 disciplinano, infatti, i criteri generali e particolari di valutazione, la rappresentazioni di particolari operazioni aziendali, la struttura del Conto Economico e dello Stato Patrimoniale, il contenuto della Nota Integrativa.

In concreto, l'ambito di operatività dei casi eccezionali è, nella concezione prevalente, molto più limitato e riguarda esclusivamente la valutazione delle attività di bilancio.

La prevalente dottrina economico-aziendale e la giurisprudenza associano i casi eccezionali alle "speciali ragioni" affermate dal Codice Civile del 1942 – art. 2425, co. 3, rimasto in vigore fino all'emanazione del D.lgs 127/991 – che ammettevano il superamento della logica del costo storico nelle ipotesi di:

- *cambiamento di destinazione economica dei cespiti costituenti il patrimonio aziendale*: ad esempio, un terreno agricolo, in seguito ad una modificazione del piano regolatore dello sviluppo abitativo di un Comune, diviene terreno edificabile. In seguito a questo fatto, il suo valore aumenti rispetto a quello di iscrizione in bilancio;
- *eliminazione di vincoli archeologici, paesaggistici, militari, economici, ecc. esistenti su beni aziendali*: viene, ad esempio, eliminata una servitù militare su un terreno; aumenta l'indice di edificabilità sui terreni di proprietà, viene eliminato un vincolo alberghiero su alcuni fabbricati dell'azienda;
- *trasferimento della proprietà dei beni aziendali* (cambiamento della posizione giuridica dei cespiti di proprietà): alla data di chiusura del bilancio di esercizio, l'azienda ha stipulato un compromesso di vendita di un fabbricato di proprietà ad un prezzo superiore al valore che compare in bilancio (ZANDA-LACCHINI, 1993).

La direttiva 34/2013 (art. 4, co. 4), al pari della IV direttiva, permette agli Stati membri di definire i casi eccezionali e fissare il corrispondente regime derogatorio che si applica in tali casi. Il considerando 9 chiarisce che "Per casi eccezionali si dovrebbero intendere solo operazioni particolarmente insolite e situazioni insolite ed essi non dovrebbero ad esempio riguardare interi settori specifici".

Il D.lgs 139/2015 conferma la decisione delle nostre istituzioni di rimanere silenti sulla disciplina dei casi eccezionali. Non è stato quindi raccolto l'invito formulato da una prestigiosa associazione di categoria (Assonime) di porre rimedio a questo *vacuum normativo*, reputato "fonte di estrema incertezza giuridica con conseguenze non solo in termini di applicazione non omogenea della regola ma anche potenzialmente di validità del bilancio e responsabilità dei redattori". La proposta dell'Associazione delle società quotate consisteva nel disporre comunque l'applicazione delle norme di legge, anche se giudicate dall'amministratore in contrasto con la rappresentazione veritiera e corretta. La Nota Integrativa avrebbe dovuto specificare "gli effetti sul bilancio che si sarebbero verificati ove si fosse trattata la fattispecie in modo diverso".

Nel valutare la proposta di Assonime, riteniamo che la pedissequa applicazione delle norme di legge certamente garantisca una maggiore certezza nella rilevazione e nella valutazione delle voci di bilancio, ma non elimini l'incarico in capo ai *preparer* di verificare se una specifica disposizione configge con la clausola generale. Infatti, Assonime non suggerisce la cancellazione dei casi eccezionali ma semplicemente di trasferire per intero il loro trattamento nel contesto della *disclosure*. Orbene, posto che la Nota Integrativa è a tutti gli effetti parte integrante del bilancio e che l'individuazione dei potenziali conflitti tra le previsioni normative e la *true and fair view* rimarebbe alla discrezionalità dei vertici aziendali, non intravediamo alcun passo in avanti in termini di uniformità di comportamento e di attenuazione delle responsabilità dei professionisti.

Siamo dell'opinione che l'unico intervento utile a risolvere questa indubbia carenza dell'ordinamento contabile nazionale sia la tipizzazione dei casi eccezionali. Possiamo poi ragionare se mantenere l'attuale regime derogatorio oppure adottare un approccio diverso come quello suggerito dall'Assonime.

Pensiamo al contempo che tale integrazione non spetti al legislatore, ma sia di pertinenza dell'OIC: le disposizioni normative, per loro natura sintetiche e di contenuto generale, non sono adatte a risolvere una problematica così articolata e complessa. Proprio al riguardo, l'OIC 11 ravvisa nei casi eccezionali una fattispecie tipica di rinvio alla prassi professionale.

1.1.3 Il principio della rilevanza

La rilevanza può considerarsi un complemento di un altro importante postulato di bilancio: la significatività. L'informazione è significativa quando è in grado di influenzare le decisioni dei fruitori del bilancio, permettendo la corretta comprensione degli accadimenti aziendali (passati, presenti o futuri), oppure attestando o correggendo precedenti valutazioni.

La significatività dipende dalla rilevanza e dalla natura dell'informazione. La rilevanza misura la soglia dimensionale superata la quale il dato contabile diventa di per sé utile. Tuttavia, un'informazione può influenzare le decisioni degli investitori anche solo per la sua natura: l'ingresso in un nuovo mercato, il cambiamento dell'assetto societario, una sanzione comminata all'impresa per la violazione di norme ambientali sono esempi di eventi che possono incidere sull'atteggiamento degli investitori, a prescindere dal loro impatto numerico sui conti societari. Il novellato art. 2423, al pari della direttiva 34/2013, focalizza l'attenzione solamente sull'aspetto quantitativo (*material*) dell'informazione.

Il principio della rilevanza non costituisce in assoluto una novità nella legislazione nazionale del bilancio. L'art. 2423-*ter*, co. 2, c.c. consente il raggruppamento delle poste di importo irrilevante ai fini della rappresentazione veritiera e corretta. La *materiality* trova altresì riscontro in numerose previgenti norme relative alla stesura della Nota Integrativa, seppure con una terminologia talvolta ambigua e non ortodossa (ad esempio: "importo apprezzabile", "effetti significativi", "complessivamente di scarsa importanza").

La maggior parte dei riferimenti civilistici alla *materiality* sono stati espunti dal D.lgs 139/2015 poiché divenuti ridondanti in seguito all'aggiornamento della clausola generale del bilancio.

La rilevanza è affrontata anche dal Principio contabile OIC 11, *Bilancio: Finalità e postulati*, il quale statuisce: "Il bilancio d'esercizio deve esporre solo quelle informazioni che hanno un effetto significativo e rilevante sui dati di bilancio o sul processo decisionale dei destinatari.[..] Errori, semplificazioni e arrotondamenti sono tecnicamente inevitabili e trovano il loro limite nel concetto di rilevanza; essi cioè non devono essere di portata tale da avere un effetto rilevante sui dati di bilancio e sul loro significato per i destinatari".

La sostanziale modernizzazione introdotta dal D.lgs 139/2015 concerne il pieno riconoscimento della rilevanza anche per l'iscrizione e la valutazione delle poste di bilancio.
In verità, il diritto contabile italiano richiamava il principio della rilevanza anche per tali finalità: l'abrogato punto 12 dell'art. 2426 ammetteva l'iscrizione a valori costanti delle rimanenze di fattori produttivi a breve rigiro se di ammontare di scarsa importanza rispetto al totale dell'attivo. Tale facoltà resta pienamente in vigore nonostante non sia più riportata nell'art. 2426 per le già dette motivazioni.

Il ricorso al "criterio" della rilevanza ai fini dell'iscrizione delle poste di bilancio è rinvenibile anche negli *OIC standard* . Ad esempio, una delle condizioni stabilite dai Principi contabili nazionali (OIC 16, OIC 24, OIC 13) per portare gli interessi passivi ad incremento del valore contabile dei cespiti realizzati internamente (immobilizzazioni strumentali e rimanenze di magazzino) é la durata superiore ai dodici mesi del finanziamento e perciò, implicitamente, la rilevanza degli oneri finanziari sostenuti per la costruzione del bene.

L'inserimento della *materiality* a corollario della *true and fair view* dimostra la volontà del nostro legislatore di attribuire a questo postulato una funzione ancor più decisiva rispetto all'orientamento del legislatore dell'UE. Ricordiamo infatti che la Direttiva inserisce la rilevanza tra i principi generali del bilancio i quali, come già detto, sono posti a un livello gerarchico inferiore rispetto al "quadro fedele".
Il neo costituito legame legislativo tra il concetto di rilevanza e il postulato della *true and fair view* è destinato a rivoluzionare i comportamenti contabili delle imprese italiane *non IAS adopter*.
Con riferimento alle valutazioni di bilancio, in caso di importi irrisori, sarà ad esempio possibile:
- omettere l'iscrizione dei ratei e dei risconti,
- non effettuare le stime di *impairment* su attività reali e finanziarie,
- non appostare dei fondi rischi e oneri,
- imputare al Conto Economico i costi di manutenzione straordinaria in deroga alla regola generale dell'OIC 16 che ne impone la capitalizzazione.

Viene quindi a manifestarsi una situazione per certi versi anomala se consideriamo che il ricorso alla *materiality* giustifica il mancato rispetto di uno o più criteri di valutazione, generali e particolari, previsti dalla normativa nazionale (QUAGLI, 2015).

Discorso a parte merita l'estensione della sfera di influenza della *materiality* alla rilevazione dei fatti amministrativi. In base a una rigida e letterale interpretazione del quarto comma dell'art. 2423, a partire dal 2016, un evento gestionale ritenuto dal redattore del bilancio irrilevante ai fini della rappresentazione veritiera e corretta potrà non essere rappresentato nei conti annuali. Immaginiamo, ad esempio, l'acquisizione di materiali di importo modesto, oppure la vendita sottocosto di semilavorati a un'impresa del gruppo.

In pratica, assegnare la qualifica di irrilevante a una voce patrimoniale o reddituale, permetterebbe, almeno sulla carta, la sua esclusione dal bilancio di esercizio.

È intuitivo che l'incontestabilità dei giudizi di rilevanza degli amministratori trova il suo limite in un'eventuale opposizione da parte di uno o più soggetti che ritenessero di aver assunto decisioni economiche errate a causa della mancata rappresentazione dell'evento in bilancio.

Conscio del rischio di un serio incremento dei contenziosi in campo civile e penale per le società italiane, il legislatore, in linea con quanto affermato nel *Considerando* 17 della Direttiva, ha avvertito il bisogno di specificare che il criterio della rilevanza non tocca gli obblighi relativi alla corretta tenuta della contabilità.

Su questo punto, un ottimo studio condotto dall'Ordine dei Dottori Commercialisti e degli Esperti Contabili di Milano (ODCEC MILANO, 2013)sul contenuto della direttiva 34/2013 si domanda
"

come possa ritenersi che in uno Stato membro vi siano norme che permettono di non tenere una corretta contabilizzazione di tutti i fatti amministrativi. E, quindi, in sostanza, anche che senso abbia effettivamente avuto prevedere normativamente la possibilità di omettere la "rilevazione" quando questa stessa omissione è premesso che non debba pregiudicare la tenuta di registri ove appunto rilevare i fatti amministrativi che si concederebbe di non considerare se ritenuti irrilevanti".
In breve, secondo questa autorevole fonte professionale, l'imposizione legislativa di riportare in contabilità generale tutti i fatti di gestione rende praticamente inutilizzabile il principio della *materiality* nel campo della rilevazione dei fatti amministrativi.
"

Riteniamo che il legislatore, forse fuorviato dai propri referenti tecnici, abbia fatto un uso improprio del termine "rilevazione", che nel linguaggio ragionieristico richiama l'annotazione degli eventi gestionali nel libro giornale. A nostro giudizio, il senso della norma – certamente mal espresso – è quello di esonerare dalla'applicazione di logiche di valutazione particolarmente laboriose (p.e., *impairment test* dell'avviamento) in caso di importo aventi uno scarso peso sul bilancio e non di esonerare dalla redazione delle scritture di esercizio.

Oltre alle incoerenze terminologiche nella formulazione del quarto comma dell'art. 2423 c.c., la riforma della clausola generale del bilancio sembra muoversi in direzione opposta all'obiettivo della semplificazione e della riduzione degli oneri amministrativi. Il nuovo ruolo assegnato alla rilevanza produrrà un considerevole aggravio di responsabilità in capo ai redattori del bilancio, tenuto conto che in molte circostanze la classificazione tra fatti rilevanti e non rilevanti si presenta assai laboriosa e arbitraria.

Sarebbe stato dunque preferibile utilizzare l'opzione prevista dalla Direttiva che di fatto permetteva di conservare il precedente assetto legislativo. La rivisitazione dell'OIC 11 avrebbe permesso di chiarire l'ambito di applicazione della rilevanza nel contesto domestico, specificando in particolare il legame tra tale postulato e la nozione di significatività delle informazioni fornite nel bilancio.

Non è un'ipotesi remota l'emanazione da parte dell'OIC di alcune linee guida sull'applicazione pratica del principio della materialità. Tali indicazioni potrebbero definire dei parametri quantitativi che rendano meno discrezionali e sindacabili le valutazioni dei *preparer*. Tuttavia, è noto come i giudizi di rilevanza siano in ogni caso rimessi ai vertici aziendali, i quali dovranno ponderare caso per caso gli effetti di un'eventuale omissione di informazioni sul processo decisionale degli *stakeholder* (SARTORI, 2012).

Pertanto, la definizione di soglie quantitative, logicamente da commisurare alle dimensioni d'impresa, costituirebbe più che altro un'accortezza tecnica, funzionale a garantire un' uniformità di comportamento tra gli operatori, e non una soluzione coerente con la comune esegesi economico-aziendale del postulato della *materiality* (LACCHINI-TREQUATTRINI, 2007).

1.2. Postulati di bilancio

Il recepimento della Direttiva ha portato all'eliminazione del concetto di "funzione economica" contenuto nel n. 1) dell'art. 2423-*bis*. In sua sostituzione, è stato emanato il punto n.1-*bis*), che recita testuale: "*1-bis) la rilevazione e la presentazione delle voci è effettuata tenendo conto della sostanza dell'operazione o del contratto*".

Gli altri postulati di bilancio, confermati senza revisioni dal D.lgs 139/2015, sono:
- la prospettiva della continuazione dell'attività (punto 1);
- la prudenza, menzionata al punto 1 e poi tradotta nella pratica dai precetti contabili che richiedono:
  > (a) l'indicazione esclusivamente degli utili realizzati alla data di chiusura dell'esercizio (punto 2),
  > (b) l'iscrizione a Conto Economico dei rischi e delle perdite di competenza dell'esercizio anche se conosciuti dopo la chiusura di questo (punto 4),
  > (c) la valutazione separata degli elementi eterogenei ricompresi nelle singole voci di bilancio (punto 5);
- la competenza economica dei costi e dei ricavi, indipendentemente dalla data dell'incasso e del pagamento (punto 3);
- la costanza dei criteri di valutazione (*consistency*). Deroghe a questo principio sono ammesse (non obbligatorie) in casi eccezionali con l'obbligo di motivare in Nota Integrativa le ragioni del cambiamento di criteri di valutazione e l'impatto sulla situazione patrimoniale, finanziaria e sul risultato economico.

L'aggiornato art. 2423-*bis* non riporta tutti i principi generali di redazione stabiliti dalla direttiva 34/2013. Le disposizioni comunitarie escluse dai postulati di bilancio civilistici sono le seguenti:
a) la rilevazione di tutte le rettifiche di valore negative (svalutazioni), sia che l'esercizio si chiuda con una perdita, sia che si chiuda con un utile;
b) la valutazione al costo di acquisto o del costo di produzione degli investimenti in essere alla data di redazione del bilancio;
c) la corrispondenza tra lo Stato Patrimoniale di apertura di un esercizio e lo Stato Patrimoniale di chiusura dell'esercizio precedente;
d) il divieto di compensazione fra voci dell'attivo e del passivo, nonché fra quelle dei costi e dei ricavi.

Su questa divergenza non ci sentiamo di muovere critiche al legislatore. Le previsioni di cui alla lettera a) e b) non aggiungono nulla alle disposizioni sulla prudenza già esplicitate dalla precedente versione dell'art. 2423-*bis*. Il costo storico, più che un postulato di bilancio, rappresenta un criterio di valutazione esteso a una vasta gamma di poste patrimoniali. Il suo inserimento all'interno dei postulati di bilancio non sarebbe stato peraltro coerente con l'apertura alla logica del fair value avvenuta per mezzo del recepimento della Direttiva.

I precetti enunciati alle lettere c) e d) non rappresentano dei postulati di bilancio veri e propri. Il divieto di compenso di partite è una norma di redazione del bilancio opportunamente inserita nell'art. 2423-*ter* il quale, rammentiamo, espone una serie di prescrizioni di ordine generale sulla compilazione dello Stato Patrimoniale e del Conto Economico che si pongono al medesimo livello gerarchico dei postulati di bilancio.

1.2.1 La prevalenza della sostanza sulla forma

Il principio della prevalenza della sostanza sulla forma (di seguito solo "*Principio*" o "*Substance*") ha origine nella letteratura e nella prassi contabile anglosassone a partire dalla seconda metà del secolo scorso. Esso, più che un vero e proprio postulato di bilancio, può essere interpretato come un concetto pseudofilosofico (MAGLIO, 1998), o meglio, un modo di intendere il bilancio e le grandezze in esso rappresentate.

La dottrina aziendalistica (LAGHI-GIORNETTI, 2009) ha investigato a lungo il significato dei termini forma e sostanza. Una volta acclarato che la forma richiama le caratteristiche legalistico–contrattuali di un'operazione, l'espressione *substance over form* sta ad indicare che la connotazione giuridica di un evento aziendale non è decisiva ai fini della sua rappresentazione in bilancio, la quale invece deve essere fedele all'essenza economica del fatto rilevato. Quindi, qualora forma e sostanza divergano ai fini contabili prevale quest'ultima.

Le difficoltà nello specificare il concetto di sostanza rendono difficoltoso individuare quando le caratteristiche formali del negozio giuridico debbono essere superate.

Non è questa la sede per approfondire le diverse connotazioni del *Principio* sviluppatesi negli ordinamenti contabili di *common law*. Ci limitiamo a puntualizzare che nel sistema IFRS, a cui le autorità europee e nazionali hanno deciso di uniformarsi, la *Substance* esercita la sua influenza soprattutto sull'iscrizione e cancellazione delle poste patrimoniali, interessando solo marginalmente i criteri di valutazione.

Dal punto di vista tecnico, la *recognition* e la *derecognition* degli elementi patrimoniali non è funzione del titolo giuridico, bensì di un'analisi di tipo economico-fattuale tesa a verificare l'avvenuto trasferimento dei potenziali e probabili rischi e benefici connessi all'asset, oppure l'ottenimento del controllo di una risorsa o di un'entità.

Ad esempio, in un'operazione di factoring occorre verificare se il *factor* ha assunto tutti i rischi e i benefici sul credito ceduto, superando la distinzione formale tra *pro soluto* (cessione senza azione di regresso) e *pro solvendo* (cessione con azione di regresso).

In un'altra fattispecie, se l'impresa trasferisce la proprietà di un bene, ma in forza di un separato negozio giuridico continua a beneficiare dei flussi reddituali e finanziari dal medesimo generati, l'asset rimane nella contabilità dell'ex-proprietario.

Ancora, in sede di rilevazione di una aggregazione aziendale (fusione, cessione, conferimento, cessione d'azienda o ramo d'azienda) occorre verificare se l'operazione ha realizzato il mutamento del soggetto economico per almeno uno dei *business* coinvolti oppure se l'operazione ha coinvolto imprese sottoposte a un comune controllo: nel primo caso le attività e le passività dell'impresa "trasferita" sono rilevate ai rispettivi valori correnti, nei limiti del costo dell'acquisizione; nella seconda ipotesi l'operazione è rappresentata in continuità dei valori (PEROTTA, 2005; SAVIOLI, 2012).

Merita far presente che la rivisitazione del Framework IAS compiuta nel 2010 ha espunto la *Substance* dai principi generali del bilancio. Tale cancellazione non deve essere letta come un declassamento del Principio, tutt'altro. La teoria anglosassone del bilancio considera impraticabile fornire un quadro fedele della situazione patrimoniale, finanziaria ed economica di una società dando preminenza agli aspetti formali delle transazioni aziendali. L'esplicitazione del postulato della prevalenza della sostanza sulla forma diviene quindi ridondante rispetto all'affermato principio della *true and fair view*. La scelta dello IASB avvalora allo stesso tempo l'orientamento oramai consolidato che ritiene preminente affrontare le molteplici casistiche attuative del *Principio* (*business combination*, *leasing*, *factoring*, strumenti finanziari, ricavi, ecc.), piuttosto che dibattere sull'astratto e non univoco significato dei termini forma e sostanza.

In termini generali, i modelli bilancio fondati sulla *Substance* concepiscono il capitale d'impresa come un *fondo omogeneo astratto di valori* (TROINA, 2006) comprensivo di tutti i cespiti e dei diritti di cui l'azienda può liberamente disporre, anche non essendone "proprietaria", al netto delle passività esistenti. Far coincidere il capitale di bilancio con la ricchezza netta disponibile significa conferire dignità normativa a uno dei criteri fondamentali dell'economia aziendale. Ne deriva che il *Principio* può essere qualificato, prima ancora che un principio contabile, come una regola economica applicabile alle rilevazioni quantitative d'azienda, naturalmente nel rispetto di eventuali limitazioni poste dalla legislazione giuscontabile.

La substance over form in Italia prima del D.lgs 139/2015

La riforma del diritto societario ha inserito nel Codice Civile la regola che dispone la valutazione poste contabili secondo la funzione economica dell'elemento dell'attivo o del passivo considerato. Tale criterio era seguito nell'iscrizione di tutte le voci di bilancio e assumeva lo stesso livello gerarchico degli altri postulati affermati nel punto n. 1) dell'art. 2423-*bis*, c.c. (prudenza e *going concern*).

L'espressione atipica funzione economica richiese un'interpretazione autentica da parte dell'OIC. Il Principio contabile OIC 1 (2004) , *I principali effetti della riforma del diritto societario sulla redazione del bilancio d'esercizio* - riprendendo i contenuti della Relazione Ministeriale al D.lgs. 6/2003 - ha collegato il concetto di funzione economica al postulato della prevalenza della sostanza sulla forma.

Il chiarimento da parte dell'OIC è stato quanto mai opportuno e ha chiuso le porte a fantasiose e disinvolte interpretazioni della nuova norma. Al proposito, una corrente minoritaria della dottrina negava l'esistenza di un collegamento tra il concetto di funzione economica e quello di prevalenza della sostanza sulla forma. Nel pensiero di questi ricercatori, la funzione economica non era riferita alle modalità di rilevazione dei fatti aziendali quanto alla valutazione degli elementi di bilancio e dunque essa era interpretata come un richiamo alle nozioni di valore d'uso (per le immobilizzazioni) e del valore di presumibile realizzo (per le rimanenze di magazzino). Alcuni Autori arrivavano a sostenere che queste configurazioni di valore potessero sostituire il costo storico così da permettere una rivalutazione dei beni aziendali.

Prima dell'intervento risolutore dell'OIC 1, la tesi che associava la funzione economica alle valutazioni di bilancio anziché alla rilevazione degli eventi gestionali era stata da più parte criticata.

In primo luogo, si poneva l'accento sull'incoerenza dell'interpretazione in relazione a quanto emerso dai lavori preparatori della riforma del diritto societario. Il legislatore in più occasioni aveva manifestato la volontà di favorire l'emersione in bilancio dell'essenza economica degli eventi gestionali. Non a caso la bozza del decreto di riforma del diritto societario circolata nell'ottobre del 2002 faceva espresso riferimento al principio della prevalenza della sostanza sulla forma. La successiva sostituzione con la nozione di funzione economica è criticata dall'OIC 1.

In seconda istanza, qualsiasi ordinamento contabile vincola le stime di bilancio alla destinazione economica dei beni aziendali. Di conseguenza, non avrebbe avuto alcun senso integrare l'art. 2423-*bis* con una regola del tutto priva di innovazione.

Il riconoscimento della *substance over form* avvenuto con il D.lgs 6/2003, e certificato dall'OIC, non costituì un'assoluta novità nella normativa contabile italiana. Il D.lgs n. 87 del 22 gennaio 1992 - emanato in *attuazione della direttiva n. 86/635/CEE relativa ai conti annuali ed ai conti consolidati delle banche e degli altri istituti finanziari (in GU n.37 del 14-2-1992 - Suppl. Ordinario n. 27)* - autorizzava la Banca d'Italia ad emanare delle istruzioni tecnico-contabili idonee a privilegiare "ove possibile, la rappresentazione della sostanza sulla forma e il momento del regolamento delle operazioni su quello della contrattazione" (art. 7, co. 4).

Il Postulato riceveva da ancor più tempo accettazione nella pratica professionale. L'OIC 11 (2005) – in continuità con le precedenti versioni del documento redatte dai Commercialisti e dai Ragionieri – sottolinea: "Affinché il bilancio possa essere utile per i suoi utilizzatori e fornire la rappresentazione in modo veritiero e corretto degli eventi di gestione si rende necessario determinare e comprendere gli aspetti sostanziali di ognuno di tali eventi e non solo i suoi aspetti formali[...] L'identificazione della sostanza economica delle operazioni è basilare per tutto il procedimento di formazione del bilancio. Pertanto, è essenziale che già nella fase di rilevazione dell'operazione nelle scritture contabili si abbia la conoscenza di tutti gli elementi pertinenti per la determinazione della relativa sostanza economica".

Casiste applicative regolamentate dal vecchio Codice Civile
Oltre al riconoscimento della funzione economica tra i principi generali del bilancio, il D.lgs 6/2003 è intervenuto su due casistiche di applicazione della *Substance*: il leasing finanziario e le operazioni di riacquisto con obbligo di retrocessione a termine.

Il *leasing* è un particolare schema contrattuale nel quale un soggetto (locatore) concede ad un altro soggetto (locatario) l'uso di un bene per un tempo prefissato e ad un costo stabilito (canone).

Focalizzando l'attenzione sulle finalità dell'operazione, si possono distinguere due diverse tipologie di leasing: il leasing finanziario (*finance lease*) e il leasing operativo.

Al fine di agevolare il lettore nella comprensione del trattamento contabile della fattispecie in esame riportiamo la definizione esposta nell'OIC 12, ripresa dalla Legge n. 183/1976 e già recepita dalla Circolare Banca d'Italia 49/1989: "le operazioni di leasing finanziario sono rappresentate dai contratti di locazione di beni materiali (mobili e immobili) o immateriali (ad esempio, software), acquistati o fatti costruire dal locatore (intermediario finanziario) su scelta e indicazione del conduttore che ne assume tutti i rischi e con facoltà di quest'ultimo di divenire proprietario dei beni locati al termine della locazione, dietro versamento di un prezzo prestabilito (riscatto)".

La nozione di leasing finanziario diffusa nel contesto nazionale differisce dall'approccio dei Principi contabili internazionali: lo IAS 17, *Leasing*, non include il prezzo di riscatto tra le caratteristiche fondamentali della locazione finanziaria.

Tralasciando le questioni nozionistiche, il leasing finanziario realizza una forma di finanziamento per l'uso di un bene, garantito dal mantenimento in capo al concedente della proprietà del bene stesso sino al momento del suo eventuale riscatto da parte del locatario. Ulteriori elementi che permettono di attribuire natura traslativa a un contratto di locazione sono:

- l'eccedenza dell'ammontare complessivo dei canoni di leasing rispetto al valore reale del bene trasferito alla data di stipula del contratto di locazione. Il corrispettivo spettante al concedente comprende il recupero delle somme investite per l'acquisizione del bene dal produttore (pari al valore di scambio del cespite al momento della conclusione del *finance lease*) e la remunerazione per la concessione del "finanziamento";
- il prezzo di riscatto, se previsto, é significativamente inferiore al presumibile valore di mercato del bene alla data in cui l'opzione sarà esercitabile poiché il totale dei canoni di leasing versati precedentemente copre l'importo del finanziamento (pari al valore iniziale del cespite locato) e gli interessi di pertinenza del concedente (finanziatore). I canoni di leasing scontano quasi nella sua interezza il prezzo iniziale dell'*asset* in vista del futuro passaggio di proprietà.

Rientrano nella categoria del leasing operativo quei contratti che, generalmente, hanno per oggetto beni strumentali concessi in locazione per un periodo di tempo relativamente breve e, di norma, inferiore all'ampiezza della loro vita economico-tecnica. Tali rapporti, oltre a prevedere la contestuale fornitura, da parte del concedente, di servizi di manutenzione, assistenza e riparazione del cespite locato, si caratterizzano per l'esclusività in capo al concedente di tutti i rischi legati all'investimento. Generalmente non sono previste clausole per l'acquisto del cespite alla fine del periodo di godimento poiché l'interesse del locatario risiede, in via pressoché esclusiva, nella possibilità di utilizzare il bene per un periodo limitato di tempo senza prendersi in carico i rischi derivanti dall'esserne proprietario. A sua volta il locatore, a fronte del mantenimento del rischio, ottiene in contropartita un adeguato compenso che tiene conto del prestito temporaneo del bene e di tutti i servizi accessori contrattualmente forniti.

Nel nostro paese, antecedentemente all'entrata in vigore della riforma del diritto societario, la rappresentazione in bilancio delle operazioni di leasing non era disciplinata dal Codice Civile.

I leasing operativi non pongono particolari problematiche di contabilizzazione trattandosi, di fatto, di "normali" contratto di affitto che generano un costo per godimento di beni di terzi per il locatario e un ricavo accessorio per il concedente. Al contrario, le operazioni di leasing finanziario registrano un profondo disallineamento tra la forma dell'operazione (locazione di un bene) e gli effetti economici che la stessa realizza, ossia un finanziamento erogato dal locatore al locatario per permettere a quest'ultimo di acquisire la disponibilità definitiva di un fattore produttivo a fecondità ripetuta.

Nel silenzio del legislatore, la rilevazione delle operazioni di *finance lease* avveniva tramite il c.d. metodo patrimoniale; criterio questo che attribuisce rilevanza agli aspetti formali del contratto, uniformandone il trattamento contabile a quello dei leasing operativi. La logica in oggetto richiede:

- l'iscrizione dei beni locati nello Stato Patrimoniale del concedente (società di leasing);
- l'iscrizione nel bilancio dell'utilizzatore (locatario) dei "canoni di leasing" fra i costi per il godimento di beni di terzi;
- la rilevazione nel Conto Economico del locatore di una componente positiva di reddito pari ai canoni di competenza dell'esercizio e di un componente negativa relativa all'ammortamento del cespite oggetto del contratto;
- la rilevazione del bene in leasing nello Stato Patrimoniale dell'utilizzatore (locatario) solo dopo l'eventuale esercizio dell'opzione finale (riscatto) per un importo pari al prezzo di cessione, come detto non espressione del valore di mercato del cespite al momento del passaggio di proprietà.

La tecnica alternativa, disposta dallo IAS 17, che avrebbe permesso di far emergere la sostanza economica dell'operazione prende la denominazione di "metodo finanziario". L'applicazione del criterio in discorso richiede:

- la rilevazione dei beni locati nel bilancio dell'utilizzatore (locatario) e la contestuale iscrizione di un debito verso il concedente (locatore). L'iscrizione iniziale del bene e del debito coincide con il valore attuale dei flussi contrattuali del contratto alla data di stipula del leasing;
- l'eliminazione del cespite dalla contabilità del locatore in contropartita della rilevazione di un credito verso il locatario;
- l'ammortamento dei beni locati da parte dell'utilizzatore (locatario);
- la ripartizione del canone di locazione tra una quota interessi (gli oneri finanziari da sostenersi lungo la durata del contratto) e una quota capitale (la quota di rimborso del capitale portata a riduzione del debito verso il concedente).

Nella prospettiva del locatario, l'uscita finanziaria provocata dal pagamento dei canoni di leasing è contabilmente pareggiata dalla riduzione del debito (quota capitale) e dall'iscrizione degli interessi passivi. Dalla parte del locatore, l'entrata di liquidità generata dall'incasso delle rate è bilanciata dall'abbattimento del valore contabile del credito e dalla contabilizzazione dei proventi finanziari del finanziamento.

Il D.Lgs. n. 6/2003 ha aggiornato il Codice Civile sul tema della contabilizzazione delle operazioni di leasing finanziario:

- Art. 2424 (locatore): "Nell'attivo di Stato Patrimoniale è richiesta la separata indicazione delle Immobilizzazioni (macroclasse B), concesse in locazione finanziaria." Peraltro, il locatore è spesso un intermediario finanziario (lessor istituzionale) che applica i Principi IAS/IFRS e dunque procede alla derecognition dell'asset alla data di stipula del contratto di leasing.

- Art. 2427, p. 22 (locatario): la Nota Integrativa "deve indicare le operazioni di locazione finanziaria che comportano il trasferimento al locatario della parte prevalente dei rischi e dei benefici inerenti ai beni che ne costituiscono oggetto, sulla base di un apposito prospetto dal quale risulti il valore attuale delle rate di canone non scadute quale determinato utilizzando tassi d'interesse pari all'onere finanziario effettivo inerente i singoli contratti, l'onere finanziario effettivo attribuibile ad essi e riferibile all' esercizio, l'ammontare complessivo al quale i beni oggetto di locazione sarebbero stati iscritti alla data di chiusura dell'esercizio qualora fossero stati considerati immobilizzazioni, con separata indicazione di ammortamenti, rettifiche e riprese di valore che sarebbero stati inerenti all'esercizio".

L'intervento del legislatore del 2003 ha dunque indirettamente confermato l'utilizzo del metodo patrimoniale per la rilevazione del leasing finanziario: l'iscrizione dei cespiti locati nell'attivo del concedente e l'introduzione in capo ai locatari dell'obbligo di presentare in Nota Integrativa un insieme di informazioni utili a comprendere quali sarebbero stati gli effetti contabili in caso di ricorso al metodo finanziario sottendevano l'applicazione del metodo patrimoniale ai fini della rappresentazione dell'operazione nei prospetti di Stato Patrimoniale e Conto Economico. Tale interpretazione era validata - e non poteva essere altrimenti nonostante alcune infondate posizioni contrarie - dai Principi OIC.

Veniamo ora alla seconda fattispecie espressiva della prevalenza della sostanza sulla forma affrontata dalla riforma del diritto societario: le **operazioni con obbligo di retrocessione a termine**.

Partiamo anche per questo accadimento aziendale dalla definizione riportata nell'OIC 12. I pronti contro termine sono "contratti o pattuizioni che comportano il riacquisto da parte del venditore della cosa originariamente venduta ad una certa data e per un certo prezzo e quando tale pattuizione rende obbligatorio il riacquisto".

Le disposizioni civilistiche in materia stabiliscono quanto segue:

- *art. 2424-bis, comma 5 (Stato Patrimoniale)*: "Le attività oggetto di contratti di compravendita con obbligo di retrocessione a termine devono essere iscritte nello Stato Patrimoniale del venditore";

- *art. 2425-bis, comma 3 (Conto Economico):* "I proventi e gli oneri relativi ad operazioni di compravendita con obbligo di retrocessione a termine, ivi compresa la differenza tra prezzo a termine e prezzo a pronti, devono essere iscritti per le quote di competenza dell'esercizio";

- *art. 2427, comma 1, n. 6-ter (Nota Integrativa):* "E' richiesta in Nota Integrativa l'indicazione, distintamente per ciascuna voce, dell'ammontare dei crediti e dei debiti relativi ad operazioni che prevedono l'obbligo per l'acquirente di retrocessione a termine".

Diversamente da quanto deliberato per il leasing finanziario, il trattamento codicistico dei "pronti contro termine", ripreso dalla legislazione all'epoca vigente per la redazione dei conti annuali degli intermediari finanziari, è conforme al principio della prevalenza della sostanza sulla forma.

Nello specifico, tali contratti configurano, a seconda della struttura dell'accordo, un finanziamento oppure il prestito di un bene: nel primo caso il prezzo di riacquisto è superiore al prezzo a pronti; nel secondo caso avviene il contrario.

La rappresentazione delle due fattispecie è analiticamente regolamentata dall'OIC 12 (Appendice E):

- *Ipotesi di finanziamento*: alla data di stipula del contratto, il venditore a pronti (soggetto finanziato) procederà all'iscrizione della somma tra i debiti del passivo dello Stato Patrimoniale, l'acquirente a pronti (finanziatore) rileverà la medesima somma tra i crediti. L'eccedenza del prezzo a termine rispetto al prezzo a pronti esprime la remunerazione (interessi) spettanti al primo compratore per il prestito. Detto differenziale è imputato lungo la durata dell'accordo in base a logiche adeguate di competenza economica attraverso la tecnica dei ratei (attivi per il compratore, passivi per il venditore). I ratei sono eliminati dal bilancio al momento del riacquisto da parte del venditore a pronti.

- *Ipotesi del prestito di un bene*: in tali forme contrattuali il prezzo a pronti, incassato dal venditore può essere scisso in due componenti: una parte corrisponde al prezzo di riacquisto del bene; la seconda (eccedenza del prezzo a pronti rispetto al prezzo a termine) misura il compenso per la perdita temporanea della disponibilità (e della proprietà) del cespite. Partendo dalla regola civilistica che impone il mantenimento dell'iscrizione (e quindi dell'ammortamento) del bene nello Stato Patrimoniale del primo venditore, quest'ultimo rileverà a fronte di un'entrata di cassa:
  - un debito pari al valore del prezzo di riacquisto che sarà cancellato alla scadenza del contratto, e
  - un ricavo per l'esubero di cui sopra da ripartire *pro-rata temporis* attraverso i risconti passivi.

  Dal lato dell'acquirente, l'uscita di cassa iniziale é contabilizzata specularmente: la quota riferita al prezzo di rivendita rappresenta un credito, mentre il differenziale tra prezzo a pronti e prezzo a termine viene classificata tra i costi per godimento di beni di terzi e spalmata lungo la durata del prestito mediante i risconti attivi.

Un'altra modifica normativa ispirata alla substance over form è contenuta nel D.Lgs. n. 319 del 28 dicembre 2004, *Integrazioni e correzioni alla disciplina del diritto societario ed al testo unico in materia bancaria e creditizia*. Il decreto correttivo interviene sul trattamento contabile delle operazioni di vendita con patto di *retrolocazione finanziaria* (*sale and lease back*). La combinazione tra vendita (*sale*) e l'immediato leasing di ritorno realizza nella sostanza un finanziamento per il cedente/locatario. Si crea anche in questo caso una divergenza tra la forma contrattuale della transazione e la sua essenza economica.

L'art. 2425-*bis*, co. 3 c.c., dispone che le plusvalenze derivanti da operazioni di compravendita con locazione finanziaria siano ripartite in funzione della durata del contratto di locazione. Il venditore-locatario procede quindi ad eliminare dalle proprie attività l'asset ceduto; la ripartizione della plusvalenza permette di riequilibrare l'impatto in Conto Economico dei canoni di leasing. La concomitante locazione finanziaria è rilevata come descritto in precedenza: metodo patrimoniale nei prospetti contabili e metodo finanziario in Nota Integrativa.

L'OIC 11 integra il disposto legislativo con riferimento all'ipotesi di minusvalenza da alienazione. La regola generale prevede che se la minusvalenza è dovuta a una vendita conclusa a un prezzo inferiore al reale valore del bene (esempio: valore contabile e fair value del bene: 100, prezzo di vendita: 70), essa è ripartita lungo la durata del contratto, tramite i risconti attivi, a condizione che tale minusvalenza sia compensata dai futuri pagamenti di canoni inferiori a quelli negoziati per beni similari. In questo modo, la somma tra i canoni di leasing di competenza dell'esercizio e la quota di ammortamento della minusvalenza approssima il costo di utilizzo del bene che sarebbe figurato in Conto Economico se le due operazioni fossero state concluse alle normali condizioni di mercato.

Se invece la minusvalenza esprime il minor valore reale del cespite rispetto al suo *book value*, si procede alla normale imputazione al Conto Economico (valore contabile del bene: 100; fair value e prezzo di vendita:70).

Quando la minusvalenza trae origine dalla simultanea presenza di condizioni non di mercato e svalutazioni precedentemente non rilevate (p.e., valore contabile: 100, faìr value: 70, prezzo di vendita: 60), si procede a un trattamento differenziato in base all'origine delle componenti (30 ammortizzato lungo la durata del leasing e 10 immediatamente a Conto Economico).

Problematica interpretative e l'esplicitazione della "substance over form"

La Relazione governativa al D.lgs 6/2003 e l'OIC 1 non pongono dubbi sull'apertura del legislatore della riforma del diritto societario alla prevalenza della sostanza sulla forma.

Rimanevano (e rimangono) invece forti dubbi sulla pervasività del Postulato nella normativa contabile domestica.

Secondo parte della dottrina, il concetto di "funzione economica" ha segnato l'ingresso a pieno titolo del principio della prevalenza della sostanza sulla forma nel diritto contabile italiano.

Per contro, altri eminenti studiosi sostengono che il ruolo della prevalenza della sostanza sulla forma dopo la riforma del 2003 rimanga assai più limitato rispetto a quanto avviene nei modelli contabili anglosassoni (vedi gli IFRS). Alla base di questa convinzione vi é la mancata abrogazione del metodo patrimoniale per la rilevazione delle operazioni di leasing finanziario. Se il legislatore avesse voluto equiparare la *Substance* agli altri principi fondamentali del nostro sistema contabile (prudenza, continuazione dell'attività) non avrebbe certamente confinato il metodo finanziario alla Nota Integrativa.

La tesi dell'applicazione circoscritta del Postulato é corroborata dall'intervento sulla rappresentazione in bilancio dei pronti contro termine, del leasing finanziario e, in un secondo momento del *sale and lease back*. La scelta di affrontare nel dettaglio talune casistiche operative del Principio dimostra, a prescindere dal riferimento alla funzione economica, l'intenzione del legislatore di limitare l'impiego della *Substance* ai soli casi espressamente disciplinati. Da questo punto di vista, il D.lgs 6/2003 ha dichiarato l'inapplicabilità del Postulato alle operazioni di leasing.

I fautori dell'approccio in esame assegnano all'integrazione apportata al punto 1 dell'art. 2423-*bis* un significato diverso da quello dettato nella pertinente Relazione governativa. La riforma del diritto societario avrebbe solo introdotto delle deroghe al principio, mai dichiarato ma invalso, che impone di dare priorità alla dimensione formale delle transazioni aziendali. L'architettura giuridica che presiede alla redazione del bilancio codicistica sarebbe dunque rimasta immutata.

Sulla concreta utilizzabilità del *Principio*, la posizione dello *standard setter* italiano è estremamente chiara.

L'OIC 1 stabilisce che l'impiego del postulato della prevalenza della sostanza sulla è obbligatorio, "nei casi in cui ciò non sia espressamente in contrasto con altre norme specifiche sul bilancio".

Le restrizioni applicative sono affrontate nel dettaglio dall'OIC 11. Il documento segnala che le disposizioni civilistiche potrebbero ostacolare la rappresentazione di determinati eventi aziendali in base agli aspetti sostanziali. In particolare, nei casi di discordanza tra forma e sostanza del contratto, le disposizioni di legge possono:

a) richiedere di riflettere nel bilancio la sostanza economica dell'operazione;
b) imporre la rilevazione secondo criteri contrastanti con i profili sostanziali dell'accadimento gestionale (operazioni di leasing finanziario);
c) non stabilire alcuna previsione, rinviando alla prassi professionale per la specifica dei criteri di rappresentazione dell'evento.

Nelle situazioni di cui al punto a) non vi é alcun impedimento al rispetto del principio della prevalenza della sostanza sulla forma. Nel nostro ordinamento, la *Substance* trova piena attuazione per le operazioni di vendita con obbligo di retrocessione a termine, e, dopo l'emanazione del D.lgs 139/2015, nella rilevazione delle azioni proprie e dei derivati di copertura. Queste due importanti novità saranno affrontate nei prossimi capitoli.

I criteri civilistici di rappresentazione delle operazioni di *sale and lease back* possono considerarsi come un'applicazione "parziale della *substance over form*: la stipula di un contratto di compravendita impone il trasferimento del bene dallo Stato Patrimoniale del venditore-locatario alla contabilità dell'acquirente-locatore. L'impossibilità di ignorare il sottostante negozio giuridico è mitigata dalla spalmatura della "plusvalenza" lungo la durata del contratto di leasing (o sulla vita utile del cespite secondo le varie fattispecie), permettendo di riflettere almeno in parte la natura finanziaria dell'accordo.

Nelle situazioni di cui al punto b), l'OIC 11 raccomanda la presentazione in Nota Integrativa di tutti gli elementi e dei dati (informazioni complementari) atti ad esprimere la sostanza economica dell'operazione. La *disclosure*, in linea con quanto indicato dall'art. 2427 c.c. per le operazioni di leasing finanziario, riguarda la descrizione degli effetti sulla situazione reddituale, patrimoniale e finanziaria dell'impresa che si sarebbero manifestati se l'operazione fosse stata contabilizzata negli schemi di bilancio ponendo in risalto la sua sostanza economica.

Nelle situazioni di cui al punto c), spetta ai Principi contabili nazionali il delicato compito di elaborare delle regole tecniche coerenti con la clausola generale e con gli altri postulati del bilancio.

Un caso rappresentativo nel quale la prassi professionale sopperisce alle lacune legislative è la rappresentazione delle operazioni di cessione del credito. La disciplina della fattispecie in esame è stata completamente rivisitata all'interno del progetto di ammodernamento degli *OIC standard* . Gli emendati criteri di contabilizzazione privilegiano l'aspetto economico del trasferimento, relegando in secondo piano il profilo giuridico.

La versione 2014 dell'OIC 15, nell'accantonare in modo definitivo la distinzione giuridica tra cessione pro soluto e pro solvendo, dispone la cancellazione del credito solo quando l'operazione trasferisce sostanzialmente tutti i rischi inerenti al credito smobilizzato (OIC 15, par. 57). La differenza tra il corrispettivo della cessione e il valore contabile del credito costituisce una perdita da iscriversi alla voce B.14 del Conto Economico, "salvo che il contratto non consenta di individuare componenti economiche di diversa natura" (par. 59). La cessione definita del credito in queste circostanze non coinvolge il saldo della gestione finanziaria, ma genera delle minusvalenze (perdite) da iscrivere tra i costi della produzione.

Le cessioni che non portano al trasferimento dei rischi sono assimilate ad operazioni di finanziamento. Il credito rimane iscritto in bilancio ed è sottoposto alle ordinarie regole di valutazione. Nel caso di anticipazione di una parte del corrispettivo di cessione, in contropartita dell'importo incassato, si iscrive un debito di natura finanziaria (par. 60). I costi dell'operazione, espressi dalla differenza tra il valore contabile del credito e il prezzo di cessione sono classificati in Conto Economico secondo la loro natura, prevalentemente interessi e commissioni (par. 61). Se il cedente resta esposto a dei rischi minimali, e ricorrono le condizioni previste dall'OIC 31, si effettua un apposito accantonamento al fondo rischi (par. 62). L'OIC 15 richiede altresì di illustrare nei Conti d'ordine i rischi che non si sono tradotti in una passività potenziale. Questa ultima previsione è superata dall'eliminazione dei Conti d'ordine operata dal D.lgs 139/2015. È logico supporre che l'OIC richiederà di esporre questa indicazione in Nota Integrativa.

Secondo la precedente versione dell'OIC 15, i crediti potevano essere eliminati dal bilancio anche quando il creditore rimaneva esposto a una frazione significativa del rischio di insolvenza del debitore ceduto (cessioni pro solvendo o cessioni pro soluto con clausole di mitigazione del rischio quali penali, obbligo di riacquisto, commissioni che scattavano una volta accertato il mancato incasso del credito).

L'esercizio di questa facoltà da parte delle imprese conduceva ad iscrivere delle "minusvalenze" non ancora definitive poiché il cedente, nelle situazioni appena descritte, rimaneva interessato e coinvolto nel buon esito del credito.

La nuova impostazione, allineata alla regolamentazione dello IAS 39 con delle opportune semplificazioni tecnico-procedurali, favorisce la comparabilità dei bilanci e permette di tracciare evidenze contabili più attendibili riguardo all'indebitamento finanziario delle imprese italiane. È bene far presente a questo proposito che le regole bilancistiche nazionali non permettono di mostrare nello Stato Patrimoniale tutte i debiti finanziari della *reporting entity*. Segnatamente, i debiti generati da operazioni di *finance* lease restano fuori dalle passività di bilancio a causa dell'applicazione del metodo patrimoniale. La ricostruzione della posizione finanziarie netta richiede la consultazione dei dati presentati nella Nota Integrativa.

Nella scheda introduttiva alla proposta in tema di cessione del credito (gennaio 2014), poi divenuta a tutti gli effetti parte integrante del Principio, l'OIC ha inoltre osservato che "l'eliminazione dell'opzione contenuta nel precedente principio consente un'applicazione omogenea delle regole fiscali sulla deducibilità delle perdite che emergono in caso di cessione del credito, con i vantaggi che ne derivano in termini di coerenza sistemica dell'ordinamento contabile-fiscale e di semplicità nell'applicazione delle stesse regole di determinazione dell'imponibile".

La prevalenza della Substance dopo il recepimento della direttiva 34/2013

Il D.lgs 139/2015 si propone (invano) di fare definitiva chiarezza sulla portata applicativa del principio della prevalenza della sostanza sulla forma nel sistema italiano.

Il "punto 1-*bis*", allineandosi alla lettera del disposto comunitario, puntualizza che la sostanza è collegata al contratto o all'operazione, e non alle poste patrimoniali interessate dall'evento.

La Relazione accompagnatoria al D.lgs 139/2015 assegna alla legge e ai Principi contabili nazionali il compito di regolamentare la declinazione operativa della *Substance* al fine di assicurare un'omogeneità di applicazione tra le imprese. La rappresentazione della sostanza dell'operazione sarebbe quindi garantita, oltre che dalla legge, dalle disposizioni tecniche emanate dall'OIC e, in ultima istanza, dai redattori del bilancio quando le fonti normative e regolamentari nulla dispongono.

Occorre tuttavia far presente che l'obiettivo del pieno riconoscimento del Postulato - dichiarato nella relazione accompagnatoria al D.lgs 139/2015- è però smentito nei fatti dalla conferma dei criteri civilistici di rilevazione delle operazioni di locazione finanziaria e di *sale and lease back*.

Le restrizioni normative sulla *Substance* sembrano permanere anche dopo il recepimento della Direttiva. Siamo quindi di fronte al paradosso di una revisionata legislazione nazionale che dichiara di aver accresciuto l'importanza del *Principio*, salvo però conservare delle disposizioni che ne impediscono l'effettiva attuazione.

L'eliminazione del concetto di "funzione economica" non produce perciò alcun chiarimento sull'operatività del *Principio*, anzi riesce nell'arduo obiettivo di peggiorare lo scenario preesistente. L'inserimento della *Substance* tra i postulati di bilancio, senza la revisione o l'adattamento delle casistiche legislative, genera un controsenso normativo che, in mancanza di puntuali indicazioni da parte dell'OIC, determinerà comportamenti disomogenei nella rilevazione dei valori di bilancio.

Sorprende in senso negativo l'atteggiamento del nostro legislatore in quanto studiosi e associazioni professionali da tempo puntualizzano che la prevalenza della sostanza sulla forma non assume un significato univoco, bensì trova differenti forme di attuazione in base alle informazioni che si intendono far emergere dal bilancio di esercizio. Proprio su questo aspetto, Assonime sottolinea che "il principio di prevalenza di sostanza sulla forma è una regola che non deve essere rivolta al redattore del bilancio ma deve informare l'attività del legislatore nel momento in cui definisce i principi di iscrizione e valutazione dei valori in bilancio".

Sempre sulla declinazione operativa del Postulato, la rilevazione delle operazioni di copertura in base alle regole di *Hedge Accounting* dello IAS 39 e la cancellazione delle azioni proprie dall'attivo di bilancio non aiutano a risolvere problematica in oggetto, ma più semplicemente attestano la volontà di estendere l'applicazione della *Substance* ad altri fatti amministrativi.

Sarà interessante scoprire quale sarà l'orientamento dell'OIC in uno scenario legislativo, se vogliamo, ancor più ambiguo di quello scaturito dopo la riforma del diritto societario. Una prima questione sulla quale l'OIC dovrà pronunciarsi attiene al trattamento contabile del leasing finanziario e delle operazioni di sale *and lease-back*. In particolare, dovrà essere definitivamente chiarito se l'utilizzo del metodo finanziario rientri nei casi eccezionali di cui all'art. 2423 c.c., oppure se rimane valida l'interpretazione attuale dell'OIC 11 che ammette il ricorso al *Principio* solamente quando compatibile con l'assetto normativo esistente e con le relative specifiche disposizioni. Il dibattito si presume sarà estremamente vivace giacché la tesi dell'utilizzabilità del metodo finanziario nei bilanci civilistici raccoglie da tempo consensi nella dottrina e nella prassi.

L'OIC dovrà poi affrontare tutte le altre fattispecie in cui il *Principio* esercita la sua influenza. Il permanere di incertezze sulla rilevazione di particolari operazioni aziendali finirebbe per estendere la sfera di discrezionalità dei *preparer* dalle valutazioni di fine esercizio alle modalità di rilevazione dei fatti di gestione. Senza precise regole tecniche, gli amministratori assumerebbero impropriamente il ruolo di *standard setter*, dovendo loro stessi definire la tecnica di rappresentazione più confacente al principio della *true and fair view*.

E' chiaro che un'interpretazione estensiva della norma da parte dell'OIC darebbe luogo a una revisione globale del sistema contabile nazionale, fino a mettere in dubbio le funzioni tradizionalmente ricoperte dal bilancio di esercizio nel nostro Paese. La piena introduzione della *Substance* richiederebbe, come detto, una radicale ridefinizione dei criteri di iscrizione e cancellazione delle attività e passività di bilancio con evidenti e rilevanti effetti anche sul calcolo del reddito imponibile.

1.2.2 Il principio di competenza economica

La Direttiva non ripropone la precisazione secondo cui il momento dell'incasso dei ricavi e il sostenimento dei costi non rileva ai fini della competenza economica. L'emendamento non può che essere condiviso. Basta sfogliare le prime pagine di un manuale di bilancio per apprendere che la competenza economica è legata al contributo di ciascun fatto amministrativo alla formazione del risultato di periodo, e non alla manifestazione monetaria o numeraria del costo o del ricavo.

Spingendoci oltre, la mera affermazione del principio di competenza economica nulla significa dal punto di vista ragionieristico, anzi potrebbe erroneamente far pensare ai lettori meno esperti che la competenza sia un concetto oggettivo. È noto invece che la correlazione tra costi e ricavi può essere definita con modalità e tecniche diverse, tutte teoricamente accettabili e corrette, in funzione delle finalità assegnate al bilancio. In altre parole, le logiche di competenza economica dipendono dalle nozioni di reddito e di capitale che si vogliono esporre in bilancio.

Il semplice richiamo alla competenza economica non fornisce neppure un contributo interpretativo ai criteri di valutazione particolari affermati nell'art. 2426 c.c. Riteniamo dunque che il punto 3 dell'art. 2423-*bis* potesse essere del tutto espunto dai postulati di bilancio civilistici.

Per semplificare, ipotizziamo che nell'esercizio 2015 l'impresa acquisti dei materiali, per un importo di 100 CU, da versare al fornitore nel 2016, destinati alla realizzazione entro il 2018 di una nave da crociera. Dal punto di vista delle registrazioni nel libro giornale, il costo dei materiali compete all'esercizio (competenza numeraria) in cui sorge l'obbligo per l'impresa di versare al fornitore l'importo dovuto (2015); in una prospettiva monetaria, il costo compete all'esercizio successivo grazie alla dilazione di pagamento ottenuta. Discorso più articolato per la competenza economica: il costo potrebbe essere interamente imputato all'esercizio oppure essere trasferito, del tutto o in parte, ai futuri esercizi. Ciò dipende dalla nozione di reddito ricercata dalla normativa vigente: se il bilancio deve esprimere il reddito effettivamente realizzato (distribuibile), i ricavi e i costi della commessa saranno integralmente imputati all'esercizio in cui l'opera sarà consegnata al committente, fatta eccezione per le perdite presunte della commessa - che in ottemperanza alla prudenza -debbono essere rilevate nel momento in cui si ritiene probabile la loro manifestazione.

Se invece si vuole evidenziare il "reddito potenziale" dall'impresa, i ricavi e i costi della commessa sono rilevati in funzione dello stato di avanzamento dei lavori, indipendentemente dal momento in cui si ottiene il diritto a ricevere il compenso pattuito.

Il concreto compimento della competenza economica richiede dapprima di individuare il momento di realizzazione dei ricavi; una volta definiti i ricavi di competenza (solo realizzati oppure comprensivi anche di quelli realizzabili) si procede all'individuazione dei criteri di correlazione dei costi.

Ai sensi dell'OIC 11, i ricavi, come regola generale, sono riconosciuti quando si verificano le seguenti due condizioni:
- il processo produttivo dei beni o dei servizi è stato completato;
- lo scambio è già avvenuto, si è cioè verificato il passaggio sostanziale e non formale del titolo di proprietà. Tale momento è convenzionalmente rappresentato dalla spedizione o dal momento in cui i servizi sono resi e sono fatturabili.

La "classica" eccezione civilistica – menzionata dall'OIC 11 - al principio della realizzazione dei ricavi è data dalla valutazione dei lavori in corso su ordinazione con il metodo della percentuale di completamento. Nel par. 1.1 si è avuto modo di esplicitare le altre deviazioni da questa regola generale contemplate dall'art. 2426 c.c.

Sempre in base all'OIC 11, la correlazione tra costi e ricavi si compie:
- per associazione di causa ed effetto tra costi e ricavi. Il collegamento può essere effettuato analiticamente e direttamente (come nel caso delle provvigioni) o sulla base di assunzioni del flusso dei costi (p.e.: costo dei beni fungibili con i metodi del costo medio ponderato, del *Last in First Out* o del *First in First out*);
- per ripartizione dell'utilità o funzionalità pluriennale su base razionale e sistematica, in mancanza di una più diretta associazione. Tipico esempio è rappresentato dall'ammortamento;
- per imputazione diretta al Conto Economico dei costi sostenuti nell'esercizio o perché associati al tempo o perché sia venuta meno l'utilità o la funzionalità del costo. In particolare quando:
  - i costi sostenuti in un esercizio esauriscono la loro utilità già nell'esercizio stesso o non sia identificabile o valutabile l'utilità futura;
  - viene meno o non sia più identificabile o valutabile l'utilità futura o funzionalità di costi che erano stati sospesi in esercizi precedenti;
  - l'associazione o la ripartizione su base razionale e sistematica non siano di sostanziale utilità.

1.2.3 Il principio della prudenza

Il richiamo alla prudenza contenuto al punto 1 dell'art. 2423-*bis* c.c., di per sé vago e non suscettibile di autonoma interpretazione, deve intendersi come un invito all'accortezza nelle stime, nelle previsioni e nelle congetture che permeano il processo di redazione del bilancio, soprattutto nella fase di redazione delle scritture di assestamento. In questo senso, la prudenza amministrativa implica di scegliere, tra un *range* di valori probabili, quello più alto per le passività e per i costi, e quello più basso per le attività e per i ricavi (LACCHINI-TREQUATTRINI, 2002).

Nella concezione dell'OIC 11 "il principio della prudenza [...] deve rappresentare non l'arbitraria riduzione di redditi e di patrimonio, bensì quella qualità di giudizi a cui deve informarsi il procedimento valutativo di formazione del bilancio".

La prudenza è il criterio che deve guidare il redattore nella verifica della tenuta del valore contabile delle attività di bilancio e nella iscrizione delle passività reali e potenziali. Parallelamente, sono condannati gli eccessi di prudenza pregiudizievoli per gli interessi degli azionisti e che rendono il bilancio inattendibile e non corretto.

La prudenza non può mai portare a una ingiustificata sottostima del reddito di esercizio e del capitale di funzionamento e quindi deve essere accompagnata dalla ragionevolezza, in modo da raggiungere un compromesso equilibrato tra le esigenze di cautela e di veridicità delle valutazioni.

La prudenza non deve interferire sulla neutralità del bilancio, altro postulato riconosciuto dall'OIC 11. La neutralità si collega all'imparzialità e all'indipendenza del redattore del bilancio rispetto agli interessi di particolari soggetti o gruppi di *stakeholder*. L'applicazione competente ed onesta delle disposizioni contabili richiede discernimento, oculatezza e giudizio per quanto concerne gli aspetti discrezionali delle stime (imparzialità contabile).

Atteggiamenti poco oculati e stime scarsamente credibili costituiscono palesi violazioni dei principi della prudenza e della neutralità, al pari di previsioni e registrazioni contabili improntate a un eccessivo ottimismo. Non si deve infatti dimenticare che la rilevazione di perdite presunte (svalutazioni, accantonamenti) prive di giustificazione economica produce utili "fittizi" (ripristini di valore, storno dei fondi rischi) nei successivi periodi amministrativi. Proprio al riguardo, "le politiche di conguaglio dei risultati d'esercizio mediante taciti accantonamenti nei periodi favorevoli e tacite utilizzazioni nei periodi sfavorevoli" sono ai sensi dell'OIC 11 inconciliabili con le finalità di un bilancio d'esercizio focalizzato sulla neutralità.

I punti 2) e 4) dell'art. 2423-*bis* c.c. danno attuazione pratica al principio della prudenza. L'obbligo di tener conto delle perdite conosciute dopo la chiusura dell'esercizio (si veda OIC 29) e il divieto di iscrizione degli utili realizzati certificano l'interferenza della prudenza sulla competenza, conosciuta nel gergo tecnico con l'espressione "competenza prudenziale".

Restando sulla regola dell'iscrizione dei soli utili realizzati, dato il riconoscimento del criterio del *fair value* per misurazione dei derivati, non sarebbe stato forse superfluo, in sede di attuazione della direttiva 34/2013, riscrivere come segue il punto 2 dell'art. 2423-*bis:* "si possono indicare esclusivamente gli utili realizzati alla data di chiusura dell'esercizio, <u>salvo quanto diversamente disposto dalle successive disposizioni</u>" (Cfr., D.lgs 87/1992, art. 15).

L'OIC 11 inserisce tra i criteri applicativi della prudenza anche il criterio della valutazione atomistica delle voci. La stima separata dei diversi elementi ricompresi nelle poste patrimoniali assicura che non vi sia compensazione tra proventi non realizzati (non iscrivibili in bilancio) e perdite presunte.

Per maggiore chiarezza, supponiamo che l'importo della voce Terreni sia composto da due cespiti il cui valore contabile prima delle scritture di assestamento è di 100 ciascuno. Al 31.12, il valore d'uso del primo terreno è pari a 80, mentre il secondo è stimato in 120. Il rispetto del principio della prudenza non permette di assorbire la perdita sul primo terreno con la rivalutazione registrata sul secondo. Il valore di bilancio complessivo dei terreni ammonta dunque a 180.

1.2.4 La costanza dei criteri di valutazione

La Direttiva 78/660/CE richiedeva agli Stati membri di assicurare il rispetto di determinati principi generali, ammettendo però delle deroghe in casi eccezionali per tutti i postulati indicati nel testo di legge (art. 31, co. 2). Il D.lgs 127/1991 esercitò questa opzione esclusivamente per il criterio della costanza dei criteri di valutazione.

Per contro, la Direttiva impone la rilevazione e la valutazione delle voci esposte negli schemi nel rispetto dei principi generali enunciati all'art. 6. Gli unici margini di flessibilità per le autorità nazionali attengono, come già ampiamente descritto, alla *substance over form* e alla *materiality*.

La maggiore imperatività assegnata ai postulati di bilancio è testimoniata inoltre dall'eliminazione della deroga specifica sui postulati di bilancio prevista dalla IV direttiva. L'unica deviazione riguarda il divieto di compenso di partite: "gli Stati membri possono, in casi specifici, consentire o imporre alle imprese di effettuare una compensazione fra voci dell'attivo e del passivo, nonché fra quelle dei costi e dei ricavi, purché gli importi compensati siano indicati come importi lordi nella nota integrativa" (direttiva 34/2013, art. 6, co. 2).

Sintetizzando, i principi generali vigenti in un determinato sistema contabile dell'UE devono essere coerenti con la Direttiva e non sono mai disapplicabili su base volontaria dalle imprese nazionali, eccetto la compensazione delle voci se permesso dagli Stati membri nell'esercizio della facoltà di cui si è appena detto.

In siffatto scenario normativo, ci domandiamo se il mantenimento per le imprese italiane della facoltà di deroga al criterio della *consistency* sia conforme alla novellata disciplina comunitaria del bilancio. Casistiche tipiche di cambiamento dei criteri di valutazione sono: il passaggio dal metodo *Last in first out* al *metodo First in first out* per la stima del costo delle rimanenze di magazzino, oppure la capitalizzazione degli oneri pluriennali in luogo dell'immediata iscrizione in Conto Economico.

Per rispondere a questo interrogativo riportiamo un pertinente stralcio del vecchio OIC 29: "La continuità (o costanza) di applicazione dei principi contabili nel tempo è uno dei cardini della determinazione dei risultati d'esercizio e condizione essenziale della comparabilità dei bilanci. Da quanto detto si deduce che l'indicazione dei cambiamenti nei principi contabili adottati, ed in particolare nei criteri di valutazione, è condizione necessaria per la corretta preparazione ed esposizione del bilancio. [...] Un cambiamento di principi contabili può anche essere effettuato facendo ricorso, in casi eccezionali, alla deroga generale obbligatoria prevista dal 4° comma dell'art. 2423".

Il passaggio appena riportato, assente nell'OIC 29 (2014) solo poiché non in linea con il contenuto precettistico dei nuovi *standard* , dimostra che il cambiamento di criteri di valutazione può essere di tipo:

- *obbligatorio*, se imprescindibile per la rappresentazione veritiera e corretta;
- *facoltativo*, nelle altre situazioni.

Il legislatore nazionale permette (o forse permetteva) alle imprese di modificare volontariamente i criteri di valutazione per assicurare la significatività delle informazioni di bilancio. Di fatti, vista la dinamicità delle situazioni interne ed esterne (ambientali) all'impresa, stabilire dei criteri rigidi e immodificabili nel tempo rischierebbe di compromettere la capacità del bilancio di fornire ai molteplici fruitori parametri quantitativi funzionali per le decisioni di investimento, o di altra natura.

L'adeguamento alla normativa europea pare implicare che, a partire dal 2016, il cambiamento di criteri di valutazione sarà ammesso solo per assicurare il rispetto del quadro fedele; la deroga facoltativa non sembra coerente con le previsioni della Direttiva.

Ne consegue che la deroga al criterio della costanza di cui al punto 6) dell'art. 2423-*bis* rientrerà nell'ambito di applicazione del quarto comma dell'art. 2423 con la peculiarità, rispetto agli altri casi eccezionali, che gli utili derivanti dalla deroga non dovranno confluire in una riserva non distribuibile.

Precisiamo che tale agevolazione non costituisce una violazione del disposto comunitario: l'accantonamento degli utili generati dalla deviazione dalle norme di legge contrarie alla rappresentazione veritiera e corretta è una disposizione prudenziale elaborata dal nostro legislatore che non ha riscontro nella disciplina contabile europea, passata e attuale.

CAPITOLO 2
SCHEMI DI BILANCIO

La principale innovazione in materia di presentazione del bilancio è senza dubbio l'obbligo di redazione del Rendiconto Finanziario per le società fuori dall'ambito di applicazione dell'art. 2435-bis. Tale provvedimento è conforme al disposto della Direttiva (art. 4, par. 1) che permette agli Stati membri di imporre alle società non piccole la predisposizione di altri documenti di bilancio, oltre allo Stato Patrimoniale, al Conto Economico e alla Nota Integrativa.

E' utile far presente che la redazione del Rendiconto Finanziario è imposta dai Principi contabili internazionali, nonché raccomandata dall'OIC per le aziende italiane non IAS, comprese le piccole.

La disciplina del Rendiconto Finanziario è contenuta in un articolo del Codice Civile all'uopo emanato. Il nuovo art. 2425-ter, c.c. individua nelle disponibilità liquide la grandezza finanziaria oggetto di analisi e richiede la classificazione dei flussi di liquidità in funzione dell'area gestionale di pertinenza (attività operativa, finanziaria e di investimento). Il disposto civilistico non riporta la forma e la struttura del documento per le quali si rinvia, implicitamente, all'OIC 10, Rendiconto Finanziario.

Altri cambiamenti di assoluta importanza sono l'eliminazione della sezione straordinaria del Conto Economico, in linea con quanto previsto dalla Direttiva (art. 13), e la soppressione dei Conti d'ordine la cui informativa sarà fornita nella Nota Integrativa (art. 16, par. 1, lett. d) e non più in calce allo Stato Patrimoniale.

Le altre correzioni derivano dagli emendamenti apportati dal D.lgs 139/2015 ai criteri di valutazione (oneri pluriennali, avviamento, strumenti finanziari, debiti e crediti) e alla rappresentazione contabile delle azioni proprie.

2.1. Lo Stato Patrimoniale

L'art. 2424 c.c. (*Contenuto dello Stato Patrimoniale*) recepisce gli effetti generati dalla valutazione al *fair value* degli strumenti finanziari derivati. I derivati aventi un valore equo positivo figureranno nell'attivo immobilizzato (voce B.III.4), o nell'attivo circolante (voce C.III.5), in base al criterio della destinazione economica dell'investimento; gli strumenti derivati con *fair value* negativo troveranno collocazione nel passivo patrimoniale tra i fondi rischi e oneri (voce B.3). La nuova disciplina contabile dei derivati di copertura ha richiesto l'inserimento tra le voci di patrimonio netto della "*Riserva per operazioni di copertura dei flussi finanziari attesi*", il cui funzionamento sarà analiticamente descritto nel Capitolo 4. Anticipiamo solamente che questa riserva viene movimentata quando la fluttuazione del valore equo del derivato (di copertura) non transita in Conto Economico.

Le voci relative alle spese di ricerca e di pubblicità sono state eliminate per via del divieto di capitalizzazione imposto dal legislatore comunitario. Medesima sorte per il disaggio e aggio su prestiti dal momento che la valutazione al costo ammortizzato dei prestiti obbligazionari non contempla la movimentazione dei conti in parola (si veda Capitolo 4).

Notiamo, infine, l'inserimento di un'ulteriore voce di dettaglio relativa a partecipazioni, a crediti e debiti nei confronti di imprese sottoposte a comune controllo (anche note come "imprese sorelle"). L'integrazione interessa anche i pertinenti proventi e oneri finanziari iscritti in Conto Economico.

Schema di Stato Patrimoniale – *art. 2424 c.c post D.lgs 139/2015*
ATTIVO

A) Crediti verso soci per versamenti ancora dovuti, con separata indicazione della parte già richiamata.

B) Immobilizzazioni, con separata indicazione di quelle concesse in locazione finanziaria:

    I - Immobilizzazioni immateriali:
        1) costi di impianto e di ampliamento;
        2) costi di sviluppo;
        3) diritti di brevetto industriale e diritti di utilizzazione delle opere dell'ingegno;
        4) concessioni, licenze, marchi e diritti simili;
        5) avviamento;
        6) immobilizzazioni in corso e acconti;
        7) altre.
Totale.

    II - Immobilizzazioni materiali:
        1) terreni e fabbricati;
        2) impianti e macchinario;
        3) attrezzature industriali e commerciali;
        4) altri beni;
        5) immobilizzazioni in corso e acconti.
Totale.

    III - Immobilizzazioni finanziarie, con separata indicazione, per ciascuna voce dei crediti, degli importi esigibili entro l'esercizio successivo:
        1) partecipazioni in:
            a) imprese controllate;
            b) imprese collegate;
            c) imprese controllanti;
            d) imprese sottoposte al controllo delle controllanti;
            d-bis) altre imprese
        2) crediti:
            a) verso imprese controllate;
            b) verso imprese collegate;
            c) verso controllanti;
            d) verso imprese sottoposte al controllo delle controllanti
            d-bis) verso altri;
         3) altri titoli;
        4) strumenti finanziari derivati attivi.
Totale.
Totale immobilizzazioni (B);

C) Attivo circolante:
    I - Rimanenze:
        1) materie prime, sussidiarie e di consumo;
        2) prodotti in corso di lavorazione e semilavorati;
        3) lavori in corso su ordinazione;
        4) prodotti finiti e merci;
        5) acconti.

Totale

II - Crediti, con separata indicazione, per ciascuna voce,   degli   importi esigibili   oltre   l'esercizio successivo:
    1) verso clienti;
    2) verso imprese controllate;
    3) verso imprese collegate;
    4) verso controllanti;
    5) verso imprese sottoposte al controllo delle controllanti
    5-bis) crediti tributari
    5-ter) imposte anticipate
    5-quater) verso altri
Totale.

III - Attività finanziarie che non costituiscono immobilizzazioni:
    1) partecipazioni in imprese controllate;
    2) partecipazioni in imprese collegate;
    3) partecipazioni in imprese controllanti;
    3-bis) partecipazioni in imprese sottoposte al controllo delle controllanti
    4) altre partecipazioni;
    5) strumenti finanziari derivati attivi;
    6) altri titoli.
Totale.

IV - Disponibilità liquide:
    1) depositi bancari e postali;
    2) assegni;
    3) danaro e valori in cassa.
Totale.

Totale attivo circolante (C).

D) Ratei e risconti

PASSIVO:
A) Patrimonio Netto:
    I - Capitale.
    II - Riserva da soprapprezzo delle azioni.
    III - Riserve di rivalutazione.
    IV - Riserva legale.
    V - Riserve statutarie.
    VI - Altre riserve, distintamente indicate.
    VII – Riserva per operazioni di copertura dei flussi finanziari attesi.
    VIII - Utili (perdite) portati a nuovo.
    IX - Utile (perdita) dell'esercizio.
    X – Riserva negativa per azioni proprie in portafoglio
Totale.

B) Fondi per rischi e oneri:
    1) per trattamento di quiescenza e obblighi simili;
    2) per imposte, anche differite;

<u>3) strumenti finanziari derivati passivi;</u>
<u>4)</u> altri.
Totale.

C) Trattamento di fine rapporto di lavoro subordinato.

D) Debiti, con separata indicazione, per ciascuna voce, degli importi esigibili oltre l'esercizio successivo:
    1) obbligazioni;
    2) obbligazioni convertibili;
    3) debiti verso soci per finanziamenti;
    4) debiti verso banche;
    5) debiti verso altri finanziatori;
    6) acconti;
    7) debiti verso fornitori;
    8) debiti rappresentati da titoli di credito;
    9) debiti verso imprese controllate;
    10) debiti verso imprese collegate;
    11) debiti verso controllanti;
    12) debiti tributari;
    13) debiti verso istituti di previdenza e di sicurezza sociale;
    14) altri debiti.
Totale.

*****

L'ammodernamento dell'ordinamento bilancistico italiano ha toccato anche il trattamento contabile delle azioni proprie. Ricordiamo che la Direttiva (art. 10) non consente più l'iscrizione delle azioni proprie tra le immobilizzazioni finanziarie, mentre i governi nazionali sono liberi di continuare a prescriverne la rilevazione tra gli strumenti finanziari del circolante (si veda: Parte I, par 1.4).
Il legislatore italiano ha scelto di decretare la completa cancellazione delle azioni proprie dall'attivo di bilancio: a decorrere dai bilanci dell'esercizio 2016, le azioni proprie saranno sempre portate in diretta diminuzione del patrimonio netto, indipendentemente dalla natura strategica o speculativa dell'operazione.
Dal punto di vista contabile, in contropartita della variazione finanziaria negativa di importo pari al costo sostenuto per l'acquisto delle azioni proprie, la società movimenterà una posta patrimoniale di segno negativo, all'uopo introdotta nell'art.2424 c.c. con la denominazione *"riserva negativa per azioni proprie in portafoglio"* (voce A.X). Con le nuove disposizioni, i valori contabili delle riserve disponibili a servizio dell'operazione non registrano variazioni.

ESEMPIO 1 – Azioni proprie
Supponiamo che l'acquisto di azioni proprie sostenendo un costo di 100 attraverso l'utilizzo della riserva straordinaria.
In base alla precedente disciplina, le scritture contabili sarebbero state le seguenti:

Azioni proprie	*A*	*Banca c/c*	*100*

Riserva straordinaria	*A*	*Riserva azioni proprie*	*100*

Dopo il recepimento della Direttiva:

Riserva negativa azioni proprie	A	Banca c/c		100

È stata eliminata la norma di cui all'art. 2357-*ter*, co. 3, c.c. che imponeva l'immediata costituzione di una riserva indisponibile che doveva essere mantenuta nel passivo dello Stato Patrimoniale (voce A.V) fino al momento della cessione o annullamento delle azioni. Il disposto dell'emendato terzo comma dell'art. 2357-*ter* è stato replicato nell'aggiunto comma sette dell'art. 2424-*bis*, c.c.

	Vecchia formulazione	Nuova formulazione
Art. 2357-*ter*, co. 3	Una riserva indisponibile pari all'importo delle azioni proprie iscritto all'attivo del bilancio deve essere costituita e mantenuta finché le azioni non siano trasferite o annullate.	**L'acquisto di azioni proprie comporta una riduzione del patrimonio netto di eguale importo, tramite l'iscrizione nel passivo del bilancio di una specifica voce, con segno negativo.**
Art. 2424-*bis*, co. 7	Assente	**Le azioni proprie sono rilevate in bilancio a diretta riduzione del patrimonio netto, ai sensi di quanto disposto dal terzo comma dell'art. 2357-ter".**

Sulla mancata costituzione della riserva indisponibile, è opportuno esporre alcune riflessioni che traggono origine dalle condizioni di acquisto delle azioni proprie stabilite dal Codice Civile.

Iniziamo col puntualizzare che, a livello comunitario, le limitazioni all'acquisto di azioni proprie non sono affrontate dalla normativa contabile, ma dalla direttiva 77/91/CE, relativa alla costituzione delle società per azioni e alla salvaguardia e alle modificazioni del capitale sociale ("Seconda Direttiva"). Pertanto, le disposizioni di attuazione della direttiva 34/2013 non modificano i requisiti di legge per l'acquisto delle azioni proprie.

In ambito nazionale, ai sensi dell'art. 2357, co. 1-3, c.c.:
- l'ammontare massimo delle azioni proprie acquistabili non può eccedere il valore degli utili distribuibili e delle riserve disponibili risultanti dall'ultimo bilancio regolarmente approvato;
- le azioni debbono essere interamente liberate;
- l'acquisto deve essere autorizzato dall'assemblea, la quale ne fissa le modalità (numero massimo di titolo da acquistare, durata della delega agli amministratori mai superiore ai diciotto mesi, corrispettivo minimo e massimo di acquisto);
- per le società quotate, il valore nominale delle azioni acquistate a norma delle regole di cui sopra non può superare il 20%, tenendosi conto a tale fine anche delle azioni possedute dalle società controllate.

Le azioni acquistate in violazione delle condizioni fissate dai primi tre commi dell'art. 2357 c.c. sono alienate entro dodici mesi. Se questo non avviene, l'assemblea procede senza indugio al loro annullamento e alla corrispondente riduzione del capitale. In assenza di questa delibera, gli amministratori e i sindaci chiedono che la riduzione sia disposta dal tribunale secondo il procedimento previsto dall'articolo 2446, secondo comma (art. 2357, co. 4, c.c.).

Le restrizioni contenute nell'articolo 2357 non si applicano se l'acquisto di azioni proprie avviene:

1) in esecuzione di una deliberazione dell'assemblea di riduzione del capitale, da attuarsi mediante riscatto e annullamento di azioni;
2) a titolo gratuito, sempre che si tratti di azioni interamente liberate;
3) per effetto di successione universale o di fusione o scissione;
4) in occasione di esecuzione forzata per il soddisfacimento di un credito della società, sempre che si tratti di azioni interamente liberate.

Nei casi 2), 3) e 4), se l'ammontare delle azioni proprie eccede il 20% del capitale sociale si applica la procedura di alienazione/annullamento prevista dall'art. 2357 c.c., con la differenza che la tempistica passa da uno a tre anni.

Dopo questo sintetico cenno normativo, tentiamo di chiarire il legame tra la nuova appostazione in bilancio delle azioni proprie e l'abrogazione dell'obbligo di accensione della riserva indisponibile.

Il D.lgs 139/2015 modifica l'approccio nella rilevazione dell'acquisto (e della vendita) di azioni proprie: la fattispecie non è più concepita come un investimento (disinvestimento), ma viene equiparata ad un'operazione sul capitale.

La riforma del Codice Civile non interferisce con la previsione legislativa che impone di possedere un ammontare di riserve disponibili di importo almeno pari al valore delle azioni proprie in portafoglio alla data di redazione del bilancio. Tale vincolo rimane pienamente in vigore, e viene meno solo al momento dell'alienazione o dell'annullamento delle azioni proprie.

La revisione dell'art. 2357-*ter* modifica esclusivamente la rappresentazione in bilancio delle riserve utilizzate per l'acquisto delle azioni proprie: fino ad oggi, le riserve "vincolate" figuravano in una voce ad hoc del patrimonio netto; a partire dai bilanci 2016 detto ammontare rimane nelle riserve di origine (ad esempio la riserva straordinaria o gli utili portati a nuovo) ma con il medesimo regime di destinazione previsto prima del recepimento della Direttiva. Le limitazioni di utilizzo dovranno essere indicate in Nota Integrativa.

In altre parole, l'acquisto delle proprie azioni continuerà a determinare una riduzione delle riserve disponibili o degli utili distribuibili per un valore pari al costo sostenuto dell'operazione. Diversamente dal passato, però, tale decremento non é più immediatamente percepibile dallo Stato Patrimoniale, poiché l'uscita di liquidità correlata all'acquisto delle azioni proprie é compensato contabilmente dall'apertura della riserva negativa, e non dallo storno delle riserve utilizzate per il riacquisto dei titoli (si veda esempio 1).

Il trattamento contabile delle azioni proprie è dunque un tema diverso dalla rappresentazione delle riserve indisponibili. Il passaggio dall'iscrizione nell'attivo alla riduzione del patrimonio netto poteva essere perfezionato anche conservando il terzo comma dell'art. 2357-*ter*.

Il legislatore ha invece deciso per conformarsi alla posizione affermata dall'OIC nella *Guida operativa per la transizione ai Principi contabili internazionali (IAS/IFRS)*, rilasciata nell'ottobre del 2005. In tale occasione, l'OIC ha affermato che "la riserva per azioni proprie non sarà più iscritta in considerazione del diverso modo di rappresentazione introdotto dagli IAS per le azioni proprie".

Lo *standard setter* nazionale ha ribadito questa orientamento nella già menzionata proposta di modifica della disciplina nazionale del bilancio (individuale e consolidato) finalizzata a completare il recepimento delle direttive 65/2001 e 51/2003, posta in consultazione dal MEF nel mese di giugno del 2008. La relazione illustrativa all'ipotesi di articolato in parola giustificava l'abrogazione del terzo comma dell'art. 2357-ter con l'esigenza "di non avere criteri difformi unicamente per il trattamento contabile delle azioni proprie tra imprese che redigono il bilancio in conformità ai principi contabili internazionali (di seguito: IFRS) e altre imprese, considerando che tutte le altre norme a riguardo sono le stesse per le due categorie di imprese".

La tesi dell'incompatibilità della riserva indisponibile con la normativa IAS in materia di azioni proprie è stata confutata dalla Circolare Banca d'Italia n. 262 del 22 dicembre 2005, *Il bilancio bancario: schemi e regole di compilazione*, contenente le istruzioni per la redazione dei prospetti di bilancio in ottemperanza ai Principi contabili internazionali. Gli intermediari finanziari che rientrano nell'ambito di applicazione del summenzionato documento, anche dopo la transizione agli IAS, iscrivono la riserva per azioni proprie in portafoglio (voce 160). Le azioni proprie figurano nel patrimonio netto con segno negativo (voce 190).

L'indicazione della Banca d'Italia muoveva dall'assunto che gli *standard* IAS sono la fonte normativa primaria per la redazione dei conti annuali nei paesi dell'UE, ma non per questo privano di efficacia le disposizioni nazionali che affrontano tematiche non bilancistiche. Nel caso in esame, la regola civilistica (ora abrogata) che imponeva la costituzione della riserva azioni proprie era considerata estranea all'ambito di applicazione degli IAS e, dunque, si applicava anche ai soggetti *IAS adopter*.

Peraltro, la soluzione riportata nella Circolare 262/2005 è del tutto coerente con la prescrizione dello IAS 32 che impone la riduzione del capitale di funzionamento in caso di acquisto di azioni proprie. Detta diminuzione é assicurata dall'inserimento del costo delle azioni proprie con segno negativo all'interno del patrimonio netto; la rilevazione della riserva (positiva) per azioni dà luogo esclusivamente a una permutazione di poste patrimoniali. Vedremo se dopo la revisione del Codice Civile, l'*Authority* aggiornerà gli schemi di bilancio degli intermediari finanziari.

A dimostrazione della delicatezza e della complessità della questione, segnaliamo la posizione ondivaga tenuta dall'Organismo Italiano di Contabilità nella fase di transizione agli IAS e della contestuale ipotesi, poi scartata, di adeguamento della disciplina codicistica del bilancio ai Principi contabili internazionali. La prima bozza di modifica del Codice Civile per la completa attuazione delle Direttive 65/2001 e 51/2003, messa in circolo nel 2006, proponeva l'iscrizione delle azioni proprie a riduzione del patrimonio netto, senza però apportare emendamenti al terzo comma dell'art. 2357-*ter*. In quell'occasione, l'OIC riconsiderò l'indicazione fornita nella Guida operativa del 2005, convergendo verso la posizione della Banca d'Italia. La versione aggiornata della bozza di articolato, pubblicata in consultazione dal MEF nel 2008, suggeriva di nuovo l'eliminazione della riserva azioni proprie.

Una volta chiarito che la scelta di modificare il trattamento contabile delle azioni proprie non obbligava a cancellare la riserva indisponibile, passiamo ad analizzare la *ratio* della riforma.

Leggiamo nella Relazione Illustrativa al D.lgs 139/2015 che la nuova disciplina delle azioni proprie si propone di:
   a) allineare il trattamento contabile civilistico delle azioni proprie alla migliore prassi internazionale;

b) risolvere le controversie dottrinarie e giurisprudenziali circa la natura (conto di memoria, riserva vera e propria oppure posta rettificativa del netto) e il regime di utilizzo (soprattutto per la copertura di perdite) della "vecchia riserva" per azioni proprie in portafoglio, (CAGNASSO, 20010; COLOMBO, 1986; DE ANGELIS, 2002).

Nella visione IAS/IFRS, l'acquisto di azioni proprie attua un riassetto della compagine proprietaria mediante la restituzione di una parte del patrimonio ai soci intenzionati a dismettere la propria partecipazione. Viceversa, il ricollocamento dei titoli sul mercato è equiparato a una forma di raccolta di capitale di rischio assimilabile a un conferimento in denaro.

L'approccio di stampo anglosassone alla rilevazione delle azioni proprie non è esente da critiche. Autorevoli partecipanti (CNDCEC) alla consultazione del MEF sulla bozza di articolato di attuazione della Direttiva hanno evidenziato come la soluzione adottata dal nostro legislatore ignori la sostanza economica dell'operazione quando le azioni proprie sono state acquistate con finalità diverse dalla riduzione del capitale sociale (ANTONELLI, 2013; CARBONETTI, 1988; LIZZA, 1983). È noto a tutti infatti che il riacquisto di titoli di capitale può essere motivato, ad esempio, dalla ricerca di plusvalenze, oppure, dalla volontà dei top manager di sostenere il corso del titolo. In queste ipotesi, il risultato complessivo dell'operazione (plus/minusvalenza sulle azioni proprie) dovrebbe confluire nel Conto Economico così come avviene per le partecipazioni "ordinarie".

In aggiunta, il cambiamento di rappresentazione previsto dal D.lgs 139/2015 presenta dei profili di incompatibilità con il postulato della prudenza. Il venir meno delle verifiche di *impairment* sulle azioni proprie in portafoglio comporta che un'eventuale minusvalenza sarà in ogni caso riflessa sul capitale netto – ricordiamo senza "passare" per il Conto Economico - solo al momento della cessione della partecipazione, in contrasto con il postulato di bilancio che impone di rilevare le perdite nel momento in cui esse sono ragionevolmente prevedibili.

Preme inoltre sottolineare che la revisione dell'"2357-ter" compie un allineamento agli IAS circa gli effetti dell'operazione, mentre permangono profonde divergenze tra i due ordinamenti dal punto di vista dell'esposizione in bilancio. Le imprese IAS adopter non movimentano una riserva negativa, ma iscrivono le azioni proprie in una specifica voce del patrimonio netto di segno negativo, senza però intaccare il valore contabile del capitale sociale (DEZZANI-BUSSO-BIANCONE, 2014). Lo IAS 32 dispone la riduzione dell'*equity*, senza fare alcuna menzione all'*issued capital*. D'altro canto, procedere all'abbattimento del capitale sociale prima dell'effettivo (e non certo) annullamento delle azioni proprie sarebbe in contrasto con il principio fondamentale della rigidità del capitale sociale, in forza del quale la riduzione del medesimo può essere compiuta solo nelle fattispecie e nei modi previsti dal legislatore.

Venendo all'altro obiettivo (lett. b), molti dei dubbi sulla destinazione della precedente "riserva ex. art. 2357-ter" si riverseranno sulle riserve che hanno "finanziato" l'acquisto delle azioni proprie.

L'immediata eliminazione dal bilancio delle suddette riserve, in luogo dell'apertura della riserva negativa, avrebbe ovviato a questa criticità. Riprendendo i valori dell'esempio 1, l'acquisto di azioni proprie sarebbe stato così contabilizzato:

Riserva straordinaria	A	Banca c/c		100

Tale approccio contabile, senza dubbio più semplice rispetto a quello adottato, è stato plausibilmente scartato per la doppia criticità di non dare risalto alla composizione nominalistica delle riserve del netto, e di non esporre nello Stato Patrimoniale il costo sostenuto dalla società per il riacquisto dei propri titoli di capitale (BUSSOLETTI, 2008).

Non possiamo poi esimerci dal far notare che la costituzione di una riserva negativa in sede di riacquisto di azioni proprie è una pratica fino ad oggi sconosciuta nell'ordinamento nazionale che richiederà notevoli sforzi di adattamento ai redattori del bilancio. Al riguardo, segnaliamo che il trattamento contabile proposto dal D.lgs 139/2015 differisce dall'orientamento maturato dall'OIC all'epoca del dibattito sul completo recepimento delle direttive 65/2001 e 51/2003. In quell'occasione, l'OIC non proponeva la movimentazione di una riserva negativa. Riportiamo per completezza la proposta di integrazione dell'art. 2424-bis riferita alle azioni proprie contenuta nella bozza di articolato di adeguamento del Codice Civile ai Principi contabili internazionali: "Le azioni proprie non possono essere iscritte nell'attivo; il costo sostenuto per il loro acquisto determina la corrispondente riduzione del patrimonio netto, attraverso l'iscrizione in una specifica voce con segno negativo."

Contrariamente a quanto affermato dalle nostre autorità, dunque, la novellata disciplina apre il campo a molteplici problematiche di rilevazione contabile e di formazione delle voci del patrimonio netto (capitale sociale e riserve), ben più complesse di quelle poste dalla normativa abrogata. L'unico elemento certo è che la nuova riserva per azioni proprie non è utilizzabile per la copertura di perdite dato il suo segno negativo.
Tra gli aspetti più nebulosi, particolare rilievo assume la contabilizzazione dello smobilizzo dei titoli in precedenza riacquistati. È evidente che la cessione delle azioni proprie conduce alla chiusura della riserva negativa, in contropartita dell'entrata di liquidità. Occorre capire come comportarsi quando il prezzo di cessione è diverso dal valore della riserva negativa, che ricordiamo coincide con il costo di acquisto delle azioni proprie. Partendo dalla regola generale che le operazioni sulle azioni proprie non producono più alcun effetto sul reddito di periodo, affrontiamo distintamente le due situazioni.
Se il prezzo di cessione supera il *purchase price*, la plusvalenza sulle azioni proprie dovrebbe essere riversata sulle riserve disponibili utilizzate per l'acquisto delle azioni proprie (DI CARLO 2013; ENNA, 2008). Altri cultori della materia propendono per l'iscrizione nella riserva sovrapprezzo azioni (CAPOLUPO, 2008).
Sorgono altri dubbi quando le azioni sono cedute ad un corrispettivo inferiore a quello di acquisto. Riteniamo logico portare tale scarto a riduzione delle riserve, dando precedenza a quelle utilizzate per l'acquisto oppure alla riserva sovrapprezzo azioni.
Resta poi da chiarire il trattamento da seguire quando l'importo delle riserve disponibili è nullo (ipotesi irrealistica) oppure inferiore alla minusvalenza sulle azioni proprie.
L'esempio numerico di seguito riportato riassume le questioni affrontate nel presente paragrafo.

ESEMPIO 2 – AZIONI PROPRIE
La situazione patrimoniale di Beta risultante dall'ultimo bilancio approvato è la seguente:

Situazione patrimoniale Beta 31.12.2013

Cassa	1.000	Capitale sociale	1.000
Altri attivi	3.000	Riserva legale	200
		Riserva straordinaria e utili a nuovo	600
		Debiti	2.200
TOTALE ATTIVITA'	4.000	TOTALE PASSIVITA' e NETTO	4.000

Il capitale sociale è composto da 1000 azioni del valore nominale di 1 euro.
In data 30 maggio 2014, gli amministratori di Beta danno attuazione alla delibera assembleare che li autorizzava ad acquisire il numero massimo di azioni proprie nel rispetto delle disposizioni civilistiche ad un prezzo unitario compreso tra € 0,80 e € 1,40.
Gli amministratori acquistano 600 azioni proprie al prezzo unitario di € 1. L'operazione verifica le indicazioni dell'assemblea sia in termini di corrispettivo unitario (in linea con il range fissato dall'organo deliberativo) sia per il quantitativo (l'esborso complessivo coincide con l'ammontare delle riserve disponibili). Trattandosi di una società non quotata, non opera il limite del 20%.
La situazione patrimoniale post-acquisto delle azioni proprie redatta in base alle vecchie regole è la seguente:

Situazione patrimoniale Beta 30.05.2014 (vecchia disciplina)

Cassa	400	Capitale sociale	1.000
Altri attivi	3.000	Riserva legale	200
Azioni proprie	600	Riserva azioni proprie in portafoglio	600
		Debiti	2.200
TOTALE ATTIVITA'	4.000	TOTALE PASSIVITA' e NETTO	4.000

La situazione patrimoniale post-acquisto delle azioni proprie predisposta in base all'aggiornato 2357-ter, co. 3, c.c. è così redatta:

Situazione patrimoniale Beta 30.05.2014 (nuova disciplina)

Cassa	400	Capitale sociale	1.000
Altri attivi	3.000	Riserva legale	200
		Riserva straordinaria e utili a nuovo*	600
		Ris. negativa azioni proprie in portaf.	(600)
		Debiti	2.200
TOTALE ATTIVITA'	3.400	TOTALE PASSIVITA' e NETTO	3.400

* riserva indisponibile: la riserva straordinaria tornerà disponibile solo dopo l'annullamento o l'alienazione delle azioni proprie.

Riportiamo per completezza espositiva la situazione patrimoniale risultante dall'applicazione delle istruzioni della Banca d'Italia e della Guida operativa OIC del 2005.

Situazione patrimoniale Beta 30.05.2014 (Circolare BdI 262/2005)

Cassa	400	Capitale sociale	1.000
Altri attivi	3.000	Riserva legale	200
		Riserva azioni proprie	600
		Azioni proprie	(600)
		Debiti	2.200
TOTALE ATTIVITA'	3.400	TOTALE PASSIVITA' e NETTO	3.400

Situazione patrimoniale Beta 30.05.2014 (Guida operativa OIC)

Cassa	400	Capitale sociale	1.000
Altri attivi	3.000	- Valore nominale azioni proprie	(600)
		= Cap. soc. al netto delle az. proprie	= 400
		Riserva legale	200
		Riserva straordinaria e utili a nuovo	600
		Debiti	2.200
TOTALE ATTIVITA'	3.400	TOTALE PASSIVITA' e NETTO	3.400

Supponiamo che tutte le azioni proprie siano cedute al prezzo di 0,9 in data 20 novembre 2014 (corrispettivo totale: 540). In partita doppia a partire dal 2016:

Diversi	A	Ris. negativa azioni proprie		600
Banca c/c			540	
Riserva straordinaria			60	

L'effetto dell'alienazione sulla situazione patrimoniale di Beta sempre in base alle regole statuite dal D.lgs 139/2015 sarebbe questa:

Situazione patrimoniale Beta 2011.2014 (nuova disciplina)

Cassa	940	Capitale sociale	1.000
Altri attivi	3.000	Riserva legale	200
		Riserva straordinaria e utili a nuovo	540
		Debiti	2.200
TOTALE ATTIVITA'	3.940	TOTALE PASSIVITA' e NETTO	3.940

La vendita delle azioni proprie ha determinato:
- la chiusura della riserva negativa movimentata alla data di acquisizione;
- la diminuzione della riserva straordinaria, di nuovo disponibile, per l'importo della minusvalenza sofferta.

2.2. Il Conto Economico

L'adeguamento della normativa codicistica alle disposizioni della direttiva 34/2013/UE ha prodotto la rimozione di un altro dei pilastri della nostra cultura contabile, vale a dire la distinzione tra componenti ordinari e straordinari di reddito. Non si tratta però di una cancellazione assoluta: i proventi e oneri straordinari non saranno più distintamente rappresentati in un sezione specifica del Conto Economico, ma la Nota Integrativa segnalerà l'importo e la natura dei singoli elementi di ricavo, o di costo, di entità, o incidenza, eccezionali (art. 2427, p. 13, c.c.).

È forse scontato precisare che l'innovazione legislativa in materia di proventi e oneri straordinari attiene solamente alla presentazione delle voci in discorso e non alla loro rilevazione in partita doppia. I proventi e oneri in precedenza riportati nella classe E del Conto Economico affluiranno in altre voci e aggregati del prospetto contabile e, quindi, concorreranno, come ovvio, alla formazione del reddito di periodo.

Non si registrano altre variazioni di rilievo alla struttura del Conto Economico civilistico.

Schema di Conto Economico – art. 2425 aggiornato dopo il D.lgs 139/2015
A) Valore della produzione:
  1) ricavi delle vendite e delle prestazioni;
  2) variazioni delle rimanenze di prodotti in corso di lavorazione, semilavorati e finiti;
  3) variazioni dei lavori in corso su ordinazione;
  4) incrementi di immobilizzazioni per lavori interni;
  5) altri ricavi e proventi, con separata indicazione dei contributi in conto esercizio.
Totale.

B) Costi della produzione:
  6) per materie prime, sussidiarie, di consumo e di merci;
  7) per servizi;
  8) per godimento di beni di terzi;
  9) per il personale:
        a) salari e stipendi;
        b) oneri sociali;
        c) trattamento di fine rapporto;
        d) trattamento di quiescenza e simili;
        e) altri costi;
  10) ammortamenti e svalutazioni:
        a) ammortamento delle immobilizzazioni immateriali;
        b) ammortamento delle immobilizzazioni materiali;
        c) altre svalutazioni delle immobilizzazioni;
        d) svalutazioni dei crediti compresi nell'attivo circolante e delle disponibilità liquide;
  11) variazioni delle rimanenze di materie prime, sussidiarie, di consumo e merci;
  12) accantonamenti per rischi;
  13) altri accantonamenti;
  14) oneri diversi di gestione.
Totale.
Differenza tra valore e costi della produzione (A - B).

C) Proventi e oneri finanziari:
  15) proventi da partecipazioni, con separata indicazione di quelli relativi ad imprese controllate e collegate *e di quelli relativi a controllanti e a imprese sottoposte al controllo di queste ultime;*
  16) altri proventi finanziari:
        a) da crediti iscritti nelle immobilizzazioni, con separata indicazione di quelli da imprese controllate e collegate e di quelli da controllanti *e da imprese sottoposte al controllo di queste ultime;*

b) da titoli iscritti nelle immobilizzazioni che non costituiscono partecipazioni;

c) da titoli iscritti nell'attivo circolante che non costituiscono partecipazioni;

d) proventi diversi dai precedenti, con separata indicazione di quelli da imprese controllate e collegate e di quelli da controllanti e *da imprese sottoposte al controllo di queste ultime;*

17) interessi e altri oneri finanziari, con separata indicazione di quelli verso imprese controllate e collegate e verso controllanti;

17-bis) utili e perdite su cambi.

Totale (15 + 16 - 17+ - 17-bis).

D) Rettifiche di valore di attività e *passività* finanziarie:

18) rivalutazioni:

a) di partecipazioni;

b) di immobilizzazioni finanziarie che non costituiscono partecipazioni;

c) di titoli iscritti all'attivo circolante che non costituiscono partecipazioni;

d) *di strumenti finanziari derivati;*

19) svalutazioni:

a) di partecipazioni;

b) di immobilizzazioni finanziarie che non costituiscono partecipazioni;

c) di titoli iscritti nell'attivo circolante che non costituiscono partecipazioni;

d) *di strumenti finanziari derivati.*

Totale delle rettifiche (18-19).

Risultato prima delle imposte (A-B+-C+-D);

20) imposte sul reddito dell'esercizio, correnti, differite e anticipate;

21) utile (perdite) dell'esercizio.

****

La seconda parte del paragrafo è incentrata sulla relazione tra i proventi e oneri straordinari fino ad oggi evidenziati nel Conto Economico e i ricavi e costi eccezionali che d'ora in poi saranno illustrati nella Nota Integrativa.

A questo scopo, è bene rammentare il significato e il trattamento contabile dei componenti straordinari di reddito nella normativa nazionale antecedente al recepimento della Direttiva.

Pregevolissime e autorevoli ricerche accademiche (POZZOLI, 2003) hanno accertato l'esistenza di una pluralità di criteri di generale accettazione applicabili per distinguere la gestione straordinaria da quella ordinaria. La difformità di approccio si deve all'impossibilità di operare questa classificazione sulla base di elementi oggettivi. Un fatto di gestione non si manifesta come ordinario o straordinario, esso è semplicemente un accadimento aziendale; spetta al redattore del bilancio qualificarlo sulla base dei parametri stabiliti dal modello contabile di riferimento (LACCHINI, 1989).

I principali indicatori elaborati dalla dottrina e dalla *best practice* per l'identificazione dei costi e ricavi straordinari di reddito sono:

a) l'estraneità della transazione sottesa al provento o all'onere rispetto alle caratteristiche specifiche dell'azienda, quali la tipologia e finalità delle operazioni, le strategie e le politiche aziendali, il settore di appartenenza;

b) la ridotta probabilità che l'evento possa ripetersi nel futuro;

c) la rilevanza (*materiality*) del costo o del ricavo generato dall'evento inusuale nello spazio (lett. a) o nel tempo (lett. b).

Spetta al singolo legislatore selezionare il parametro, o i parametri, ritenuti più idonei ai fini della definizione delle poste straordinarie.

Laddove la normativa contabile richiede la simultanea verifica dei requisiti dell'estraneità, dell'infrequenza e della irrilevanza, l'area straordinaria risulta assai delimitata. Infatti, molte operazioni anomale (per probabilità di accadimento o per importo) si ricollegano all'attività ordinaria dell'impresa e non danno luogo a voci straordinarie.

Ad esempio, una perdita su un credito commerciale é su queste basi un onere ordinario poiché la concessione di dilazioni di pagamento è una pratica ricorrente e in molti casi indispensabile per collocare sul mercato i beni realizzati (prodotti) o commercializzati (merci) e i servizi erogati. A nulla rileva quindi l'ammontare della perdita o le cause del mancato incasso (classica insolvenza dovuta a difficoltà finanziarie del debitore oppure un'imprevedibile crisi dei rapporti diplomatici con il paese di origine del cliente che impedisce al medesimo di rispettare gli impegni assunti).

Analogamente, una minusvalenza ingente derivante dalla dismissione di un fabbricato non può mai considerarsi straordinaria se l'impresa commercia regolarmente in immobili.

Passando ad un'altra fattispecie, è innegabile l'estraneità e l'infrequenza di un terremoto in una zona non soggetta a questo tipo di calamità naturale. Tuttavia, la simultanea cogenza dei tre requisiti suesposti impone comunque di attestare la rilevanza dei correlati oneri sui conti societari prima di procedere all'iscrizione nella gestione straordinaria.

La normativa civilistica del bilancio antecedente al D.lgs 139/2015 non forniva alcuna definizione di componenti straordinari di reddito, diversamente dalla IV direttiva che all'art. 29, co. 1 affermava: "Nelle voci «Proventi straordinari» o «Oneri straordinari» devono figurare i proventi o gli oneri non derivanti dalle attività ordinarie della società".

La definizione "per esclusione" coniata dal legislatore comunitario è stata oggetto di aspre critiche per la sua ridotta utilità pratica ai fini della distinzione tra eventi ordinari e straordinari. Il legislatore europeo si limitava a considerare straordinario tutto ciò che non poteva essere catalogato come ordinario, senza però dare alcuna indicazione sul significato di "attività ordinaria".

Alcuni autori sostengono che il concetto di estraneità affermato nella IV direttiva sia legato all'oggetto sociale (NANULA, 1981); nell'opinione di altri cultori della materia tale principio rinvia alla consuetudine (normalità) dell'evento gestionale (VIVARELLI, 1980). Le due interpretazioni divergono nella sostanza: consideriamo il caso di un'impresa impegnata nella produzione di automobili e che allo stesso tempo gestisce un portafoglio immobiliare con finalità di investimento. Sulla base della prima interpretazione, i proventi e oneri correlati all'acquisizione e alla dismissione degli immobili sono estranei al *core business* dell'impresa e dunque straordinari; se invece recepiamo la seconda chiave di lettura, le plusvalenze e le minusvalenze sugli asset immobiliari sono generate da attività abituali dell'impresa, seppur non attinenti all'attività tipica, e per questo rientrano nella gestione straordinaria.

Il concetto di straordinarietà è affrontato dalla Relazione Ministeriale al D.Lgs. 9 aprile 1991, n. 127: *"Le voci 20 e 21 corrispondono alle voci 16 e 17 dell'art. 23 della Direttiva, nel quale l'aggettivo "straordinari", riferito a proventi ed oneri, non allude all'eccezionalità o anormalità dell'evento, bensì all'estraneità, della fonte del provento o dell'onere, all'attività ordinaria"*.

Rispetto al disposto comunitario, la Relazione esclude esplicitamente i parametri dell'eccezionalità o anormalità dell'evento. Permangono però i dubbi sul significato dell'espressione attività ordinaria.

L'interpretazione tecnica fornita dai Principi contabili nazionali consente di individuare con sufficiente chiarezza il confine tra gestione ordinaria e gestione straordinaria nella disciplina nazionale del bilancio.

L'OIC 12 chiarisce in primo luogo la composizione dell'attività ordinaria. Questa comprende:

- l'attività caratteristica (o tipica), inclusiva delle operazioni che si manifestano in via continuativa per lo svolgimento della gestione; queste transazioni danno origine a costi e ricavi che identificano e qualificano la parte peculiare e distintiva dell'attività economica svolta dalla società, per la quale la stessa è finalizzata;
- l'attività finanziaria, costituita da operazioni che generano componenti di reddito realizzati (minusvalenze e plusvalenze) o stimati (svalutazioni e ripristini di valore) relativi a strumenti finanziari attivi (titoli, partecipazioni, conti bancari, crediti) e passivi (finanziamenti di vario genere), nonché a utili e perdite su cambi;
- le attività accessorie svolte ordinariamente dalla società per integrarne i redditi e/o perché connesse a vario titolo alla sua attività ordinaria. L'attività accessoria è costituita da operazioni che sono parte dell'attività ordinaria ma non rientrano nell'attività caratteristica e finanziaria. Alcuni esempi di proventi e oneri accessori sono: i canoni di locazione di immobili civili di proprietà di una società industriale o le plusvalenze/minusvalenze da alienazione di beni strumentali impiegati nella normale attività produttiva, commerciale o di servizi.

Una volta chiarito che l'attività ordinaria va oltre l'oggetto sociale, i Principi contabili nazionali affrontano il concetto di proventi e oneri straordinari. L'OIC 12 (par. 38) e l'OIC 29 (par. 51) specificano che: "l'attività straordinaria include i proventi e gli oneri la cui fonte è estranea all'attività ordinaria della società. Sono considerati straordinari i proventi e gli oneri che derivano da:

    a) eventi accidentali ed infrequenti;

    b) operazioni infrequenti che sono estranee all'attività ordinaria della società".

A ulteriore chiarimento, "la straordinarietà dell'evento o dell'operazione è determinata in funzione della loro natura in relazione alla ordinaria attività della società. Restano conseguentemente esclusi, gli eventi che, pur accidentali e non ricorrenti nel loro verificarsi o nel loro ammontare, sono connessi alla ordinaria attività della società".

Il Principio in oggetto non si limita ad affrontare la nozione di attività straordinaria dal punto di vista teorico, bensì fornisce un elenco esaustivo delle voci da esporre nella classe E del Conto Economico. Si tratta, segnatamente, di:

    a) oneri, plusvalenze e minusvalenze derivanti da operazioni con rilevanti effetti sulla struttura dell'azienda;

b) plusvalenze e minusvalenze derivanti dall'alienazione di immobili civili ed altri beni non strumentali all'attività produttiva e non afferenti la gestione finanziaria, nonché il plusvalore derivante dall'acquisizione delle immobilizzazioni materiali a titolo gratuito;
c) plusvalenze e minusvalenze da svalutazioni e rivalutazioni di natura straordinaria (ci sia consentito, formulazione scorretta che confonde componenti di reddito realizzati e componenti di reddito legati alle valutazioni di fine esercizio);
d) sopravvenienze attive e passive derivanti da fatti naturali o da fatti estranei alla gestione dell'impresa;
e) componenti di reddito relativi ad esercizi precedenti;
f) componenti straordinari conseguenti a mutamenti nei principi contabili adottati;
g) imposte relative ad esercizi precedenti.

Altre appostazioni nell'area straordinaria sono previste dai singoli Principi contabili nazionali che disciplinano la rilevazione, la presentazione e la valutazione delle diverse voci di bilancio.

Le regole interpretative e integrative dell'OIC 12 dimostrano che la movimentazione della gestione straordinaria nei bilanci italiani antecedenti al recepimento della Direttiva era alquanto circoscritta. In sostanza, un evento, o una valutazione, generava proventi e oneri straordinari solo se:
- accidentale;
- non frequente;
- non attinente all'oggetto sociale, alle attività accessorie, all'investimento in strumenti finanziari, e al finanziamento dell'impresa.

Tentiamo ora di collegare l'abrogato concetto di straordinarietà con il requisito di eccezionalità previsto dalle disposizioni di attuazione della Direttiva. Un interessante spunto di riflessione al proposito è rinvenibile nel già citato documento *"La Direttiva 2013/34/UE relativa ai bilanci d'esercizio e consolidati. Novità e riflessi sulla disciplina nazionale"*, licenziato dall'ODCEC di Milano nel 2013. L'autorevole Associazione professionale afferma quanto segue:
"
Ancorché non vi sia esatta coincidenza tra le definizioni di "proventi straordinari" [...] e "oneri straordinari" [...] con quella di "elementi di ricavo o di costo di entità o incidenza eccezionale" si può in via generale ritenere che a seguito di tale previsione l'informativa da fornire in nota integrativa attrarrà il contenuto informativo in precedenza rappresentato nell'area della gestione straordinaria del Conto Economico [...] d'altro canto pare anche di poter dire in prima battuta che la straordinarietà possa costituire, nella generalità dei casi, un "sottoinsieme" della eccezionalità, in quanto la stessa estraneità di un fatto rispetto alla gestione ordinaria sembra poterlo qualificare quale elemento di "incidenza eccezionale.
"
Il riversamento in Nota Integrativa delle componenti reddituali registrate fino ai bilanci 2015 nell'area straordinaria del Conto Economico può ritenersi corretto. Un evento estraneo all'attività ordinaria dell'impresa è per sua natura infrequente e accidentale. Si consideri poi che il requisito della rilevanza previsto dall'aggiornato punto 13 dell'art. 2427 – pur con una formulazione discutibile - era ampiamente riconosciuto dalla *best practice*.

Quanto osservato dall'ODCEC di Milano deve essere correttamente inteso: il contributo preso in esame non sta affermando – o almeno così crediamo - che la *disclosure* sui ricavi e i costi eccezionali sia perfettamente sovrapponibile alla precedente gestione straordinaria. Abbiamo già chiarito che i proventi e oneri di ammontare rilevante figuravano nell'aggregato E del Conto Economico solo se fuori dall'attività ordinaria dell'impresa. Con il passaggio dal principio dell'estraneità al concetto di eccezionalità, i componenti di reddito di entità e incidenza anomala dovranno essere segnalati in Nota Integrativa anche qualora afferenti all'attività tipica, accessoria e finanziaria. Di conseguenza, il volume dei ricavi e dei costi da esporre in Nota integrativa sarà con molta probabilità più ampio rispetto ai valori nell'attualità rappresentati nel Conto Economico.

Riprendendo uno dei precedenti esempi, una perdita su crediti di entità eccezionale, dovrà essere sempre indicata nella Nota Integrativa. Lo stesso vale per le plusvalenze e le minusvalenze da alienazione di importo significativo, da indicare nell'Allegato anche se collegate al normale e ciclico rinnovo degli impianti.

In breve: ciò che prima era straordinario quasi certamente diviene è eccezionale; l'eccezionalità non è invece sinonimo di straordinarietà dato che un evento imprevisto potrebbe rientrare nella gestione caratteristica, accessoria o finanziaria.

Delucidazioni sulle voci di costo e ricavo oggetto da esporre nell'Allegato saranno con molta probabilità fornite nella versione post-Direttiva dall'OIC 12.

L'OIC è chiamato inoltre a indicare la nuova collocazione in Conto Economico dei proventi e oneri in precedenza iscritti nella classe E. Gli ex-componenti straordinari connessi a strumenti finanziari saranno esposti nella gestione finanziaria (aggregato C se realizzate; Aggregato D se di origine valutativa). Le imposte degli esercizi precedenti è lecito supporre che saranno inserite nell'area fiscale (dopo il Risultato prima delle imposte).

Le altre poste straordinarie confluiranno per lo più nelle voci A.5 *Altri ricavi* e B.14 *Oneri diversi di gestione,* a meno che non si disponga l'aggiunta di altre voci nel Conto Economico ai sensi dell'art. 2423-*ter*, co. 3, c.c.; oppure la suddivisione delle poste residuali A.5 e B.14, senza l'eliminazione della voce complessiva e dell'importo corrispondente (art. 2423-*ter*, co. 2, c.c.).

Un'altra tecnica valida per salvaguardare la separata rappresentazione dei "vecchi" proventi e oneri straordinari, senza alterare la riformata struttura del Conto Economico, consiste nel richiedere la segnalazione in Nota Integrativa dei ricavi e costi eccezionali estranei all'attività ordinaria.

Una questione particolarmente delicata riguarda il gettito fiscale IRAP. La base imponibile dell'imposta regionale è allo stato attuale calcolata dalle società di capitali sulla base della differenza tra il Valore della produzione e il Costo della produzione risultanti dal Conto Economico (con l'esclusione delle poste B.9, *costi del personale* B.10.c., *altre svalutazioni delle immobilizzazioni* B.10.d, *svalutazione dei crediti;* B.12: *accantonamenti per rischi*; B.13, *altri accantonamenti*).

In assenza di una modifica della legislazione tributaria, l'IRAP sarà influenzata da una serie di proventi e oneri straordinari fino ad oggi non considerati nel primo saldo intermedio del Conto Economico. L'unico modo per mantenere inalterato il livello di tassazione – sempre che questa sia l'intenzione dell'Amministrazione finanziaria – sarebbe l'esclusione dalla base imponibile IRAP delle voci di cui all'eliminata classe E) che sono confluite tra i ricavi e i costi della produzione. La soluzione appare però difficilmente praticabile dato che tali componenti di reddito saranno dispersi nel Conto Economico, a meno che l'OIC – coordinandosi con l'amministrazione finanziaria - non ne richieda una autonoma evidenza, nello schema contabile o in Nota Integrativa.

Una forma "ibrida" di adeguamento della normativa tributaria alla riforma del bilancio potrebbe portare all'estromissione dalla base imponibile IRAP dei ricavi e dei costi eccezionali rendicontati nella Nota Integrativa. Una simile scelta produrrebbe comunque una variazione del gettito fiscale in ragione del già affrontato disallineamento tra la nozione di straordinarietà e quella di eccezionalità.

A conclusione del paragrafo, investighiamo i riflessi dell'eliminazione della gestione straordinaria sulla qualità del reddito evidenziato nel bilancio di esercizio.

Il trasferimento dal Conto Economico alla Nota Integrativa della rendicontazione sugli *"extraordinary items"* rientra nell'alveo dei provvedimenti di armonizzazione del diritto contabile europeo agli IAS/IFRS.

Il concetto di straordinarietà è stato eliminato dal *corpus* dei Principi contabili internazionali in sede di revisione dello IAS 8, *Principi contabili, cambiamenti nelle stime contabili ed errori*, avvenuta nel 2002.

L'abrogato IAS 8 definiva le voci straordinarie come ricavi o costi che originano da fatti od operazioni che sono chiaramente distinti dall'attività ordinaria dell'impresa e, quindi, non si prevede che essi si ripetano spesso o con regolarità. Si riscontra una similitudine con la normativa nazionale: l'estraneità dell'evento rispetto alla gestione ordinaria costituiva una condizione necessaria per l'inserimento del provento o dell'onere nella gestione straordinaria.

Il mutamento di approccio si deve alla convinzione che l'esposizione in bilancio di un accadimento aziendale debba essere determinata dalla natura o la funzione dell'evento, piuttosto che dalla loro frequenza. Le voci trattate come straordinarie derivano dai normali rischi commerciali a cui l'impresa è esposta e non necessitano di una separata evidenza in bilancio. (IAS 1, *Basis for Conclusions*, par. 63).

Sempre a giudizio dello IASB, il discrimine tra gestione ordinaria e straordinaria é spesso il risultato di una valutazione arbitraria del redattore del bilancio. In molte circostanze è estremamente difficile stimare la probabilità di accadimento di un evento, o prevedere l'intensità con cui il medesimo potrà nuovamente manifestarsi in futuro.

L'orientamento dello IASB è in quest'ottica incontestabile se pensiamo che anche definendo con rigore - a livello normativo o di prassi - il confine tra la gestione ordinaria e la gestione straordinaria, l'assegnazione dei componenti di reddito all'una o all'altra categoria non può prescindere dalle caratteristiche delle singole imprese e, perciò, dal giudizio professionale del redattore del bilancio.

Il timore di politiche di *window dressing* è avvertito anche in ambienti contabili favorevoli all'iscrizione delle voci straordinarie nel Conto Economico. Nel contesto nazionale, possiamo constatare come sia il legislatore sia i principi contabili nazionali restringano fortemente lo spazio assegnato alla gestione straordinaria. Una simile impostazione dovrebbe attenuare il rischio di imputazione all'area straordinaria di taluni costi espressione di carenze gestionali o scelte errate del management (minusvalenze, accantonamenti).

Ciò osservato, non si può negare che la distinzione tra gestione ordinaria e gestione straordinaria sia cruciale per valutare l'equilibrio economico di una realtà economica.

Chiudere un esercizio con un utile allineato alle attese degli azionisti non è sufficiente per definire ottimo lo stato di salute di un'impresa. Un'azienda per sopravvivere deve assicurare nel tempo la congrua remunerazione ai fattori produttivi posti in posizione residuale. Per valutare questa attitudine è indispensabile depurare l'utile o la perdita contabile dalle poste non ripetibili, ossia straordinarie.

La distinzione tra il risultato della gestione ordinaria e quello della gestione straordinaria è per questo motivo fondamentale ai fini della corretta comprensione delle *performance* aziendali e per la valutazione dell'operato dei vertici aziendali.

Premesso che l'eliminazione della gestione straordinaria riduce la capacità segnaletica del Conto Economico civilistico, i manuali di analisi finanziaria evidenziamo come il criterio dell'estraneità - stabilito dal legislatore e argomentato nell'OIC 12 - per l'individuazione dei componenti straordinari di reddito non sia perfettamente confacente allo studio e alla valutazione delle *performance* reddituali. Come già detto, l'esigenza di prevenire politiche di bilancio comprimeva oltremisura l'area straordinaria del Conto Economico bilancistico. Di contro, la ricerca del reddito "normalizzato" postula l'enucleazione di tutti i proventi e oneri inusuali in termini di frequenza e di modalità di manifestazione (principalmente l'ammontare), anche se questi valori si collegano all'attività ordinaria dell'impresa. Ecco quindi che il Conto Economico riclassificato per il controllo di gestione evidenzia dei componenti straordinari non perfettamente coincidenti con quelli riportati nel bilancio.

Da questo punto di vista, il pregio della nuova normativa contabile è, quello di recepire la nozione di straordinarietà elaborata dalla dottrina e dalla pratica dell'analisi finanziaria, sebbene tali valori eccezionali non sono riportati direttamente in Conto Economico bensì solo in Nota Integrativa.

Si tenga inoltre che la riclassificazione del Conto Economico civilistico non attiene solo alla correzione dei proventi e oneri straordinari. Un prospetto pronto per l'analisi di bilancio dovrebbe mostrare all'interno della gestione ordinaria, il risultato della gestione caratteristica. Il risultato operativo – noto anche come Margine operativo netto o EBIT – è un saldo intermedio di estrema importanza sia come valore assoluto sia come elemento da utilizzare per il calcolo di primari indici di bilancio come il ROI (Reddito operativo / Capitale Investito), il ROS (Reddito operativo /Fatturato).

La struttura del Conto Economico civilistico (pre e post Direttiva) non fornisce questa informazione: lo schema legislativo é fondato sulla distinzione tra gestione ordinaria e gestione straordinaria, ma all'interno della prima si dà separata evidenza solo alla gestione finanziaria. La gestione operativa e la gestione accessoria (espresso dalla somma algebrica tra le voci A.5 e B.14) sono rappresentate, senza distinzione, nel primo saldo intermedio del Conto Economico. Il calcolo del reddito operativo richiede ulteriori correzioni al saldo tra Valore e Costo della Produzione di cui all'art. 2425 c.c.; correzioni che certamente aumenteranno visto che tale risultato parziale sarà contaminato anche da una serie di proventi e oneri straordinari. Tuttavia, l'informativa di cui al punto 13 dell'art. 2427 dovrebbe fornire agli analisti finanziari esterni elementi più utili ai fini della corretta costruzione degli indici di bilancio.

Riassumendo, il recepimento della direttiva amplifica la distanza tra il Conto Economico ex-art. 2425 e lo schema da utilizzare nelle analisi di bilancio. Questa carenza è compensata dall'inserimento in Nota Integrativa di informazioni più aderenti alla comprensione del processo di formazione del risultato di esercizio.

2.3. Il Rendiconto Finanziario

La valutazione delle *performance* d'impresa trova un primo riscontro nell'esame del sistema dei valori riportati nello Stato Patrimoniale e Conto Economico, i quali espongono una serie di valori in funzione della loro manifestazione in un determinato contesto temporale e spaziale.

Uno studio che ricava i propri input di riferimento dagli schemi contabili tradizionali, eventualmente rielaborati attraverso la costruzione di un sistema di indici, sconta, tuttavia, i limiti insiti nella stessa natura ed origine dei documenti utilizzati. Queste metodologie di indagine forniscono, infatti, indicazioni statiche sull'andamento di determinati aggregati di natura patrimoniale, finanziaria ed economica che, sebbene rivestano un preminente ruolo informativo sulla sussistenza e sulla misurazione degli equilibri aziendali e di interpretazione di dati sintetici ed assoluti, non riescono a rendere intelligibili la genesi dei valori e i processi che hanno condotto a una determinata situazione.

Le informazioni fornite dai quozienti di bilancio debbono essere perciò integrate mediante l'analisi degli scostamenti fatti registrare dalle attività e passività iscritte in bilancio nell'orizzonte temporale definito (solitamente annuale). In tal modo, viene posta in risalto la continuità del ciclo economico finanziario monitorando la creazione di risorse ed il loro successivo utilizzo per la remunerazione delle fonti di finanziamento, interne ed esterne, e per la generazione di nuova ricchezza attraverso produzione e vendita di prodotti o servizi (SOSTERO-FERRARESE, 2000).

L'analisi dei flussi trova la sua espressione e rappresentazione in un prospetto di natura contabile che assume la denominazione di Rendiconto Finanziario (di seguito anche solo "Rendiconto"). Tale documento riepiloga i movimenti in entrata e i movimenti in uscita che spiegano perché una determinata grandezza fondo ha registrato una certa variazione in un dato lasso temporale (BRUNETTI-CODA-FAVOTTO,1999). Precisiamo che l'espressione "grandezza fondo" identifica qualunque voce patrimoniale (o aggregato di voci) considerata in un determinato istante. Il flusso è invece la modificazione intervenuta in un determinato periodo nei fondi che costituiscono il capitale di bilancio (CARAMIELLO, 2003).

Il Rendiconto svolge sul piano dei movimenti finanziari la stessa funzione che, in termini economici, è svolta dal Conto Economico del bilancio. Il Conto Economico illustra le cause che hanno prodotto una determinata variazione nel patrimonio netto (utile o perdita) mediante l'esposizione dei costi e dei ricavi di competenza. Il Rendiconto spiega perché è intervenuta una certa variazione nella struttura finanziaria aziendale (peggioramento della liquidità, ad esempio) fornendone le relative motivazioni analitiche in termini di flussi liberati dalla gestione, di investimenti e disinvestimenti, e di fonti procurate (FACCHINETTI, 2002).

Per quanto attiene ai contenuti, le informazioni fornite dal Rendiconto Finanziario sono strettamente dipendenti dal tipo di fondo preso in considerazione (FERRERO-DEZZANI-PISONI-PUDDU, 2006). In quest'ottica, si distinguono, tra gli altri:

- il prospetto dei flussi finanziari totali, o Rendiconto Finanziario delle fonti e degli impieghi di capitale di funzionamento (*funds flow statement*);
- Rendiconto Finanziario dei flussi di capitale circolante netto (*working capital statement*), nella duplice configurazione di capitale circolante netto finanziario (differenza tra attività e passività scadenti entro l'anno) oppure di capitale circolante commerciale (differenza tra attività e passività attinenti al ciclo operativo, ossia rimanenze, crediti e debiti commerciali);
- prospetto dei flussi di cassa o Rendiconto Finanziario dei flussi monetari (*cash flow statement*).

La significatività delle informazioni estraibili dal Rendiconto Finanziario é vincolata alla corretta distinzione tra gli eventi aziendali che hanno impattato sulla consistenza del fondo e le operazioni estranee a tale grandezza. La distinzione fra "eventi monetari" e "eventi non monetari" può essere agevolmente realizzata da un soggetto interno all'azienda attraverso l'esame delle scritture contabili. Viceversa, possono sorgere delle difficoltà per gli analisti esterni che invece possono fare riferimento esclusivamente alle informazioni fornite nella Nota Integrativa.

A titolo esemplificativo, una diminuzione del valore contabile di un credito commerciale può essere dovuta al pagamento da parte del debitore oppure allo stralcio del medesimo in seguito all'insolvenza della controparte. Conoscere la causa della variazione del valore contabile del credito è fondamentale. In caso contrario, si rischierebbe di trattare la perdita sul credito alla stregua di un incasso fornendo informazioni del tutto fuorvianti agli utilizzatori del Rendiconto.

La normativa contabile italiana antecedente al recepimento della Direttiva non rendeva obbligatoria la redazione del Rendiconto Finanziario. Tale assenza è stata da sempre fortemente criticata dalla dottrina aziendalistica che riteneva il Documento imprescindibile per la rappresentazione della situazione finanziaria dell'impresa (CAPALDO, 1998).

A conferma dell'oramai universalmente riconosciuta valenza informativa del Prospetto, l'OIC ha deciso di emanare un Principio contabile nazionale ad hoc sul tema della costruzione del Rendiconto Finanziario. La versione definitiva del Principio contabile OIC 10, *Il Rendiconto Finanziario*, fa parte del set di OIC aggiornati pubblicato nell'agosto del 2014.

L'OIC 10 "raccomanda la redazione del Rendiconto Finanziario tenuto conto della sua rilevanza informativa." La precedente disciplina, contenuta nell'OIC 12, imponeva l'inclusione nell'allegato del Rendiconto ("*il Rendiconto Finanziario va incluso nella Nota Integrativa*"), fatta eccezione per le aziende amministrative meno dotate, a causa delle minori dimensioni. In definitiva, si è passati da un obbligo di redazione per talune tipologie societarie a una raccomandazione rivolta all'intera platea delle imprese italiane.

Rispetto alle regole riportate nell'OIC 12, l'OIC 10 non ripropone le opzioni che consentivano: la redazione del Rendiconto delle variazioni di capitale circolante netto finanziario, e l'adozione della struttura a sezioni contrapposte (fonti e impieghi).

L'accantonamento del *working capital statement* risponde all'esigenza di emanare delle regole di compilazione del rendiconto: (a) coerenti con le impostazioni internazionali (IAS 7), che identificano nello *Statement of Cash Flows* di *cash and cash equivalents* l'unica configurazione di rendiconto ammessa; (b) conformi alla prassi professionale più diffusa e ampiamente adottata dalle imprese italiane; (c) indipendenti da logiche contabili obsolete tipiche dell'aggregato di capitale circolante netto.

La struttura scalare del Rendiconto permette di giungere alla variazione complessiva delle disponibilità liquide attraverso la somma algebrica di tre risultati intermedi espressione dei "comparti" nei quali è idealmente possibile suddividere le operazioni gestionali. Tali aree comprendono:

- i fatti di gestione che generano i ricavi e i costi afferenti all'area caratteristica dell'impresa (flusso di cassa della gestione reddituale);
- le operazioni di investimento e disinvestimento di immobilizzazioni tecniche e finanziarie (flusso di cassa della gestione di investimento);
- le operazioni di approvvigionamento e rimborso di risorse finanziarie verso terzi e verso i soci (flusso di cassa della gestione finanziaria).

I saldi parziali del Rendiconto sono determinati per differenza tra le specifiche entrate (fonti) e le uscite (impieghi) registrale nel periodo amministrativo.

Le previsioni riportate dall'OIC 10 non specificano se la mancata presentazione del Rendiconto sia o meno considerata una violazione del postulato della rappresentazione veritiera e corretta. Il recepimento della Direttiva risolve, almeno in parte, questa problematica e obbligherà l'OIC a rivedere le disposizioni in materia di ambito di applicazione dell'OIC 10.

Riguardo alle imprese di maggiori dimensioni, l'attuale raccomandazione dovrà per forza di cose tramutarsi in un obbligo di redazione del documento.

Relativamente alle piccole imprese, il nostro *standard setter* nazionale dovrà decidere se mantenere l'attuale raccomandazione oppure intraprendere una strada più coraggiosa che porterebbe ad annoverare il Rendiconto Finanziario nell'ambito dell'informativa complementare ex-art. 2423, co. 3, c.c.

Il divieto previsto dalla Direttiva di richiedere alle *small entities* la presentazione di prospetti diversi dallo Stato Patrimoniale e dal Conto Economico e il contenuto rigido della Nota Integrativa farebbero propendere per una scelta conservativa; l'indiscussa capacità segnaletica del Rendiconto e la sua ampia diffusione tra le piccole imprese anche per finalità estranee all'informativa di bilancio sono elementi a favore di un cambiamento di approccio.

Pur giudicando positivamente la svolta legislativa, si esprimono serie perplessità sul contenuto dell'art. 2425-*ter*. Come già accennato, il rinnovato disposto civilistico si limita ad individuare le disponibilità liquide come grandezza di riferimento e a stabilire la struttura scalare del rendiconto. Per quanto concerne il contenuto specifico del documento dovrà inevitabilmente fare riferimento alle previsioni dell'OIC 10. Avremo due prospetti contabili disciplinati in modo analitico da previsioni di legge e un altro regolamento solo a livello di *best practice*.

In ordine al fondo di valori, l'OIC 10 precisa che le disponibilità liquide comprendono: depositi bancari e postali, assegni e denaro e valori in cassa, anche se espressi in valuta estera, nonché gli "strumenti con regolamento a vista utilizzati per soddisfare sbilanci di cassa di breve periodo".

Riguardo alla presentazione, l'area reddituale comprende i flussi che derivano dall'acquisizione, produzione e distribuzione di beni e dalla fornitura di servizi, nonché gli altri flussi non ricompresi nell'attività di investimento e di finanziamento, confermando comunque la natura residuale del flusso reddituale. Rientrano, dunque, nell'area reddituale: gli incassi derivanti dalla vendita di prodotti e dalla prestazione di servizi; gli incassi da royalty, commissioni, compensi, rimborsi assicurativi e altri ricavi; i pagamenti per l'acquisto di materie prime, semilavorati, merci e altri fattori produttivi ovvero di servizi; i pagamenti dei dipendenti, i pagamenti e i rimborsi di imposte, nonché i pagamenti per oneri finanziari e gli incassi per proventi finanziari.

Le operazioni sopra enunciate sono esposti nel Rendiconto in base al principio della competenza monetaria, ovvero nel momento e nella misura in cui producono una variazione sulla consistenza della liquidità aziendale. E' molto probabile quindi che il flusso in entrata o in uscita indicato nel *cash flow statement* non coincida, rispettivamente, con l'importo del ricavo o del costo riportato nello schema di Conto Economico (IZZO-SARTORI-LUCIANI, 2014).

Il flusso finanziario derivante dalla gestione reddituale può essere determinato applicando il metodo indiretto o quello diretto. Diversamente dagli IAS che esprimono una preferenza per il metodo diretto in ragione delle maggiore utilità in termini sia di costruzione dei flussi finanziari prospettici dell'entità sia di comparazione con il Conto Economico, l'OIC 10 non individua un metodo consigliato o preferibile. Tuttavia, il richiamo al concetto di autofinanziamento, grandezza questa desumibile solo con il metodo indiretto, e lo svolgimento del caso pratico esclusivamente con il metodo indiretto fanno pensare a una preferenza dell'OIC verso il metodo diretto.

L'area degli investimenti comprende i flussi collegati all'acquisto (o produzione interna) e alla vendita delle immobilizzazioni strumentali e finanziarie, nonché delle attività finanziarie.

L'area dei finanziamenti comprende i flussi che derivano dall'ottenimento o dalla restituzione di disponibilità liquide sotto forma di capitale di rischio o di capitale di debito. A titolo esemplificativo: incassi derivanti dall'emissione di azioni o di quote rappresentative del capitale di rischio; pagamento dei dividendi; pagamenti per il rimborso del capitale di rischio, anche sotto forma di acquisto di azioni proprie; incassi o pagamenti derivanti dall'emissione o dal rimborso di prestiti obbligazionari, titoli a reddito fisso, cambiali, accensione o restituzione di mutui e altri finanziamenti a breve o lungo termine; incremento o decremento di altri debiti, anche a breve o medio termine, aventi natura finanziaria.

Di seguito sono riportati gli schemi di riferimento per la redazione del Rendiconto Finanziario previsti dall'OIC 10.

Schema n. 1: Flusso della gestione reddituale determinato con il metodo indiretto

	200X+1	200X
A. Flussi finanziari derivanti dalla gestione reddituale (metodo indiretto)		
Utile (perdita) dell'esercizio		
Imposte sul reddito		
Interessi passivi/(interessi attivi)		
(Dividendi)		
(Plusvalenze)/minusvalenze derivanti dalla cessione di attività		
1. Utile (perdita) dell'esercizio prima d'imposte sul reddito, interessi, dividendi e plus/minusvalenze da cessione		
Rettifiche per elementi non monetari che non hanno avuto contropartita nel		
Accantonamenti ai fondi		
Ammortamenti delle immobilizzazioni		
Svalutazioni per perdite durevoli di valore		
(Rivalutazioni di attività)		
Altre rettifiche per elementi non monetari		
2. Flusso finanziario prima delle variazioni del ccn		
Variazioni del capitale circolante netto		
Decremento/(incremento) delle rimanenze		
Decremento/(incremento) dei crediti vs clienti		
Incremento/(decremento) dei debiti verso fornitori		
Decremento/(incremento) ratei e risconti attivi		
Incremento/(decremento) ratei e risconti passivi		
Altre variazioni del capitale circolante netto		
3. Flusso finanziario dopo le variazioni del ccn		

Altre rettifiche		
Interessi incassati/(pagati)		
(Imposte sul reddito pagate)		
Dividendi incassati		
Utilizzo dei fondi		
4. Flusso finanziario dopo le altre rettifiche		
Flusso finanziario della gestione reddituale (A)		
B. Flussi finanziari derivanti dall'attività d'investimento		
Immobilizzazioni materiali		
(Investimenti)		
Prezzo di realizzo disinvestimenti		
Immobilizzazioni immateriali		
(Investimenti)		
Prezzo di realizzo disinvestimenti		
Immobilizzazioni finanziarie		
(Investimenti)		
Prezzo di realizzo disinvestimenti		
Attività finanziarie non immobilizzate		
(Investimenti)		
Prezzo di realizzo disinvestimenti		
Acquisizione o cessione di società controllate o di rami d'azienda al netto delle disponibilità liquide		
Flusso finanziario dell'attività di investimento (B)		
C. Flussi finanziari derivanti dall'attività di finanziamento		
Mezzi di terzi		
Incremento debiti a breve verso banche		
Accensione finanziamenti		
Rimborso finanziamenti		
Mezzi propri		
Aumento di capitale a pagamento		
Cessione (acquisto) di azioni proprie		
Dividendi (e acconti su dividendi) pagati		
Flusso finanziario dell'attività di finanziamento (C)		

Incremento (decremento) delle disponibilità liquide (a ± b ± c)		
Disponibilità liquide al 1 gennaio 200X		
Disponibilità liquide al 31 dicembre 200X+1		

Schema n. 2: Flusso della gestione reddituale determinato con il metodo diretto

	200X+1	200X
A. Flussi finanziari derivanti dalla gestione reddituale (metodo diretto)		
Incassi da clienti		
Altri incassi		
(Pagamenti a fornitori per acquisti)		
(Pagamenti a fornitori per servizi)		
(Pagamenti al personale)		
(Altri pagamenti)		
(Imposte pagate sul reddito)		
Interessi incassati/(pagati)		
Dividendi incassati		
Flusso finanziario dalla gestione reddituale (A)		
B. Flussi finanziari derivanti dall'attività d'investimento		
Immobilizzazioni materiali		
(Investimenti)		
Prezzo di realizzo disinvestimenti		
Immobilizzazioni immateriali		
(Investimenti)		
Prezzo di realizzo disinvestimenti		
Immobilizzazioni finanziarie		
(Investimenti)		
Prezzo di realizzo disinvestimenti		
Attività finanziarie non immobilizzate		
(Investimenti)		
Prezzo di realizzo disinvestimenti		
Acquisizione o cessione di società controllate o di rami d'azienda al netto delle disponibilità liquide		
Flusso finanziario dall'attività di investimento (B)		

C. Flussi finanziari derivanti dall'attività di finanziamento		
Mezzi di terzi		
Incremento debiti a breve verso banche		
Accensione finanziamenti		
Rimborso finanziamenti		
Mezzi propri		
Aumento di capitale a pagamento		
Cessione (acquisto) di azioni proprie		
Dividendi (e acconti su dividendi) pagati		
Flusso finanziario dall'attività di finanziamento (C)		
Incremento (decremento) delle disponibilità liquide (A ± B ± C)		
Disponibilità liquide al 1 gennaio 200X		
Disponibilità liquide al 31 dicembre 200X+1		

CAPITOLO 3
NOTA INTEGRATIVA E BILANCI SEMPLIFICATI

Le regole di informativa previste dalla passata versione dell'art. 2427 sono in linea di massima confermate. Le uniche correzioni sono collegate alla soppressione della gestione straordinaria del Conto Economico e dei Conti d'ordine, entrambe deliberate dall'Unione Europea.
Il recepimento della Direttiva ha integrato l'art. 2427 con ulteriori richieste di disclosure: le più importanti concernono l'illustrazione dei fatti intervenuti dopo la chiusura dell'esercizio e l'evidenza della proposta di destinazione degli utili. Tali ragguagli erano prima presentati nella Relazione sulla Gestione.
Il contenuto dell'informativa sugli strumenti finanziari ex art. 2427-bis è stato ampliato in seguito alla decisione delle nostre autorità di estendere l'applicazione del fair value alle valutazioni di bilancio.

I parametri quantitativi per l'identificazione delle piccole imprese di cui all'art. 2435-bis rimangono invariati. La conservazione dei massimali definiti dal D.lgs 173/2008 è stata possibile grazie all'esercizio della facoltà concessa dal legislatore europeo di innalzare, nei limiti del 50%, le soglie dimensionali indicate nell'art. 36 della Direttiva per quanto riguarda l'attivo di Stato Patrimoniale (€ 4 ml, limite massimo: 6 ml) e il fatturato (€ 8 ml, limite massimo: 12 ml).
L'informativa allegata al bilancio abbreviato è stata rivoluzionata per via dell'approccio prescrittivo del legislatore comunitario. La Nota Integrativa ex-art. 2435-bis è ora una combinazione tra "vecchie" disposizioni e nuove regole frutto del recepimento delle previsioni, derogabili e inderogabili, della Direttiva.
Sempre in tema di rendiconti semplificati, il D.lgs 139/2015 ha determinato l'ingresso nella normativa nazionale di una nuova tipologia societaria: le microimprese.

3.1. Fonti normative

Notoriamente, i valori riportati nei prospetti di bilancio non sono sufficienti a fornire una rappresentazione veritiera e corretta della situazione patrimoniale, finanziaria e reddituale di un'impresa (DEZZANI- PISONI-PUDDU, 2001; LAGHI, 1995).
Il rispetto del postulato della *true and fair view* richiede la compilazione di un documento discorsivo, denominato Nota Integrativa (Allegato), che riporti:
- un commento ai dati presentati nello Stato Patrimoniale, nel Conto Economico e, dal 2016, nel Rendiconto finanziario (funzione esplicativa);
- informazioni di carattere qualitativo che, per la loro natura, non possono essere incluse negli schemi contabili (funzione integrativa).

La situazione della società e l'andamento della gestione - con particolare riguardo ai costi, ai ricavi e agli investimenti - sono illustrate nella Relazione sulla Gestione (art. 2428, c.c.); altro importante documento a carattere descrittivo che, a differenza della Nota Integrativa, non è però parte integrante del bilancio.

Il processo di redazione della Nota Integrativa è disciplinato in primis da precipue disposizioni di legge.

1) L'art. 2427, *Contenuto della Nota Integrativa*, e l'art. 2427-bis, *Informazioni sul fair value degli strumenti finanziari,* richiedono un *set* di informazioni, raggruppabili in quattro categorie:
- criteri contabili adottati (punto 1);

- informazioni, dettagli e, in taluni casi, motivazioni sull'iscrizione di voci nello Stato Patrimoniale (origine dei valori delle immobilizzazioni; crediti e debiti con durata superiore ai cinque anni; partecipazioni in imprese controllate e collegate, *etc*) e nel Conto Economico (ammontare dei proventi da partecipazione; composizione degli interessi e degli altri oneri finanziari, ripartizione dei ricavi per area geografica, *etc*);
- informazioni di varia natura (numero medio dei dipendenti, operazioni con parti correlate, accordi fuori bilancio, numero e valore nominale delle azioni emesse, *etc*).

2) La clausola generale del bilancio espressa all'art. 2423 c.c. chiama più volte in causa la Nota Integrativa:
   a) il secondo comma richiede, nei casi eccezionali di disapplicazione di una regola contabile, la motivazione della deroga (obbligatoria) al disposto codicistico e l'indicazione degli effetti sulla rappresentazione della situazione patrimoniale, finanziaria e del risultato economico;
   b) il terzo comma prescrive di fornire ulteriori informazioni nei casi in cui quanto richiesto da specifiche norme di legge non é bastevole per assicurare la rappresentazione veritiera e corretta (cosiddetta informativa complementare);
   c) il quarto comma (inserito dal D.lgs 139/2015) impone l'esplicitazione dei criteri che hanno dato applicazione al postulato della rilevanza.

3) Le altre disposizioni civilistiche in materia di bilancio contengono altri specifici obblighi di *disclosure*:
   d) l'art. 2423-*bis*, co. 2, c.c. richiede, in caso di mutamento dei criteri e dei principi di valutazione adottati (consentito solo in casi eccezionali), la motivazione della deroga (facoltativa) e l'indicazione degli effetti sulla rappresentazione della situazione patrimoniale, finanziaria e del risultato economico;
   e) l'art. 2423-*ter*, co. 2, c.c. richiede di dettagliare nell'Allegato le voci di bilancio, precedute da numeri arabi, raggruppate per ragioni di rilevanza o di chiarezza del bilancio;
   f) l'art. 2423-*ter*, co. 5 c.c. richiede la segnalazione ed il commento della non comparabilità e dell'adattamento, o dell'impossibilità di questo, delle voci relative all'esercizio precedente;
   g) l'art. 2424, co. 2, c.c. richiede, nel caso in cui un elemento dell'attivo ricada sotto più voci dello schema, l'annotazione della sua appartenenza anche a voci diverse da quella in cui è iscritto;
   h) l'art. 2426, c.c. riporta una serie di disposizioni che obbligano all'indicazione di dati nella Nota Integrativa. Le fattispecie sono le seguenti:
      - modifiche al piano di ammortamento (n. 2);
      - partecipazioni strategiche in imprese controllate e collegate la cui valutazione al costo risulti superiore a quella derivante dall'applicazione del metodo del patrimonio netto o, se non vi sia l'obbligo di redigere il bilancio consolidato, alla frazione di patrimonio netto della partecipata (n. 3, 2° capoverso);
      - iscrizione di un valore di costo della partecipazione superiore a quello derivante dall'applicazione per la prima volta del metodo del patrimonio netto (n. 4, 2° capoverso);
      - ammortamento dell'avviamento in un periodo superiore ai cinque anni (n. 6, 2° capoverso);

- differenza apprezzabile tra valutazione delle rimanenze secondo uno dei criteri ammessi dal n. 10 dell'art. 2426, ossia metodo della media ponderata, "primo entrato, primo uscito" o "ultimo entrato, primo uscito", e costi correnti delle stesse alla chiusura dell'esercizio.

3) Altre disposizioni civilistiche estranee alla sezione del bilancio di esercizio impongono di fornire specifiche informazioni in Nota Integrativa (si veda: OIC 12, Appendice A).

4) La Nota Integrativa comprende infine indicazioni e dati richiesti da norme non contenute nel Codice Civile.

La Nota Integrativa assume la medesima dignità delle altre parti del bilancio, nonostante il legislatore non abbia utilizzato lo stesso rigore metodologico che contraddistingue la disciplina degli schemi contabili. Come si può dedurre dalla ricognizione normativa appena presentata, le norme sulla stesura dell'Allegato sono sparse all'interno del Codice Civile, e lo stesso art. 2427 presenta dei difetti di coordinamento con altre disposizioni civilistiche. Un chiaro esempio di questa superficialità legislativa è la regola che impone di illustrare le variazioni intervenute nella consistenza delle voci dell'attivo e del passivo, con particolare attenzione al patrimonio netto, ai fondi rischi e oneri e al fondo TFR (art. 2427, p. 4). La *ratio* di tale disposizione è di difficile comprensione poiché lo Stato Patrimoniale (analogamente al Conto Economico e al Rendiconto finanziario) presenta i valori dell'esercizio precedente e quindi già evidenzia le variazioni nella consistenza delle poste attive e passive. È chiaro che la Nota Integrativa dovrebbe aggiungere altre delucidazioni, ma non si comprende quali.

A integrazione e interpretazione delle norme civilistiche, i Principi contabili nazionali prescrivono puntuali e stringenti regole tecniche per la redazione della Nota Integrativa. L'OIC 12 chiarisce che l'illustrazione dei criteri di valutazione adottati dalla società (art. 2427, p. 1):

- riguarda le voci del bilancio che hanno un rilievo nella rappresentazione della situazione patrimoniale, finanziaria ed economica della società.
- non si limita ad un riferimento ai criteri indicati nell'art. 2426 c.c., ma evidenzia anche la scelta fatta dalla società tra più criteri di valutazione ammessi dalla norma (ad esempio, il metodo della commessa completata o il metodo della percentuale di completamento per la valutazione dei lavori in corso);
- è estesa ai criteri di valutazione che, seppur non esplicitati nell'art. 2426 c.c., sono richiamati nei principi contabili OIC (ad esempio, il criterio di valutazione dei contributi in conto capitale) e ai criteri di valutazione peculiari di certi settori di attività e/o di operazioni inusuali.

L'OIC 12 tenta anche di porre rimedio all'ambigua formulazione del punto 4 dell'art. 2427, richiedendo di specificare, almeno per le voci oggetto di rilevanti scostamenti, le principali motivazioni alla base di tali oscillazioni.

Spetta ai Principi contabili relativi alle singole voci di bilancio l'individuazione delle informazioni ritenute complementari ai sensi del terzo comma dell'art. 2423 c.c.. Al tal riguardo, osserviamo come la linea di demarcazione tra informazioni esplicitamente indicate dal legislatore e vincoli di *disclosure* impliciti nella clausola generale del bilancio sia spesso assai sfumata.

3.2. La revisione degli art. 2427 e 2427-*bis* c.c.

Gli emendamenti apportati dal D.lgs 139/2015 in merito al contenuto della Nota Integrativa hanno interessato in via prevalente gli art. 2427 e 2427-*bis*. Le altre modificazioni provengono dall'aggiornamento dei criteri di valutazione.

Il legislatore ha espunto dall'art. 2427 c.c. tutti i riferimenti (espliciti e impliciti) al concetto di rilevanza (ammontare "apprezzabile"; se "significativa"; "siano rilevanti") in quanto divenuti superflui dopo il recepimento del postulato in oggetto all'interno dell'art. 2423 c.c.

A partire dai bilanci dell'esercizio 2016, la Nota Integrativa dovrà contenere le seguenti ulteriori informazioni:
  a) la natura e l'effetto patrimoniale, finanziario ed economico dei fatti di rilievo avvenuti dopo la chiusura dell'esercizio (22-*quater*);
  b) il nome e la sede legale dell'impresa che redige il bilancio consolidato dell'insieme più grande di imprese di cui l'impresa fa parte in quanto impresa controllata, nonché il luogo in cui è disponibile la copia del bilancio consolidato (22- *quinquies*);
  c) il nome e la sede legale dell'impresa che redige il bilancio consolidato dell'insieme più piccolo di imprese di cui l'impresa fa parte in quanto impresa controllata nonché il luogo in cui è disponibile la copia del bilancio consolidato (22-*sexies*);
  d) la proposta di destinazione degli utili o di copertura delle perdite (22-*septies*).

In merito alla lettera a), l'OIC 29 considera fatti di rilievo "quelli che, richiedendo o meno variazioni nei valori dello stesso, influenzano la situazione rappresentata in bilancio e sono di importanza tale che la loro mancata comunicazione comprometterebbe la possibilità dei destinatari dell'informazione societaria di fare corrette valutazioni e prendere decisioni appropriate. [..] Nell'illustrazione del fatto intervenuto si fornisce la stima dell'effetto sulla situazione patrimoniale/finanziaria della società, ovvero le ragioni per cui l'effetto non è determinabile".

Anteriormente al recepimento della Direttiva, i fatti si rilievo intervenuti dopo la chiusura dell'esercizio erano riportati nella Relazione sulla Gestione ai sensi del punto 5 dell'art. 2428, abrogato dal D.lgs 139/2015. È bene però precisare che l'informativa in discorso è ad oggi già per lo più presente nella Nota Integrativa delle imprese italiane in ottemperanza alle raccomandazioni dei Principi contabili nazionali (vecchi e nuovi). Ai sensi dell'OIC 29 (par. 64), quando importanza degli eventi verificatisi dopo il 31/12 è "tale che la loro mancata comunicazione comprometterebbe la possibilità dei destinatari dell'informazione societaria di fare corrette valutazioni e prendere decisioni appropriate", occorre farne menzione in Nota Integrativa "anche mediante un richiamo all'illustrazione fatta dagli amministratori nella relazione sulla gestione". Nel concreto, quindi, il recepimento della Direttiva modifica solo le modalità di esposizione dei fatti successivi nella Nota Integrativa, non essendo più praticabile il rimando alla Relazione sulla Gestione.

Riguardo alle relazioni economiche intercorrenti tra la società e gli organi di amministrazione e controllo, la Nota Integrativa dovrà specificare, oltre ai compensi, anche l'importo delle anticipazioni e dei crediti erogati precisando "*il tasso d'interesse, le principali condizioni e gli importi eventualmente rimborsati, cancellati o oggetto di rinuncia, nonché gli impegni assunti per loro conto per effetto di garanzie di qualsiasi tipo prestate, precisando il totale per ciascuna categoria*" (p. 16).

L'informativa sugli strumenti finanziari emessi dalla società di cui al punto 18 è allargata ai *warrants* e alle opzioni.

Gli emendamenti riguardanti i proventi e oneri eccezionali (punto 13) è stata descritta nel precedente Capitolo.

In tema di struttura della Nota Integrativa, il nuovo secondo comma dell'art. 2427 c.c. dispone che le informazioni relative alle voci dello Stato Patrimoniale e del Conto Economico siano presentate secondo l'ordine di esposizione nello Stato Patrimoniale e nel Conto Economico. Tale modalità espositiva è già contemplata dalla versione 2014 dell'OIC 12 e quindi non dovrebbe comportare adattamenti per le imprese nazionali.

La riforma del trattamento contabile degli strumenti finanziari derivati ha prodotto, in aderenza al disposto della Direttiva, un ampliamento dell'informativa richiesta dal punto 1 del primo comma dell'art. 2427-*bis* per la cui analisi rinviamo al Capitolo 4. Un altro emendamento all'articolo in oggetto è stato il trasferimento del secondo comma (derivati su merci) e del terzo comma (concetto di fair value e criteri di misurazione) all'interno dell'art. 2426 c.c..

3.3. Garanzie, impegni e passività potenziali

Nella prima parte del volume abbiamo segnalato la scomparsa di un altro elemento portante della cultura contabile italiana, ovverosia i Conti d'ordine.

La precedente disciplina

I Conti d'ordine rappresentano "annotazioni di memoria, a completamento della situazione patrimoniale - finanziaria esposta dallo Stato Patrimoniale; essi non costituiscono attività e passività in senso proprio" (OIC 22 par. 4). La loro funzione consisteva nell'informare i terzi riguardo a eventi gestionali estranei alla determinazione del reddito e del capitale di funzionamento dell'esercizio di riferimento, ma che avrebbero potuto incidere sui valori di bilancio dei successivi periodi amministrativi.

Il terzo comma dell'art. 2424 c.c. – abrogato dal D.lgs 139/2015- richiedeva di esporre "in calce allo Stato Patrimoniale le garanzie prestate direttamente o indirettamente, distinguendosi fra fidejussioni, avalli, altre garanzie personali e garanzie reali, ed indicando separatamente, per ciascun tipo, le garanzie prestate a favore di imprese controllate e collegate, nonché di controllanti e di imprese sottoposte al controllo di quest'ultime; devono inoltre risultare gli altri Conti d'ordine".

L'OIC 22 specifica il significato dei termini "garanzie prestate", "garanzie ricevute", "garanzie reali" e "garanzie personali".

Le garanzie prestate sono emesse dalla società che redige il bilancio con riferimento ad un'obbligazione propria o altrui. Esse si distinguono dalle garanzie ricevute che, al contrario, sono rilasciate da terzi *a beneficio* della società - quando rafforzano la pretesa creditoria della medesima – oppure *nell'interesse* della *reporting entity* se riferite a passività contratte da quest'ultima.

Si definiscono personali, le obbligazioni di garanzia dove il garante risponde indistintamente con il proprio patrimonio (ad esempio, fideiussioni, avalli). Si definiscono reali, le obbligazioni di garanzia nelle quali il garante risponde specificatamente con i beni dati in garanzia (pegni e ipoteche).

La categoria residuale degli altri Conti d'ordine includeva:
- gli *impegni*: obbligazioni assunte dalla società verso terzi che traggono origine da negozi giuridici con effetti obbligatori certi ma non ancora eseguiti da nessuna delle due parti (c.d. contratti ad esecuzione differita);
- i *beni di terzi presso la società*: beni che, a diverso titolo, si trovano presso la società la quale assume l'obbligo della custodia e quindi i relativi rischi;
- i *beni della società presso terzi*: beni che, a diverso titolo, si trovano presso soggetti terzi i quali assumono l'obbligo della custodia e quindi i relativi rischi (OIC 22 parr. 5-8).

L'OIC 22 precisa che gli accadimenti aziendali rilevati nei prospetti contabili e/o nella Nota Integrativa non dovevano essere evidenziati in calce allo Stato Patrimoniale. Il rispetto del principio di non duplicazione generale escludeva in automatico la rappresentazione nei Conti d'ordine dei beni della società presso terzi (poiché già evidenziati tra le attività di bilancio) e delle garanzie ricevute giacché correlate a posizione attive (garanzie nell'interesse della società) o passive (garanzie a beneficio della società) già rendicontate "sopra la linea".

L'art. 2427, co. 1, p. 9, imponeva di riportare nell'Allegato "gli impegni non risultanti nello Stato Patrimoniale; le notizie sulla composizione e natura di tali impegni e dei Conti d'ordine, la cui conoscenza sia utile per valutare la situazione patrimoniale e finanziaria della società, specificando quelli relativi a imprese controllate, collegate, controllanti e a imprese sottoposte al controllo di queste ultime".
Nell'integrare il disposto del legislatore, l'OIC 22 richiedeva di:
- fornire adeguate indicazioni in merito alle garanzie ricevute, ricordiamo non indicate sotto la linea dello Stato Patrimoniale per il principio della non duplicazione;
- evidenziare separatamente gli impegni assunti anche nei confronti delle altre imprese, diverse da quelle menzionate esplicitamente dalla norma, che rientrano sotto la stessa attività di direzione e coordinamento.

La rappresentazione dopo il recepimento della Direttiva
Con l'entrata in vigore del D.lgs 139/2015, le garanzie, gli impegni saranno rappresentati esclusivamente nella Nota Integrativa. Riportiamo di seguito la versione aggiornata del punto 9 dell'art. 2427: "l'importo complessivo degli impegni, delle garanzie e delle passività potenziali non risultanti dallo Stato Patrimoniale, con indicazione della natura delle garanzie reali prestate; gli impegni esistenti in materia di trattamento di quiescenza e simili, nonché gli impegni assunti nei confronti di imprese controllate, collegate, nonché controllanti e imprese sottoposte al controllo di quest'ultime sono distintamente indicati".
Il nuovo Codice Civile non propone alcuna indiretta menzione ai beni di terzi presso la società e ai beni della società presso terzi in precedenza incluse nella categoria residuale "altri Conti d'ordine". Vedremo se i prossimi Principi contabili nazionali inseriranno questa indicazione nell'alveo dell'informativa comparativa.

La descrizione delle passività potenziali non può considerarsi una novità vera e propria giacché i vigenti Principi contabili nazionali definiscono e affrontano la rappresentazione di questa particolare tipologia di passività.

Secondo l'OIC 31, "le passività potenziali rappresentano passività connesse a "potenzialità", cioè a situazioni già esistenti alla data di bilancio, ma con esito pendente in quanto si risolveranno in futuro". Per potenzialità si intende "una situazione, una condizione od una fattispecie esistente alla data di bilancio, caratterizzate da uno stato d'incertezza che, al verificarsi o meno di uno o più eventi futuri, potranno concretizzarsi in una perdita (passività potenziale), ovvero in un utile (attività potenziale)".

Le passività potenziali si riferiscono a eventi passati che potrebbero generare perdite nei futuri esercizi. Esempi di situazioni generatrici di passività potenziali sono: una controversia legale in atto che imporrebbe di versare un risarcimento al ricorrente in caso di soccombenza, l'escussione di una garanzia prestata dalla società a causa dell'insolvenza del debitore principale, la messa in commercio di prodotti difettosi che hanno causato danni agli utilizzatori suscettibili di futuri indennizzi.

Ai fini del trattamento bilancistico, le passività potenziali debbono essere distinte in quattro categorie:

a) passività probabili (accadimento dell'evento più verosimile del contrario sulla base di motivazioni oggettive e attendibili ma non certe) il cui l'ammontare può essere stimato in modo attendibile;

b) passività probabili, ma non suscettibili di una stima attendibile (importo minimo o intervallo di valori non definibili);

c) passività ritenute possibili (meno che probabili);

d) passività remote (scarsissime probabilità di accadimento).

Le passività di cui al punto a) sono rappresentate alla voce B.3 *Altri fondi* del passivo di Stato Patrimoniale. L'art. 2427 richiede di esporre in Nota Integrativa: i criteri di valutazione (p. 1), la variazione nella consistenza delle voci (p.4) , la composizione della voce in caso di ammontare apprezzabili (p.7). In ossequio all'OIC 31, si deve inoltre fornire:

- una descrizione della situazione d'incertezza e l'indicazione dell'ammontare dello stanziamento relativo alla perdita connessa da considerarsi probabile;
- l'evidenza del rischio di ulteriori perdite, se vi è la possibilità di subire perdite addizionali rispetto agli ammontari degli accantonamenti iscritti;
- l'evidenza della possibilità di sostenere perdite connesse alla mancata assicurazione di rischi solitamente coperti:
- l'evidenza delle variazioni dei fondi relative ad accantonamenti che hanno trovato contropartita in voci del Conto Economico diverse dalle voci B12, e B13.

Le passività potenziali di cui al punto b) e al punto c) non sono iscritte in bilancio, ma sono soggette a un rigido regime di informativa complementare dettato dall'OIC 31, nel rispetto del quale occorre descrivere:

- la situazione d'incertezza, ove rilevante, che procurerebbe la perdita;
- l'importo stimato o l'indicazione che lo stesso non può essere determinato;
- altri possibili effetti se non evidenti;
- l'indicazione del parere della direzione dell'impresa e dei suoi consulenti legali ed altri esperti, ove disponibili;
- l'indicazione che l'evento è probabile (solo per le passività di cui al punto c).

Le passività di cui al punto d) non sono oggetto né di rappresentazione nei prospetti contabili, né di descrizione in Nota Integrativa.

Impegni e accordi fuori bilancio
L'eliminazione dei Conti d'ordine potrebbe risolvere a monte i dubbi sulla corretta collocazione in bilancio (sistema principale oppure in calce allo Stato Patrimoniale) di determinati eventi gestionali. Un caso emblematico in tal senso era posto dalla rappresentazione dei beni acquisiti tramite operazioni di *leasing* finanziario. Ad oggi, molte imprese rappresentano nei Conti d'ordine tale fattispecie nonostante le indicazioni fornite nell'Allegato in aderenza al punto 22 dell'art. 2427 c.c..
Nel (colpevole) silenzio dei Principi contabili nazionali, si osserva che tale registrazione non costituisce una vera e propria duplicazione di informativa poiché i valori riportati in Nota Integrativa in ossequio alle disposizioni civilistiche e ai Principi contabili nazionali non coincidono con quelli esposti nei Conti d'ordine: l'art. 2427 richiede, tra l'altro, di indicare il valore attuale del debito verso la società di leasing alla data di redazione del bilancio, mentre il sistema degli impegni evidenzia il valore nominale degli importi ancora dovuti.

Un altro caso delicato riguarda la rappresentazione degli accordi fuori bilancio di cui al numero 22-*ter* dell'art. 2427. Questa disposizione, introdotta dal D.lgs 173/2008 in attuazione della direttiva 2006/46/CE, richiede di esporre nell'Allegato "la natura e l'obiettivo economico di accordi non risultanti dallo Stato Patrimoniale, con indicazione del loro effetto patrimoniale, finanziario ed economico, a condizione che i rischi ed i benefici da essi derivati siano significativi e l'indicazione degli stessi sia necessaria per valutare la situazione patrimoniale e finanziaria ed il risultato economico della società".
La legge non indica però le tipologie di pattuizioni che potrebbero rientrare tra gli accordi fuori bilancio. I Considerando della Direttiva 46/2006 propongono alcuni esempi, tra i quali: i contratti di factoring pro-solvendo, le operazioni di vendita e riacquisto, il deposito di merci; i beni impegnati; i *leasing* operativi.

Le operazioni fuori bilancio sono definite dall'OIC 12 (Appendice G) come "accordi, od altri atti, anche collegati tra loro, i cui effetti non risultano dallo Stato Patrimoniale ma che possono esporre la società a rischi o generare per la stessa benefici significativi la cui conoscenza è utile per una valutazione della situazione patrimoniale e finanziaria e del risultato economico della società, nonché del gruppo di eventuale appartenenza".

I casi esemplificativi proposti dalla direttiva 2006/46/CE e la definizione elaborata dall'OIC mettono in risalto le evidenti sovrapposizioni tra gli accordi fuori bilancio e gli impegni non risultanti dallo Stato Patrimoniale. In altre parole, la maggior parte degli accordi fuori bilancio verificano la definizione di impegni fornita dall'OIC 22.
L'OIC 12 considerava l'informativa sugli accordi fuori bilancio come un'integrazione dei Conti d'ordine, precisando che il dettato del punto 22-*ter* impone di ponderare non solo i rischi a carico dell'impresa, ma anche i benefici conseguibili dall'accordo. L'indicazione fornita non era però di alcun ausilio interpretativo dal momento che non specificava cosa inserire in Nota Integrativa e cosa nei Conti d'ordine. Non solo, essa sembrava confliggere con il principio di non duplicazione: una rigorosa applicazione della regola in parola avrebbe dovuto portare all'esclusione dai Conti d'ordine degli impegni qualificati come accordi fuori bilancio poiché già descritti nell'Allegato.

Le lacune normative e regolamentari appena illustrate sfociavano inevitabilmente in soluzioni difformi tra gli operatori. La sola espunzione dei Conti d'ordine non pare destinata ad accrescere la comparabilità dell'informativa societaria, ma semplicemente a spostare i termini del problema dalla "rappresentazione sotto la linea" alla *disclosure* di bilancio. Cerchiamo di illustrare le ragioni che ci hanno condotto a tale conclusione.

Riprendendo il caso del *leasing* finanziario, occorrerà definire se tali operazioni rientrino o meno nell'ambito di applicazione del riformato punto 9 dell'art. 2427 c.c. Al momento, questa valutazione è demandata ai redattori del bilancio, tenendo presente che le informazioni richieste dal legislatore in materia di impegni sono diverse da quelle previste dal punto 22.

Passando all'altra casistica affrontata, le disposizioni di recepimento della Direttiva non aggiungono elementi utili per l'individuazione degli accordi fuori bilancio. Permane altresì un netto disallineamento tra quanto richiesto per impegni, garanzie e passività potenziali e la *disclosure* sugli accordi fuori bilancio. Oltre alle divergenze contenutistiche, occorre precisare che l'informativa sugli "ex Conti d'ordine" è destinata a tutte le società, mentre le imprese che redigono il bilancio in forma abbreviata possono presentare indicazioni alquanto sintetiche sugli accordi fuori bilancio.

Codice Civile post D.lgs 139/2015	**Accordi fuori bilancio**	**Impegni, garanzie e passività potenziali**
Informazioni richieste	Natura Obiettivo economico Effetto patrimoniale, finanziario ed economico (se significativo in termini di rischi e benefici)	Importo complessivo Natura delle garanzie reali Impegni in materia di trattamenti di quiescenza Impegni infragruppo
Bilancio abbreviato	Possibilità di descrivere solo la natura degli accordi	Nessuna agevolazione: occorre fornire tutte le informazioni richieste dal punto 9) dell'art. 2427

Nello scenario normativo fin qui riassunto, la classificazione tra operazioni rientranti nell'ambito di applicazione del "22-ter" e transazioni regolamentate dal punto 9 dell'art. 2427 continua a essere lasciata al giudizio professionale dei compilatori. Appare dunque urgente un intervento chiarificatore dell'OIC che attenui il rischio di comportamenti opportunistici volti a contenere il volume di informazioni su operazioni spesso particolarmente delicate, che in taluni casi possono incidere sul prosieguo stesso dell'attività societaria. È palese infatti che qualificare una determinata transazione come un accordo fuori bilancio imporrebbe di presentare un volume di indicazioni (qualitative e quantitative) assai superiore agli obblighi di legge relativi agli impegni.

3.4. Disclosure sulle operazioni con parti correlate
Il punto 22-bis dell'art. 2427 c.c. non subisce modificazioni, a parte l'eliminazione del criterio della rilevanza per le ragioni ampiamente esposte in precedenza.

Il nostro legislatore ha esercitato l'opzione prevista dalla Direttiva che consente agli Stati membri di continuare a limitare l'informativa alle sole operazioni concluse a condizioni diverse da quelle di mercato. Non è stata quindi colta l'opportunità offerta dalla Direttiva di fare piena luce sulla totalità degli affari conclusi dall'impresa che redige il bilancio con determinati soggetti, a vario titolo, coinvolti nelle vicende societarie.

L'ampliamento della *disclosure* su parti correlate era auspicabile non solo in un'ottica di trasparenza, ma anche per semplificare l'attività del redattore del bilancio dal momento che classificare un'operazione come "fuori mercato" è tutt'altro che semplice. E' ovvio poi che questa ambiguità può essere sfruttata per omettere ai terzi informazioni di estrema importanza.

L'OIC 12, richiamando la relazione illustrativa al D.lgs 173/2008, precisa che le condizioni di mercato non si collegano solo al prezzo della transazione, e agli elementi ad esso connessi, ma anche alle motivazioni che avevano portato a realizzare l'affare con una parte correlata anziché con un soggetto terzo. Il Principio richiedeva che le valutazioni dei manager sulla normalità (anormalità) delle condizioni di mercato dovessero essere adeguatamente supportate. L'esempio proposto certifica la necessità di vagliare, oltre al prezzo, le condizioni di pagamento e le altre pattuizioni con le altre controparti commerciali (p.e.: la prestazione di servizi accessori).

Per la definizione di parti correlata, l'art. 2427 da sempre effettua un rinvio ai Principi contabili internazionali omologati dall'Unione Europea.

In conformità al vigente IAS 24 - rilasciato dallo IASB in data 4 novembre 2009, omologato dal Regolamento (UE) 632/2010 ed entrato in vigore il 1 gennaio 2011 – *"Una parte correlata è una persona o un'entità che è correlata all'entità che redige il bilancio"*. Il concetto di parti correlata adottato dal sistema IAS non è circoscritto alle persone giuridiche, ma è esteso anche alle persone fisiche.

Nel dettaglio, sono parti correlate:

"(a) Una persona o uno stretto familiare di quella persona sono correlati a un'entità che redige il bilancio se tale persona:
> (i) ha il controllo o il controllo congiunto dell'entità che redige il bilancio;
> (ii) ha un'influenza notevole sull'entità che redige il bilancio; o
> (iii) è uno dei dirigenti con responsabilità strategiche dell'entità che redige il bilancio o di una sua controllante.

(b) Un'entità è correlata a un'entità che redige il bilancio se si applica una qualsiasi delle seguenti condizioni:
> (i) l'entità e l'entità che redige il bilancio fanno parte dello stesso gruppo (il che significa che ciascuna controllante, controllata e società del gruppo è correlata alle altre);
> (ii) un'entità è una collegata o una joint venture dell'altra entità (o una collegata o una joint venture facente parte di un gruppo di cui fa parte l'altra entità);
> (iii) entrambe le entità sono joint venture di una stessa terza controparte;
> (iv) un'entità è una joint venture di una terza entità e l'altra entità è una collegata della terza entità;

(v) l'entità è rappresentata da un piano per benefici successivi alla fine del rapporto di lavoro a favore dei dipendenti dell'entità che redige il bilancio o di un'entità ad essa correlata. Se l'entità che redige il bilancio è essa stessa un piano di questo tipo, anche i datori di lavoro che la sponsorizzano sono correlati all'entità che redige il bilancio;

(vi) l'entità è controllata o controllata congiuntamente da una persona identificata al punto (a);

(vii) una persona identificata al punto (a)(i) ha un'influenza significativa sull'entità o è uno dei dirigenti con responsabilità strategiche dell'entità (o di una sua controllante)".

Il Codice Civile non elabora una definizione di operazione con una parte correlata. Tale lacuna può essere colmata traendo spunto dallo IAS 24 secondo il quale la fattispecie in esame consiste in "un trasferimento di risorse, servizi o obbligazioni tra un'entità che redige il bilancio e una parte correlata, indipendentemente dal fatto che sia stato pattuito un corrispettivo".

Esempi di operazioni con parti correlate sono: acquisizione di fattori produttivi a fecondità semplice e a fecondità ripetuta; prestazioni di servizi; trasferimenti di concessioni e licenze; concessioni di prestiti; conferimenti in denaro o in natura; contratti di garanzia o pegno; estinzione di finanziamenti da parte della *reporting entity* a favore della parte correlata e viceversa.

L'informativa richiesta in Nota Integrativa dall'art. 2427, c.c., co. 1, n. 22-*bis* attiene:

- all'importo dell'operazione;
- alla natura del rapporto con la parte correlata; e
- ogni altra informazione necessaria alla comprensione del bilancio.

Le informazioni relative a singole operazioni possono essere aggregate secondo la loro natura (per esempio, acquisti/vendite di beni; prestazioni/ottenimento di servizi), tranne quando informazioni distinte sono necessarie al fine di comprendere gli effetti delle operazioni con parti correlate sullo Stato Patrimoniale della società.

Un documento di estrema importanza e attualità sul tema in trattazione è il Regolamento operazioni con parte correlate (Delibera n. 17221 del 12 marzo 2010) per mezzo del quale la Consob ha enunciato i principi e le disposizioni che le società con azioni quotate sui mercati regolamentati - e più in generale quelle che fanno appello al mercato del capitale di rischio - debbono osservare per le decisioni inerenti al compimento di operazioni con parti correlate.

Le indicazioni fornite dalle *Authority*, nonostante siano rivolte a soggetti *IAS adopter*, forniscono spunti di interesse per le imprese che applicano le disposizioni civilistiche del bilancio. In particolare, la Consob considera un'operazione rilevante qualora almeno uno degli "indici" di seguito esposti risulti superiore alla soglia del 5%:

- *Indice di rilevanza del controvalore*: è il rapporto tra il controvalore dell'operazione e il patrimonio netto tratto dal più recente Stato Patrimoniale pubblicato (consolidato se redatto) dalla società ovvero, per le società quotate, se maggiore, la capitalizzazione della società rilevata alla chiusura dell'ultimo giorno di mercato aperto compreso nel periodo di riferimento del più recente documento contabile periodico pubblicato (relazione finanziaria annuale o semestrale o resoconto intermedio di gestione).

- *Indice di rilevanza dell'attivo*: è il rapporto tra il totale attivo dell'entità oggetto dell'operazione e il totale attivo della società.
- *Indice di rilevanza delle passività*: è il rapporto tra il totale delle passività dell'entità acquisita e il totale attivo della società.

I parametri di rilevanza fissati dalla Consob sono stati ripresi, con degli aggiustamenti, dal CNDCEC nel documento *"Le informazioni sulle operazioni con parti correlate: problematiche applicative e casi pratici il nuovo art. 2427, comma 1, n. 22-bis del Codice Civile"*, rilasciato nel marzo 2010.

Gli adattamenti si devono al fatto che le disposizioni dell'Autorità di Vigilanza, oltre a essere indirizzate a società IAS adopter, non attengono alla *disclosure* di bilancio, ma alla trasparenza del processo decisionale in materia di parti correlate ai sensi dell'art. 2391-*bis* c.c..

Ad opinione dei Commercialisti, un valido riferimento per la definizione delle operazioni da rendicontare ai sensi del 22-bis è l'*indice di rilevanza di acquisti e vendite di beni e servizi*, dato dal rapporto tra il corrispettivo dell'operazione ed i ricavi della società. Si osserva poi che il richiamo della Consob all'ultimo bilancio pubblicato non sia utilizzabile per il calcolo delle soglie di rilevanza di cui all'art. 2427 poiché ai fini della redazione della Nota Integrativa le valutazioni di rilevanza debbono essere condotte sulla base delle "grandezze di bilancio dell'esercizio in cui l'operazione è avvenuta".

Un'altra indicazione del Consiglio è l'innalzamento della soglia di rilevanza al 10% per le società *non IAS adopter* motivata dalla ridotta dimensione delle imprese non quotate rispetto a quelle soggette alla vigilanza Consob.

Alle preziose linee guida elaborate dal CNDCEC, ci permettiamo di aggiungere che un'operazione con una parte correlata di importo irrisorio o nullo ma che potrebbe, per diversi motivi, influenzare le valutazioni e le successive deliberazioni degli *stakeholder* dovrebbe comunque essere illustrata in Nota Integrativa nel rispetto del postulato della significatività affermato dall'OIC 11 e richiamato dallo stesso Consiglio Nazionale.

In quell'occasione, i Commercialisti predisposero anche una utile mappatura esplicativa delle diverse tipologie di parti correlate. Precisiamo che questo contributo, curato dalla Commissione Norme e Principi contabili, è antecedente all'omologazione dell'attuale IAS 24 ed è dunque focalizzato sulla nozioni di parte correlata contenuta nell'abrogato Principio, risalente al 2004. Tuttavia, i casi esemplificati proposti sono ancora di supporto per i professionisti poiché i medesimi vengono commentati anche con riferimento allo IAS 24 aggiornato (CNDCEC, 2010).

Il documento in parola menziona inoltre le altre disposizioni del Codice Civile, antecedenti al 22-bis, che fanno indiretto riferimento alle operazioni con parti correlate:

- l'art. 2428 dispone che la relazione sulla gestione esponga i rapporti con imprese controllate, collegate, controllanti e imprese sottoposte al controllo di queste ultime;
- l'art. 2497-*bis*, co. 5, c.c. "Direzione e coordinamento di società – Pubblicità" sancisce al primo comma che gli amministratori devono indicare nella relazione sulla gestione i rapporti intercorsi con chi esercita l'attività di direzione e coordinamento e con le altre società che vi sono soggette, nonché l'effetto che tale attività ha avuto sull'esercizio dell'impresa sociale e sui suoi risultati";

- lo stesso art. 2427, al punto 16 (rivisto dal D.lgs 139/2015) richiede di indicare l'ammontare dei compensi spettanti agli amministratori ed ai sindaci, cumulativamente per ciascuna categoria.

3.5. Il nuovo bilancio abbreviato

La redazione del bilancio abbreviato ex- art. 2435-*bis* è una facoltà , non un obbligo, riconosciuta alle società non quotate che verificano determinati parametri di legge.

Richiami normativi

Il D.lgs 139/2015 non ha modificato le condizioni da soddisfare per poter usufruire di questa opportunità di semplificazione. L'opzione di redigere il bilancio abbreviato continua a interessare le società, che non abbiano emesso titoli negoziati in mercati regolamentati, quando, nel primo esercizio o, successivamente, per due esercizi consecutivi, non abbiano superato due dei seguenti limiti:

- totale dell'attivo dello stato patrimoniale: 4.400.000 euro;
- ricavi delle vendite e delle prestazioni: 8.800.000 euro;
- dipendenti occupati in media durante l'esercizio: 50 unità.

Le società che redigono il bilancio in forma abbreviata devono redigerlo in forma ordinaria quando per il secondo esercizio consecutivo abbiano superato due dei limiti indicati nel primo comma.

Il meccanismo di entrata e uscita dal regime agevolato non è disciplinato con chiarezza dal legislatore.

In particolare, il Codice Civile non specifica se nel secondo periodo successivo in cui non sono superati i limiti possano già essere applicate le disposizioni previste per la redazione del bilancio semplificato oppure se sia necessario attendere il primo bilancio successivo al rispetto dei sopra citati limiti. Ad esempio un'impresa che è rientrata nel biennio 2014-2015 nei limiti previsti dall'art. 2435-*bis* per il fatturato e per il numero dei dipendenti può da subito redigere il bilancio in forma abbreviata oppure deve attendere l'approvazione dei conti del 2015 e quindi ritardare il passaggio al 2016? Tale dubbio si pone anche per le imprese al primo anno di vita.

Problematica similare nella situazione opposta: l'impresa redige da sempre il bilancio in forma abbreviata, ma nel biennio 2014-2015 le condizioni di cui all'art. 2435-*bis* non sono più verificate. Ci si interroga se la perdita del regime agevolato si concretizzi già nel 2015 oppure nel 2016, e cioè dopo l'approvazione del secondo bilancio fuori soglia.

Un'indicazione autorevole per risolvere questa problematica è stata fornita dai Commercialisti (CNDCEC, 2012) nel documento *La redazione del bilancio delle società di minori dimensioni: disposizioni normative e criticità*, rilasciato nel novembre del 2012. I Commercialisti propongono una soluzione "asimmetrica" tra entrata e uscita dal regime semplificato che riportiamo di seguito per intero.
"

Pur esistendo diverse interpretazioni sul significato delle parole *per due esercizi consecutivi* e per *il secondo esercizio consecutivo*, in un'ottica prudenziale si ritiene opportuno usufruire della facoltà prevista dal primo comma a partire dal bilancio relativo all'esercizio successivo a quello nel quale non vengono superati per la seconda volta i limiti. Invece, ai fini dell'obbligo di redigere in forma ordinaria il bilancio, si suggerisce di provvedere sin dal bilancio relativo all'esercizio nel quale, per la seconda volta consecutiva, vengono superati i detti limiti.

A titolo esemplificativo, si supponga che una società che ha sempre redatto il bilancio in forma ordinaria non superi due dei tre limiti dell'art 2435-bis, co.1 per gli esercizi 2010 e 2011. In questa circostanza, si suggerisce di redigere in forma abbreviata il bilancio a partire dall'esercizio 2012. Al contempo, si consideri la situazione in cui una società che redigeva il bilancio in forma abbreviata, superi due dei tre limiti dell'art 2435-*bis*, co.1 per gli esercizi 2010 e 2011. In tale fattispecie, si ritiene preferibile, sempre in ottica prudenziale, redigere già il bilancio 2011 in forma ordinaria
".

La nuova formulazione dell'art. 2435-bis

In merito ai prospetti contabili del bilancio abbreviato, registriamo interventi marginali per lo più connessi alla revisione della normativa ordinaria.

Nello Stato Patrimoniale abbreviato non dovranno essere detratti in forma esplicita gli ammortamenti e le svalutazioni.

Il Conto Economico rimane inalterato, a parte l'eliminazione dell'area straordinaria. La sola modifica riguarda il raggruppamento delle voci relative ai proventi e oneri finanziari che viene esteso alle nuovi voci D.18(d) e D.19(d).

L'obbligo di redazione del Rendiconto finanziario non è esteso alle piccole imprese.

Riguardo ai *criteri particolari di valutazione*, le piccole imprese dispongono della facoltà di non applicare il criterio del costo ammortizzato. Non sono previste invece esenzioni sulla nuova disciplina degli strumenti derivati.

Le maggiori novità in tema di bilancio abbreviato, come già anticipato, interessano la Nota Integrativa. Prima di analizzarle è opportuno far presente che il nostro legislatore ha recepito solo parzialmente l'approccio del *"think small first"* affermato dalla Direttiva. La piena adozione di tale principio avrebbe richiesto in prima istanza di esporre gli obblighi di legge a carico delle piccole imprese e, di seguito, le prescrizioni aggiuntive destinate alle imprese medio-grandi.

Il Codice Civile continua invece a indicare dapprima le indicazioni rivolte a tutte le imprese, per poi esporre nell'art. 2435-bis le agevolazioni a favore delle *small entities*. Tuttavia, la riscrittura dell'art. 2435-*bis* denota una maggiore attenzione del legislatore verso questa tipologia societaria in un indirizzo di (presunta) semplificazione.

Un primo importante elemento di cambiamento è l'esplicitazione delle norme civilistiche, diverse da quelle indicate negli art. 2427 e 2427-bis, che trovano applicazione nella redazione della Nota Integrativa sintetica. Nel dettaglio, il nuovo art. 2435-*bis* menziona:

- l'art. 2423, co. 3, 4 e 5, sulla clausola generale, compresa la rilevanza, e sul suo regime derogatorio;
- l'art. 2423-ter (co. 2 e 5) riguardanti il raggruppamento i voci e l'informativa comparativa;
- l'art. 2424, co. 2 inerente alle poste che ricadono sotto più voci dello Stato Patrimoniale
- l'art. 2426 (co. 1, nn. 4 e 6) per la prima iscrizione delle partecipazioni con il metodo del patrimonio netto e la durata dell'ammortamento dell'avviamento.

Il tenore letterale della norma implica che tutti gli altri obblighi di *disclosure* stabiliti dalle norme di legge, estranei agli artt. 2427 e 2427-*bis*, non devono essere rispettati in sede di redazione del bilancio abbreviato. Su questa presa di posizione del legislatore riportiamo un estratto del già citato documento del CNDCEC sulla rendicontazione finanziaria delle piccole società: "L'art. 2435-bis c.c. [...] concede la possibilità di omettere alcune informazioni in Nota Integrativa per le società che possono redigere in bilancio in forma abbreviata. Tuttavia, qualora tali informazioni siano reputate necessarie ai fini della rappresentazione veritiera e corretta della situazione patrimoniale, finanziaria ed economica della società, esse devono essere in ogni caso presentate in bilancio. Ad esempio, nella Nota Integrativa dei bilanci in forma abbreviata possono essere omesse le informazioni riguardanti i ratei e i risconti (art. 2427, n. 7)".

Dopo il richiamo alle altre disposizioni normative, l'emendato art. 2435-*bis* enuncia le prescrizioni degli art. 2427 e 2427-bis c.c. da rispettare in sede di compilazione dell'Allegato abbreviato. La previgente disciplina indicava invece le informazioni di cui ai summenzionati articoli che potevano non essere presentate dalle imprese che si avvalevano della facoltà di predisporre un rendiconto semplificato. Ricordiamo che il margine di manovra delle autorità nazionali in materia di *disclosure* delle *small entities* era estremamente circoscritto vista la rigidità del legislatore europeo al riguardo.

L'attuazione delle disposizioni vincolanti dell'art. 16 della Direttiva rende obbligatoria partire dal 2016 la presentazione nella Nota Integrativa abbreviata:

- distintamente per ciascuna voce, dell'ammontare dei debiti di durata residua superiore a cinque anni, e dei debiti assistiti da garanzie reali su beni sociali, con specifica indicazione della natura delle garanzie;
- dell'importo complessivo degli impegni, delle garanzie e delle passività potenziali non risultanti dallo Stato Patrimoniale, con indicazione della natura delle garanzie reali prestate; gli impegni esistenti in materia di trattamento di quiescenza e simili, nonché gli impegni assunti nei confronti di imprese controllate, collegate, nonché controllanti e imprese sottoposte al controllo di quest'ultime sono distintamente indicati;
- dell'importo e la natura dei singoli elementi di ricavo o di costo di entità o incidenza eccezionali;
- del numero medio dei dipendenti, anche senza indicare la ripartizione per categoria;
- dell'ammontare dei compensi, delle anticipazioni e dei crediti concessi agli amministratori ed ai sindaci, cumulativamente per ciascuna categoria, precisando il tasso d'interesse, le principali condizioni e gli importi eventualmente rimborsati, cancellati o oggetto di rinuncia, nonché gli impegni assunti per loro conto per effetto di garanzie di qualsiasi tipo prestate, precisando il totale per ciascuna categoria;

Sempre con riferimento alle disposizioni obbligatorie della direttiva, segnaliamo che:

- l'illustrazione dei principi contabili adottati per la redazione del bilancio era già prevista dal precedente art. 2427 (art. 1)
- l'ampliamento della *disclosure* in materia di strumenti finanziari derivati (vedasi Cap. 4) interessa anche le piccole imprese;
- è confermata l'indicazione in Nota Integrativa dell'ammontare degli oneri finanziari imputati nell'esercizio ai valori iscritti nell'attivo dello Stato Patrimoniale, distintamente per ogni voce (art. 12, co. 8, Direttiva 34/2013.

Il D.lgs 139/2015 ha esercitato tutte le opzioni previste dall'art. 17 della Direttiva che permettevano di estendere alle piccole imprese determinate prescrizioni destinate altrimenti solo alle società di maggiori dimensioni.

Per effetto di questa scelta di trasparenza del nostro legislatore:

- la Nota Integrativa delle piccole imprese continuerà a fornire sugli accordi fuori bilancio e alle operazioni con parti correlate. Al pari del passato, le piccole imprese potranno limitarsi a descrivere la natura degli accordi fuori bilancio.

  Relativamente alle operazioni con parti correlate, è confermato che il contenuto dell'informativa non differisce da quello previsto per la generalità delle imprese (natura, importo e altre informazioni). Si registra una novità sulle transazioni da descrivere: in aggiunta alle operazioni realizzate, direttamente o indirettamente, con i maggiori azionisti e con i membri degli organi di amministrazione e controllo, il D.lgs 139/2015 dispone l'illustrazione delle operazioni concluse con le società partecipate.

- le piccole imprese dovranno indicare in Nota Integrativa:

  - i movimenti delle immobilizzazioni, specificando per ciascuna voce: il costo; le precedenti rivalutazioni, ammortamenti e svalutazioni; le acquisizioni, gli spostamenti da una ad altra voce, le alienazioni avvenuti nell'esercizio; le rivalutazioni, gli ammortamenti e le svalutazioni effettuati nell'esercizio; il totale delle rivalutazioni riguardanti le immobilizzazioni esistenti alla chiusura dell'esercizio;
  - la natura e l'effetto patrimoniale, finanziario ed economico dei fatti di rilievo avvenuti dopo la chiusura dell'esercizio;
  - il nome e la sede legale dell'impresa che redige il bilancio consolidato dell'insieme più piccolo di imprese di cui l'impresa fa parte in quanto impresa controllata nonché il luogo in cui è disponibile la copia del bilancio consolidato. E' possibile omettere l'indicazione del luogo in cui è disponibile la copia del bilancio consolidato.

Il compimento in ambito nazionale del cammino di *deregulation* intrapreso dai vertici dell'UE ha portato all'abrogazione di molti obblighi di *disclosure* stabiliti dal precedente art. 2435-*bis*. In particolare, la Nota Integrativa non dovrà più indicare la composizione dettagliata del patrimonio netto della società. Altra perdita rilevante è quella che interessa le operazioni di leasing finanziario. Non è da escludere, anzi a dire il vero appare assai auspicabile, che l'OIC includa queste ed altre fondamentali indicazioni nell'ambito dell'informativa complementare da fornire ai sensi del terzo comma dell'art. 2423 c.c.. Se così fosse, dato il carattere prescrittivo dei Principi contabili nazionali, le regole cancellate rimarrebbero nei fatti cogenti per le piccole imprese, seppur non più espressamente enunciate dal Codice Civile.

Il prossimo schema riassume i cambiamenti fin qui esposti.

Nota Integrativa abbreviata post D.lgs 139/2015

Disposizioni confermate	- Criteri di valutazione - Oneri finanziari capitalizzati - Accordi fuori bilancio (revisione wording)
Disposizioni emendate	- Crediti e debiti con scadenza superiore ai cinque anni - Operazioni con parti correlate - Fair value strumenti finanziari derivati
Nuove disposizioni (obbligo di	- Informazioni su garanzie, passività potenziali

recepimento)	e impegni - Informazioni su ricavi e costi eccezionali - Compensi ad amministratori e sindaci - Numero medio dei dipendenti - Fatti intervenuti dopo la chiusura dell'esercizio
Nuove disposizioni (facoltà previste dalla Direttiva)	- Movimentazioni delle immobilizzazioni - Nome e sede sociale della controllante
Disposizioni eliminate	*- Misura e motivazione delle svalutazioni delle immobilizzazioni immateriali* *- Crediti con durata superiore ai cinque anni* *- Movimentazione delle attività e passività di bilancio, nonché del patrimonio netto* *- Elenco partecipazioni in società controllate e collegate* *- Indicazioni delle variazioni significative dei tassi di cambio* *- Debiti e crediti su operazioni di pronti contro termine;* *- Composizione del patrimonio netto* *- Ammontare dei proventi da partecipazione* *- Compensi spettanti ai revisori legale* *- Numero e valore nominale delle diverse categorie di azioni emesse* *- Informazioni su azioni di godimento; obbligazioni convertibili e titoli similari* *- Informazioni sugli strumenti finanziari emessi dalla società* *- Finanziamenti soci* *- Informazioni su patrimoni destinati a uno specifico affare* *- Operazioni di locazione finanziaria*

3.6. Il Bilancio delle microimprese

La categoria delle microimprese ha fatto il suo ingresso nel diritto contabile comunitario attraverso la direttiva di aggiornamento n. 6 del Parlamento europeo e del Consiglio del 14 marzo 2012 che modifica la direttiva 78/660/CEE del Consiglio relativa ai conti annuali di taluni tipi di società per quanto riguarda le microentità. La direttiva 34/2013 ripropone integralmente e senza modifiche le previsioni della direttiva 6/2012.

Il Governo italiano ha raccolto l'auspicio dell'Unione Europea di consentire alle microimprese di predisporre un bilancio "super semplificato". La Direttiva invita gli Stati membri a tener conto delle condizioni e delle esigenze specifiche dei propri mercati al momento di decidere se, e con quali modalità, istituire un regime contabile specifico per le microimprese (*Recital* 14) .

È evidente che qualora il nostro legislatore non avesse elaborato un regime specifico per le microimprese, queste ultime avrebbero continuato a predisporre i propri bilanci in forma ordinaria oppure in forma abbreviata ai sensi dell'art. 2435-*bis*. Sulla seconda ipotesi, i board dell'UE suggeriscono agli Stati membri di esentare le microimprese dall'applicazione di talune disposizioni rivolte alle *small entities* ritenute foriere di oneri amministrativi sproporzionati. Ciò nonostante, il preambolo alla Direttiva raccomanda la conservazione delle disposizioni nazionali in merito alla tenuta dei registri contabili. I Governi nazionali erano inoltre invitati ad escludere dal regime semplificato delle microimprese gli enti di investimento e le imprese di partecipazione finanziaria (*Recital 13*).

Soglie dimensionali e semplificazioni
Ai sensi del primo comma dell'art. 2435-*ter*, sono considerate microimprese le società di cui all'art. 2435 - bis che nel primo esercizio o, successivamente, per due esercizi consecutivi, non abbiano superato due dei seguenti limiti:
1) totale dell'attivo dello stato patrimoniale: 175.000 euro;
2) ricavi delle vendite e delle prestazioni: 350.000 euro;
3) dipendenti occupati in media durante l'esercizio: 5 unità.

I documenti di bilancio sono predisposti nel rispetto delle regole stabilite per il bilancio abbreviato con delle ulteriori agevolazioni. Le microimprese sono esentate dalla redazione:
- del Rendiconto finanziario in virtù del divieto per gli Stati membri di richiedere alle non medio-grandi la predisposizione di prospetti contabili supplementari;
- della Nota Integrativa a condizione di fornire in calce allo Stato Patrimoniale le informazioni:
  - sulle garanzie, impegni e passività potenziali,
  - sull'ammontare dei compensi, delle anticipazioni e dei crediti concessi agli amministratori ed ai sindaci;
- della Relazione sulla Gestione, se in calce allo Stato Patrimoniale sono fornite le indicazioni sul numero e sul valore nominale sia delle azioni proprie sia delle azioni o quote di società controllanti possedute dalla società.

Venendo agli aspetti sostanziali del bilancio, non trovano applicazione, oltre al metodo del costo ammortizzato escluso dall'art. 2435-*bis*, il criterio del *fair value* per gli strumenti finanziari derivati e l'obbligo di deroga per casi eccezionali.
La seconda esclusione attua il disposto della Direttiva (art. 36, co. 3) che vieta agli Stati membri di concedere dei trattamenti agevolati alle microimprese che fanno ricorso al criterio del valore equo, chiaramente quando questo è previsto dalla diverse normative contabili nazionali per una o più categorie di attività e passività. In altre parole, se le microimprese italiane decideranno di valutare gli strumenti finanziari derivati in base al disposto del nuovo punto 11-*bis* dell'art. 2426 dovranno redigere il bilancio ordinario o, al massimo, quello abbreviato ex-art. 2435-*bis*.

Il meccanismo di uscita dal regime super-semplificato è analogo a quello stabilito dall'art. 2435-*bis*. Pertanto, le microimprese che si avvalgono delle esenzioni previste dall' 2435-ter devono redigere il bilancio, a seconda dei casi, in forma abbreviata, o in forma ordinaria, qualora per il secondo esercizio consecutivo abbiano superato due dei limiti indicati nel primo comma (art. 2435-*ter*, co. 4).

Constatiamo che alcuni trattamenti agevolati esposti nell'art. 36 della Direttiva non sono stati adottati dal D.lgs 139/2015. Ci riferiamo in particolare:

- all'esenzione dalla presentazione in bilancio dei ratei e dei risconti attivi e passivi. L'eccezione in parola permetteva altresì, in deroga al postulato della competenza economica, agli stati membri di consentire di non rilevare in contabilità generale i ratei passivi e i risconti attivi riferiti alla voce residuale "altri oneri" (senza fornire altre indicazioni riguardo alla composizione di questo aggregato);
- alla possibilità di stabilire ulteriori semplificazioni nella predisposizione dei Prospetti di Stato Patrimoniale, oltre a quelle già dettate per il bilancio delle piccole imprese;
- alla facoltà per i governi nazionali di escludere le microimprese dalla pubblicazione dei bilanci a condizione che le informazioni sullo Stato Patrimoniale in esso contenute siano debitamente depositate, conformemente alla legislazione nazionale, presso almeno un'autorità competente designata dallo stato membro interessato.

La conferma dei ratei e dei risconti è senza dubbio una scelta di buon senso del nostro legislatore se consideriamo che una soluzione diversa avrebbe inspiegabilmente compromesso l'attuazione di un postulato fondamentale del bilancio quale la competenza economica.

Medesima valutazione positiva per la decisione di non esonerare le microimprese dalla pubblicazione dei bilanci. Un cambiamento in tal senso avrebbe certamente prodotto dei benefici minimali dato che i documenti dovrebbero essere comunque predisposti, portando però a una netto scadimento del livello di trasparenza dell'informativa societaria.

Osservazioni
Il rapporto annuale dell'ISTAT 2015 evidenzia che la struttura produttiva italiana "continua a essere caratterizzata da una larga presenza di microimprese (con meno di dieci addetti), che sono circa 4,2 milioni, rappresentano il 95 per cento del totale delle unità produttive e impiegano circa 7,8 milioni di addetti (il 47 per cento contro il 29 per cento nella media europea) e, all'estremo opposto, da una quota particolarmente modesta di imprese di maggiori dimensioni (oltre 250 addetti; lo 0,1 per cento delle imprese e il 19 per cento degli addetti). Questa frammentazione, solo in parte mitigata dalla presenza di gruppi d'impresa, determina una dimensione media molto contenuta (3,9 addetti per impresa a fronte di una media europea di 6,8 addetti), una struttura proprietaria molto semplificata (63,3 per cento di imprese individuali) e una quota di lavoratori indipendenti pari a oltre il doppio di quella media europea".

I dati forniti dall'Istituto di Statistica dimostrano come l'introduzione della categoria delle microimprese sia destinata a generare un marcato scadimento della qualità dell'informativa societaria nel panorama italiano.

Un primo elemento di criticità alla scelta operata dalle nostre istituzioni riguarda gli esigui vantaggi del ventaglio delle agevolazioni proposto. L'esenzione dalla compilazione della Nota Integrativa è un provvedimento inconcepibile se si pensa che esso, a fronte di una marginale riduzione degli *administrative burden*, comprometterà la comprensibilità e la credibilità del bilancio: un rendiconto di esercizio del tutto privo di *disclosure* narrativa somiglia più a una situazione contabile che a un bilancio vero e proprio. Non è pensabile soddisfare il postulato della rappresentazione veritiera e corretta senza la predisposizione di un allegato discorsivo che chiarisca e integri il contenuto dei valori riportati nei prospetti di Stato Patrimoniale e Conto Economico.

Sulla effettiva realizzabilità del regime contabile di cui all'art. 2435-*ter*, osserviamo che è assai probabile che le informazioni discorsive non più obbligatorie saranno comunque richieste dagli istituti di credito e dagli altri finanziatori dell'impresa. L'utilizzo delle semplificazioni di legge da parte delle microentità rischia di portare a un ingiustificato disallineamento tra l'informativa pubblica e il bilancio "ufficioso" reso disponibile agli *stakeholder* privilegiati.

Questa preoccupazione è stata bene evidenziata dal CNDCEC nella prima consultazione del MEF sul recepimento della Direttiva 34/2013. Proponiamo un passaggio significativo dell'intervento dei Commercialisti sulla tematica in oggetto:
"

Nel contesto delle piccole imprese, il fabbisogno informativo dei destinatari dell'informativa contabile societaria è certamente ridotto rispetto a quello delle grandi imprese ma è comunque un fattore che non può essere posto in secondo piano in sede di emanazione della nuova direttiva. L'omissione di informazioni rilevanti per la comprensione dell'equilibrio patrimoniale - finanziario ed economico dell'impresa potrebbe infatti produrre effetti negativi di gran lunga superiori rispetto ai risparmi di costo legati alla redazione di una Nota Integrativa "abbreviata". [...] Un'altra possibile conseguenza negativa dell'eccessiva semplificazione delle norme attinenti alla *disclosure* di bilancio può essere individuata nella possibile carenza di informazioni all'interno della medesima impresa. In un periodo di grave depressione economica come quello che stiamo attraversando in questi ultimi anni, è estremamente probabile che le imprese si avvalgano delle agevolazioni consentite dalla legge senza considerare l'utilità di questi input nella definizione delle strategie e delle politiche aziendali.
"

Ciò posto, osserviamo che il tenore letterale della norma non sembra lasciare margini all'OIC. Infatti, l'art. 2435-*ter,* in linea con le indicazioni della Direttiva (art. 36, co. 4), dispensa le microimprese dalle deroghe per casi eccezionali.

Il Codice Civile ha recepito la presunzione assoluta affermata dal legislatore comunitario secondo la quale i bilanci delle microimprese predisposti secondo le disposizioni della Direttiva "si considerano in grado di fornire la rappresentazione veritiera e corretta".

Poniamo in evidenza che la normativa europea esclude anche l'obbligo di fornire l'informativa complementare. Tale semplificazione non è invece espressamente indicata nell'art. 2435-*ter* probabilmente poiché ritenuta superflua in ragione dell'esonero dalla redazione della Nota Integrativa per le microimprese.

CAPITOLO 4
CRITERI PARTICOLARI DI VALUTAZIONE

Il revisionato art. 2426 c.c. dà attuazione alle prescrizioni tassative della normativa contabile europea relative all'avviamento e agli oneri pluriennali.
Il D.lgs 139/2015 ha esercitato la facoltà prevista dalla Direttiva che ammette la valutazione al costo ammortizzato dei titoli di debito, dei crediti e dei debiti. Altra novità importantissima in materia di strumenti finanziari è la riforma del trattamento contabile dei derivati con l'introduzione della logica del fair value e il recepimento dell'impostazione IAS sulla rappresentazione in bilancio delle operazioni di copertura. Anche in questo caso, il legislatore nazionale ha sfruttato i margini di flessibilità concessi dalla legislazione comunitaria.
Altri emendamenti, in questo caso volontari e non strettamente attinenti al recepimento della Direttiva, hanno interessato la disciplina delle operazioni in valuta estera e la determinazione del valore delle partecipazioni in base al metodo del patrimonio netto (equity method). Grazie a tali modificazioni, è stato possibile rimediare a determinate incoerenze tra le precedenti regole civilistiche e le pertinenti interpretazioni fornite dai Principi contabili nazionali.

4.1. Avviamento
La versione aggiornata dell'OIC 24, *Immobilizzazioni immateriali*, rilasciata nel mese di gennaio del 2015, definisce l'avviamento come *"l'attitudine di un'azienda a produrre utili che derivino o da fattori specifici che, pur concorrendo positivamente alla produzione del reddito ed essendosi formati nel tempo in modo oneroso, non hanno un valore autonomo, ovvero da incrementi di valore che il complesso dei beni aziendali acquisisce rispetto alla somma dei valori dei singoli beni, in virtù dell'organizzazione dei beni in un sistema efficiente"*.

La normativa contabile nazionale, al pari della disciplina IAS/IFRS, ammette l'iscrizione in bilancio solamente dell'avviamento acquisito a titolo oneroso.
Il valore di prima rilevazione dell'avviamento – in aderenza a quanto indicato al par. 70 dell'OIC 24 - esprime l'eccedenza del costo sostenuto per l'acquisizione di un complesso aziendale in funzionamento (P) rispetto al valore corrente del patrimonio netto dell'impresa "trasferita" ("patrimonio netto rettificato", K, ottenuto come differenza tra il valore corrente delle attività e delle passività identificabili).
Ricordiamo che il corrispettivo di acquisizione può assumere natura monetaria (cessione d'azienda/ramo d'azienda) oppure azionaria (nelle operazioni di conferimento d'azienda/ramo d'azienda, fusione e scissione).

OIC 24 revised 2014: Rilevazione iniziale dell'avviamento
Il nuovo OIC 24, entrato in vigore a partire dai bilanci 2014, ha apportato significativi aggiornamenti ai criteri di determinazione del valore di prima rilevazione dell'avviamento.
Per descrivere al meglio la modifica apportata, è utile rammentare che la differenza positiva tra il costo di acquisto di un complesso aziendale e il patrimonio netto a valori correnti di quest'ultimo (P-K) può essere originato dalle seguenti componenti (GUATRI-BINI, 2009; MECHELLI, 2006):
   a) capacità dell'azienda acquisita di generare redditi attesi superiori a quelli ritenuti congrui dai proprietari dell'impresa ("redditi ordinari" nel precedente OIC 24) che si traduce in un *valore intrinseco* del capitale netto (anche noto come *capitale economico*, W) superiore al patrimonio netto rettificato;
   b) asimmetria informative tra cedente e cessionario;

c) valore delle sinergie realizzabili dall'acquirente post aggregazione (divisibili e indivisibili, speciali e universali), realizzabili in tre diversi momenti: immediatamente post-integrazione, entro oltre l'orizzonte di piano, oppure oltre l'orizzonte di piano;
d) interessi economici delle parti interessate;
e) forza contrattuale dei soggetti coinvolti nella transazione;
f) cattivo affare.

Sul concetto di valore intrinseco richiamato alla lettera a), la prima edizione dei Principi Italiani di Valutazione (PIV) - rilasciata dall'Organismo Italiano di Valutazione nel mese di giugno del 2015 - fornisce al par. 1.6.3. questa definizione: "il valore intrinseco (o fondamentale) di aziende, partecipazioni azionarie, singole azioni, strumenti finanziari, immobilizzazioni immateriali "esprime l'apprezzamento che un qualsiasi soggetto razionale operante sul mercato senza vincoli e in condizioni di trasparenza informativa dovrebbe esprimere alla data di riferimento, in funzione dei benefici economici offerti dall'attività medesima e dei relativi rischi" (OIV, 2015).
Con parole di più immediata percezione, parlando solo di aziende/rami di aziende, il valore intrinseco identifica una nozione di capitale netto stimata sulla base della situazione di fatto e delle strategie e dei programmi già deliberati, e in atto, alla data della valutazione, senza tener conto delle condizioni soggettive del titolare dell'azienda oppure di un possibile acquirente. Il valore intrinseco esprime quindi il valore teorico dell'azienda (valore "*as is*", o "*stand alone*") che non coincide, salvo casi particolari, con il suo prezzo di trasferimento.

La precedente disciplina contabile ammetteva l'iscrizione alla voce avviamento della sola componente indicata alla lettera a) e cioè lo scarto tra il valore intrinseco della società acquisita e il suo patrimonio netto rettificato (W-K). Al proposito, l'abrogato OIC 24 stabiliva che "Se l'eccedenza rappresenta effettivamente un maggior valore dell'azienda acquisita, ricuperabile tramite i redditi futuri dalla stessa generati, essa è iscritta all'attivo dello Stato Patrimoniale. D'altra parte qualora la suddetta eccedenza fosse dovuta ad un "cattivo affare" ovvero a decisioni dell'acquirente, incorporante o risultante dalla fusione, che non siano direttamente correlabili alla redditività dell'azienda acquisita, incorporata, fusa, o beneficiaria della scissione, quali ad esempio la decisione di eliminare un concorrente o di introdursi in un nuovo mercato, essa è considerata una componente negativa di reddito".
La posizione dello *standard setter* nazionale era ulteriormente spiegata nell'OIC 17, *Il bilancio consolidato*: "nella definizione di avviamento non si è ritenuto di poter accogliere la tesi in base alla quale si può configurare un avviamento che deriva non già dalle aspettative di reddito futuro della impresa acquisita, bensì da una superiore capacità reddituale che si ingenera nel gruppo di imprese a seguito dell'inserimento in tale gruppo della nuova controllata (ad esempio, a causa delle sinergie positive che ciò provoca) per le seguenti ragioni: almeno in parte, ciò condurrebbe a riconoscere un avviamento proprio; la determinazione del valore riconosciuto dall'acquirente sarebbe non oggettiva, ma soggettiva; l'avviamento non potrebbe essere specificamente riferito alla impresa acquisita e difficilmente potrebbe essere quantificato in modo attendibile".

L'orientamento restrittivo sulla configurazione civilistica dell'avviamento implicava – almeno in teoria – l'immediata imputazione a Conto Economico dell'intera eccedenza del prezzo di trasferimento rispetto al valore del capitale economico dell'impresa acquisita (P-W).

Il nuovo OIC 24 corregge questa impostazione, giudicata da un lato non conforme alla *best practice* internazionale e, dall'altro, troppo penalizzante per l'acquirente di un'aggregazione aziendale.

Nel dettaglio, il cambio di impostazione è compiuto attraverso:

- l'eliminazione dalla definizione di avviamento del richiamo alla capacità dell'azienda di generare profitti superiori a quelli ordinari, sostituito da una più generica "attitudine alla produzione di utili"; e
- l'aggiornamento delle possibili motivazioni possono dar luogo all'iscrizione dell'avviamento. Gli esempi menzionati nell'OIC 24 sono: il miglioramento del posizionamento dell'impresa sul mercato, l'extra reddito generato da prodotti innovativi o di ampia richiesta, la creazione di valore attraverso sinergie produttive o commerciali.

Il riferimento alle sinergie certifica il superamento del concetto di capitale economico (valore intrinseco) per la definizione del valore iniziale dell'avviamento, registrando un'apertura verso configurazioni di valore che tengono conto dei benefici economici generati dall'aggregazione aziendale.

Tuttavia, il mutamento di approccio non sta a significare l'automatica capitalizzazione dell'intero differenziale tra *purchase price* e patrimonio netto rettificato. Una delle condizioni di rilevazione dell'avviamento stabilite al par. 69 dell'OIC 24 è infatti rappresentata dalla recuperabilità del costo, ossia che " *non si è in presenza di un cattivo affare*".

Pertanto, le imprese nazionali continuano a realizzare una sorta di *impairment test* dell'avviamento in occasione della rilevazione dell'aggregazione aziendale, con la differenza che il rischio di incorrere sin da subito in una svalutazione sono ora concretamente diminuite. Nonostante l'opportuna correzione, ispirata alla prevalente *best practice*, continuiamo a ritenere assai improbabile l'iscrizione di un componente negativo di reddito in sede di prima rilevazione di una *business combination* poiché ciò costituirebbe l'ammissione di essere incorsi in un *overpayment*. È molto più concreto che una perdita di questo genere sia rilevata negli esercizi successivi all'aggregazione aziendale tramite l'abbattimento del *goodwill* originario.

Le novità introdotte dal D.lgs 139/2015

Il D.lgs 139/2015, nel lasciare invariati i criteri di rilevazione iniziale dell'avviamento, apporta una revisione globale alle regole di ammortamento conformandosi alle regole prescrittive della Direttiva.

Il previgente punto 6 dell'art. 2426 disponeva l'ammortamento sistematico dell'avviamento entro un periodo di cinque anni. L'impiego di un tempo superiore, ma comunque limitato, era ammesso purché la durata del piano non superasse la vita utile stimata del *goodwill* e ne fosse fornita adeguata motivazione nella Nota Integrativa.

L'OIC 24 attuale (precedente al recepimento della Direttiva) dispone che il periodo di ammortamento non debba mai superare i venti anni, specificando che la (abrogata) regola codicistica dei cinque anni può (poteva) essere derogata solo se la previsione di una vita superiore è fondata su presupposti ragionevoli ed è riferita a condizioni specifiche e ricollegabili direttamente alla realtà e tipologia dell'impresa cui l'avviamento si riferisce (ad esempio: attività imprenditoriali che richiedono tempi lunghi per entrare a regime, imprese con cicli operativi di lungo periodo, imprese operanti in settori non soggetti a repentini mutamenti tecnologici o produttivi).

Rammentiamo che la Bozza dell'OIC 24 rilasciata nel 2013 proponeva di ridurre a dieci anni la durata massima dell'avviamento (e dei marchi). La marcia indietro (opportuna) dello *standard setter* italiano si deve alla presa d'atto che una modifica in tal senso dell'OIC 24 sarebbe stata ben presto dal recepimento della Direttiva.

Entriamo ora nel merito delle novità introdotte dal D.lgs 139/2015. L'emendato punto 6 dell'art. 2426 c.c. stabilisce che *"L'ammortamento dell'avviamento è effettuato secondo la sua vita utile; nei casi eccezionali in cui sia impossibile determinarne la vita utile, è ammortizzato entro un periodo non superiore a dieci anni. Nella Nota Integrativa è fornita una spiegazione del periodo di ammortamento dell'avviamento"*. Rammentiamo che la Direttiva demanda alle autorità nazionali il compito di definire la durata dell'avviamento nell'ipotesi di impossibilità di stimarne la vita utile, la quale deve essere compresa tra i cinque e i dieci anni.

È bene precisare che la Direttiva non modifica la presunzione di vita utile definita dell'avviamento (e delle attività immateriali propriamente dette). Si assiste invece ad un'inversione tra il trattamento contabile obbligatorio e quello facoltativo. Fino ad oggi, l'ammortamento in base alla vita utile del *goodwill* era ammesso solo nelle particolari circostanze individuate dall'OIC 24, senza poter mai superare i venti anni. A decorrere dal 2016, quello che era la soluzione consentita diviene la regola di riferimento, disapplicabile solo se la vita utile dell'avviamento non è stimabile in modo attendibile.

Le novità in tema di ammortamento dell'avviamento proposte dalla Direttiva, e accolte nel Codice Civile, presentano alcune criticità. La richiesta di tentare di stimare la vita utile dell'avviamento prima di ricorrere alla durata convenzionale aggiunge un fattore di complessità nel processo di redazione del bilancio.
Inoltre, essa favorisce il ricorso a politiche di bilancio in sede di allocazione del costo dell'aggregazione aziendale alle attività e passività dell'entità acquisita. L'attribuzione del *purchase price* all'avviamento piuttosto che ad *intangible* propriamente detti permetterebbe, in molteplici situazioni, di alleggerire il Conto Economico dell'impresa acquirente negli esercizi immediatamente successivi alla *business combination*. È probabile quindi che l'OIC confermi la presunzione assoluta della durata massima ventennale dell'avviamento.
Il rischio di atteggiamenti contabili "opportunistici" pare amplificato dalla scelta del nostro legislatore di adottare il limite superiore indicato dalla Direttiva (dieci anni), anziché quello inferiore (cinque anni), quando non è possibile determinare la vita utile dell'avviamento.

Sempre riguardo al *goodwill*, il D.lgs 139/2015 ha integrato il terzo punto dell'art. 2426 c.c. - relativo alla rilevazione delle perdite durevoli di valore delle immobilizzazioni tecniche e finanziarie - al fine di escludere espressamente le "riprese di valore sulle rettifiche di valore relative all'avviamento". L'aggiornamento in parola non comporta alcuna novità sostanziale per le imprese nazionali: il legislatore si è limitato ad attribuire forza normativa a una regola da sempre affermata dalla prassi contabile. Evidenziamo che il divieto di ripristino di valore dell'avviamento (e degli oneri pluriennali) è espresso nell'OIC 9 (par. 25) e non più all'interno dell'OIC 24.

Peraltro, l'integrazione in esame appare per certi versi ridondante se pensiamo alla previsione contenuta al punto 6 dell'art. 2426 che ammette l'iscrizione del solo *goodwill* (nel limite del prezzo pagato) riferito alla società acquisita. Ora, è evidente che il ripristino di un avviamento in precedenza svalutato non verifichi tale requisito di legge: una "rivalutazione" dell'avviamento non può che essere attribuita all'entità che redige il bilancio (ossia l'acquirente) dal momento che, una volta perfezionata la combinazione economica, il *business* trasferito perde la sua individualità, rendendo impraticabile qualsiasi valutazione rispetto all'avviamento originario. In altre parole, un recupero del valore di avviamento è certamente il risultato di strategie e politiche aziendali perseguite dall'acquirente successivamente all'aggregazione aziendale e quindi non è certamente una componente del costo di acquisizione (CAPODAGLIO-SANTI, 2010).

4.2. Oneri pluriennali
A decorrere dall'esercizio 2016, i costi di ricerca e i costi di pubblicità non potranno più figurare nell'attivo patrimoniale. Il neointrodotto divieto di capitalizzazione di tali oneri pluriennali recepisce una delle deliberazioni assunte dai vertici dell'UE nel contesto dell'emanazione della direttiva 34/2013.
Facciamo presente che l'iscrizione tra le immobilizzazioni immateriali dei costi di pubblicità ammessa dalla previgente normativa contabile italiana non era espressamente prevista dalla direttiva 78/660.

Gli effetti negativi della stretta sulla capitalizzazione degli oneri pluriennali – decisa dai vertici dell'UE principalmente per garantire una maggiore uniformità dei bilanci - si manifesteranno soprattutto nell'immediato: come si dirà con maggiore precisione nel par. 4.7, a meno che l'OIC non disponga diversamente, i costi di ricerca e di pubblicità risultanti dalla situazione patrimoniale al 31.12.2015 dovranno essere per intero imputati all'esercizio 2016 in aderenza alle disposizioni dell'aggiornato OIC 29 (applicazione retroattiva del cambiamento di principi contabili). Per le imprese che hanno investito ingenti capitali nello sviluppo di progetti innovativi (in termini di prodotto o di processo) oppure nel lancio di nuovi prodotti è concreta la possibilità di registrare perdite ingenti nel prossimo esercizio.

È bene rimarcare l'orientamento restrittivo dei Principi contabili nazionali in ordine alla capitalizzazione dei costi di ricerca e di pubblicità. Riguardo ai primi, l'OIC 24 (par. 43) dispone l'imputazione a Conto Economico dei costi di ricerca di base (l'insieme di studi, esperimenti, indagini e ricerche che non hanno una finalità definita con precisione, ma che si considera di utilità generica alla società) poiché rientranti nella ricorrente operatività dell'impresa. La facoltà di differimento dei costi era limitata all'attività di "ricerca applicata o finalizzata ad uno specifico prodotto o processo produttivo è l'insieme di studi, esperimenti, indagini e ricerche che si riferiscono direttamente alla possibilità ed utilità di realizzare uno specifico progetto" (OIC 24, par. 44).
Venendo ai costi di pubblicità, essi sono in linea di massima costi di periodo. La facoltà di capitalizzazione era riferita solo a "operazioni non ricorrenti (ad esempio il lancio di una nuova attività produttiva, l'avvio di un nuovo processo produttivo diverso da quelli avviati nell'attuale *core business*) che sono relative ad azioni dalle quali la società ha la ragionevole aspettativa di importanti e duraturi ritorni economici risultanti da piani di vendita approvati formalmente dalle competenti funzioni aziendali" (OIC 24, par. 46).

Un altro fattore di discontinuità attiene all'ammortamento dei costi di sviluppo il quale segue l'approccio previsto per l'avviamento: le nostre imprese sono chiamate a stimare la vita utile dei costi di sviluppo; se (eccezionalmente) la valutazione non è realizzabile, il costo è ripartito al massimo in cinque esercizi, diversamente dall'avviamento per il quale è possibile dilatare la durata del piano di ammortamento fino a dieci anni.

Riassumendo, dopo il recepimento della Direttiva, la categoria degli oneri pluriennali comprende solamente i costi di impianto e ampliamento e i costi di sviluppo. Rimangono in vigore i vincoli del consenso del collegio sindacale e del divieto di distribuire dividendi in presenza di un ammontare di costi capitalizzati superiore alle riserve disponibili.

Ai sensi dell'OIC 24, gli oneri in questione possono essere iscritti nell'attivo dello Stato Patrimoniale solo al verificarsi delle seguenti condizioni:

- dimostrabilità della loro utilità futura;
- correlazione oggettiva tra i costi sostenuti e i relativi benefici economici futuri per la società;
- ragionevole certezza della recuperabilità del costo, stimata su base prudenziale.

L'utilità pluriennale del costo - giustificata da determinate condizioni gestionali, produttive, di mercato – deve risultare da un piano economico riferito al momento della rilevazione iniziale dei costi.

La politica di capitalizzazione degli oneri pluriennali deve essere attuata in modo costante nel tempo; in caso contrario si assisterebbe a un cambiamento di principio contabile disciplinato dall'OIC 29(OIC 24, par. 35).

La prossima tabella espone le definizioni fornite dall'OIC 24 riguardo ai costi capitalizzabili dopo il recepimento della Direttiva e gli ulteriori e specifici requisiti di rilevazione iniziale.

	Definizione	Rilevazione iniziale
Costi di sviluppo	Lo *sviluppo* è l'applicazione dei risultati della ricerca o di altre conoscenze possedute o acquisite in un piano o in un progetto per la produzione di materiali, dispositivi, processi, sistemi o servizi, nuovi o sostanzialmente migliorati, prima dell'inizio della produzione commerciale o dell'utilizzazione.	- essere relativi ad un prodotto o processo chiaramente definito; - identificabilità e misurabilità;. - essere riferiti ad un progetto realizzabile, cioè tecnicamente fattibile, per il quale la società possieda o possa disporre delle necessarie risorse.
Costi di impianto e ampliamento	OIC 24, par. 36 Oneri che si sostengono in modo non ricorrente in alcuni caratteristici momenti del ciclo di vita della società, quali la fase pre-operativa o di accrescimento della capacità operativa.	OIC 24, parr. 37-41 Congruenza e rapporto di causa effetto tra i costi e i benefici economici futuri Per i *costi di start-up*: - diretta attribuzione all'attività; - riferiti alla fase pre-operativa. Per i *costi di addestramento e di qualificazione del personale*: - diretto collegamento con un profondo processo di ristrutturazione o

		riconversione industriale o commerciale; - investimento sui fattori produttivi esistenti; - piano degli amministratori che assicuri la copertura dei costi. Per i *costi di avviamento di impianti di produzione* (differenza tra i costi di produzione dei beni oggetto di scambio per la società generati da impianti a regime e quelli rilevati durante la fase di avviamento di un impianto): - idoneo sistema di contabilità industriale che ne permetta la determinazione; - riferiti al periodo di messa a regime degli impianti.

***

Nel prossimo prospetto realizziamo un confronto tra i previgenti e i nuovi criteri civilistici di ammortamento dell'avviamento e degli oneri pluriennali (esclusi quelli non più capitalizzabili).

	D. lgs 127/1991	**D. lgs 139/2015**
Avviamento	- *Regola generale*: ammortamento in cinque anni; - *Trattamento consentito*: durata superiore non eccedente la vita utile con motivazione in Nota Integrativa.	- *Regola generale*: ammortamento lungo la vita utile - *Trattamento consentito* (vita utile eccezionalmente non stimabile): - periodo compreso tra i cinque e i dieci anni
Costi di sviluppo	Massimo cinque anni	*Regola generale*: - ammortamento lungo la vita utile *Trattamento consentito* (vita utile eccezionalmente non stimabile): - periodo non superiore ai cinque anni
Costi di impianto e ampliamento	Massimo cinque anni	Invariato

4.3. Crediti, debiti e titoli

I punti 1, 7 e 8 dell'art. 2426 c.c. presentano una serie di emendamenti finalizzati all'introduzione del criterio del costo ammortizzato per la valutazione di:

- crediti;
- debiti;
- titoli iscritti tra le immobilizzazioni finanziarie.

I crediti rappresentano diritti ad esigere, ad una scadenza individuata o individuabile, determinati ammontari di disponibilità liquide da clienti o da altri soggetti (OIC 15, par. 4).

I debiti sono passività di natura determinata ed esistenza certa, che rappresentano obbligazioni a pagare ammontari determinati di solito ad una data stabilita (OIC 19, par. 4).

Nel lessico dei Principi contabili nazionali, il termine "titolo" impiegato dal nostro legislatore deve intendersi riferito ai "titoli di debito", ossia strumenti finanziari "che attribuiscono al possessore il diritto di ricevere un flusso determinato o determinabile di liquidità senza attribuire il diritto di partecipazione diretta o indiretta alla gestione dell'entità che li ha emessi. In tale ambito rientrano i titoli emessi da stati sovrani, le obbligazioni emesse da enti pubblici, da società finanziarie e da altre società, nonché i titoli a questi assimilabili" (OIC 19, par. 4).

Le disposizioni civilistiche rinviano ai Principi contabili internazionali per la definizione di costo ammortizzato (art. 2426, co. 2, c.c.).

Nella valutazione dei crediti e dei debiti occorrerà tener conto del fattore temporale (attualizzazione). Per i titoli, gli amministratori devono verificare l'applicabilità del metodo del costo ammortizzato (art. 2426, co. 1, p. 1, c.c.) in relazione alle "caratteristiche" del titolo.

Il costo ammortizzato nel Codice Civile	
Art. 2426, co. 1, p. 1	[...] le immobilizzazioni rappresentate da titoli sono rilevate in bilancio con il criterio del costo ammortizzato, ove applicabile;
Art. 2426, co. 1, p. 7	il disaggio e l'aggio su prestiti sono rilevati secondo il criterio stabilito dal successivo numero 8
Art. 2426, co. 1, p. 8	i crediti e i debiti sono rilevati in bilancio secondo il criterio del costo ammortizzato, tenendo conto del fattore temporale e, per quanto riguarda i crediti, del valore di presumibile realizzo;
Art. 2426, co. 2	Ai fini della presente Sezione, per la definizione di [...] "costo ammortizzato" [...] si fa riferimento ai principi contabili internazionali adottati dall'Unione europea.

La nozione di costo ammortizzato

Riprendendo la definizione fornita dallo IAS 39 (par. 9), "il costo ammortizzato è il valore a cui l'attività/passività finanziaria è stata valutata alla rilevazione iniziale, al netto dei rimborsi di capitale; aumentato o diminuito dall'ammortamento complessivo utilizzando il criterio dell' interesse effettivo su qualsiasi differenza tra il valore iniziale e quello a scadenza; al netto di qualsiasi svalutazione effettuata per un deterioramento di valore (impairment) o per inesigibilità".

Nel contesto degli IAS, il costo ammortizzato è applicato per la valutazione delle seguenti tipologie di strumenti finanziari:

- crediti, di natura finanziaria e commerciale, iscritti nella categoria "Finanziamenti e crediti";
- attività finanziarie detenute sino alla scadenza;
- la maggior parte delle passività finanziarie.

Il costo ammortizzato - si legge nella Relazione illustrativa al D.lgs 139/2015 – definisce una configurazione di valore compatibile con il postulato del costo storico, con il pregio di assicurare l'iscrizione degli interessi attivi e passivi sulla base del tasso effettivo di rendimento.

La disciplina codicistica degli strumenti finanziari successiva al recepimento della Direttiva accantona l'approccio fondato sul saggio nominale, a favore di una logica di competenza economica improntata sui principi basilari della matematica finanziaria.

Una caratteristica peculiare del metodo del costo ammortizzato è il fatto che i proventi e oneri maturati nell'esercizio in base al criterio del tasso effettivo concorrono alla formazione del valore di bilancio del titolo, logicamente solo per la quota che non ha avuto manifestazione finanziaria nello stesso periodo amministrativo.

Il processo di calcolo del costo ammortizzato può essere riassunto nella seguente tabella:

	Valore di rilevazione iniziale
-	Rimborsi di capitale
+/-	Ammortamento della differenza tra valore iniziale e valore finale dello strumento sulla base del tasso di interesse effettivo
-	Perdite di valore
=	Valore di bilancio al costo ammortizzato

Ai sensi dello IAS 39, *il valore di rilevazione iniziale* delle attività e passività valutate al costo ammortizzato è rappresentato dal *fair value*, maggiorato dei costi di transazione, ossia dei costi marginali direttamente imputabili all'acquisizione (sottoscrizione) e all'emissione dello strumento finanziario.

Nell'approccio IAS, il *fair value* iniziale di un'attività/passività finanziaria è normalmente pari al prezzo pattuito con la controparte. Se questa assunzione non trova riscontro, il valore di iscrizione dello strumento finanziario deve essere rettificato. La differenza è iscritta nel saldo della gestione finanziaria, evidenziando sin da subito l'utile o la perdita sofferta (*day one profit or loss*). Nello specifico:

- si registra un utile se il *fair value* dell'attività finanziaria eccede il costo di acquisto, oppure se il *fair value* della passività è inferiore all'importo nominale del finanziamento ottenuto;
- si registra una perdita se il *fair value* dell'attività finanziaria è inferiore al costo di acquisto, oppure se il *fair value* della passività è maggiore dell'importo nominale del finanziamento ottenuto.

Il disallineamento tra il prezzo di trasferimento e il *fair value* di uno strumento finanziario (ovvero il valore nominale di un finanziamento) si manifesta quando la transazione è influenzata da fattori soggettivi di negoziazione. Si pensi, ad esempio, a una dilazione di pagamento agevolata concessa ai clienti in attuazione di strategie dirette a un incremento del volume delle vendite, oppure ai prestiti infruttiferi tra imprese facenti parte del medesimo gruppo societario.

La tecnica del costo ammortizzato prevede il progressivo allineamento del valore iniziale dell'attività al suo valore di rimborso a scadenza attraverso "l'ammortamento finanziario" dello scostamento registrato al momento della prima rilevazione dello strumento finanziario.

I *costi di transazione* rappresentano "i costi marginali direttamente attribuibili all'emissione o all'acquisizione di un'attività finanziaria" (IAS 39, par. 9). Nello specifico, sono costi: (a) direttamente riferibili all'operazione effettuata; (b) aventi natura certa o determinabile; (c) non rimborsabili; (d) diversi dai costi amministrativo o di comunicazione.

Il *tasso di interesse effettivo* ("tasso interno di rendimento", TIR) è il tasso che rende nulla la differenza tra il valore attuale dei flussi di cassa positivi e il valore attuale dei flussi di cassa negativi dello strumento finanziario (compreso il valore iniziale).
Partecipano alla formazione del TIR, oltre agli interessi contrattuali, tutti i flussi in entrata e in uscita legati allo strumento finanziario da valutare, come ad esempio:

- la differenza tra il valore di emissione e il valore di rimborso dello strumento (emissioni sopra o sotto la pari);
- lo scarto tra il valore di emissione dello strumento e il suo *fair value*, dovuto alla divergenza tra il rendimento offerto dal titolo da valutare e i tassi di mercato;
- commissioni e altri oneri accessori legati alla sottoscrizione, emissione, dismissione di attività o passività finanziarie.

Il fattore temporale
La nuova formulazione dell'art. 2426 obbliga a tener conto del fattore temporale per la valutazione dei crediti e dei debiti. Leggiamo a pagina 8 della Relazione governativa che l'emendamento in discorso implica "la necessità di attualizzare i crediti e i debiti che, al momento della rilevazione iniziale, non sono produttivi di interessi (oppure producono interessi secondo un tasso significativamente inferiore a quello di mercato)".
L'iscrizione al valore attuale, in luogo del tradizionale criterio del valore nominale, comporta che ogniqualvolta l'operazione di finanziamento presenta condizioni non in linea con i tassi di mercato, i soggetti coinvolti rilevano un onere o un provento finanziario già in sede di prima iscrizione del credito o del debito.
Prendendo ad esempio il già citato caso dei finanziamenti infruttiferi (o a tassi significativamente più bassi rispetto al mercato), il creditore iscrive un onere finanziario pari alla differenza tra il valore nominale del credito e il valore attuale dello stesso calcolato sulla base del tasso di interesse corrente; il debitore registra un provento finanziario per lo stesso importo.
In sede di redazione delle scritture di assestamento, si contabilizza una componente economica di segno opposto (provento finanziario per il creditore, onere finanziario il debitore) in modo tale che alla data di rimborso del prestito il valore di bilancio della posta finanziaria coincida con il suo valore nominale.

L'attualizzazione dei crediti e dei debiti potrà essere omessa solo se lo scarto tra valore nominale e *fair value* della posta finanziaria è giudicato irrilevante dal redattore del bilancio (*materiality*).

Esempio – Attualizzazione dei crediti e debiti finanziari
In data 01/06/t la società Alfa concede un finanziamento infruttifero di € 80.000 all'impresa Beta rimborsabile tra un anno. Il tasso di mercato per operazioni similari è del 5%.

I Principi contabili nazionali non prevedono l'attualizzazione dei debiti e crediti aventi natura finanziaria. Per quanto riguarda i debiti, l'OIC 19 (par. 50) giustifica tale approccio in quanto "il beneficio connesso alla dilazione di pagamento non onerosa o parzialmente onerosa, per il principio della prudenza, non è enucleato e riconosciuto anticipatamente nel Conto Economico. Tuttavia, ove rilevante, l'ammontare degli interessi passivi impliciti è indicato nella Nota Integrativa." Questo obbligo di disclosure riguarda anche i crediti finanziari "a tasso zero".

Nell'esemplificazione proposta, le due società rilevano il credito e il debito al loro valore nominale.

SCRITTURE CONTABILI – PRECEDENTE NORMATIVA

01/06/t

| Credito verso Beta | A | Cassa | 80.000 |

01/06/t

| Cassa | A | Debiti verso Alfa | 80.000 |

Ipotizzando che non vi siano problematiche nel rimborso del prestito, si procede alla chiusura dei Conti nello Stato Patrimoniale.

31/12/t

| Stato Patrimoniale | A | Credito verso Beta | 80.000 |

31/12/t

| Debiti verso Alfa | A | Stato Patrimoniale | 80.000 |

Al momento del rimborso le scritture contabili sono le seguenti:

01/06/t+1

| Cassa | A | Credito verso Beta | 80.000 |

01/06/t+1

| Debiti verso Alfa | A | Cassa | 80.000 |

SCRITTURE CONTABILI – NUOVA NORMATIVA
L'adozione del costo ammortizzato richiede di calcolare il valore attuale del finanziamento, il quale ammonta a € 76.190 (80.000/1,05). L'operazione sarà così contabilizzata dalle due società:

01/06/t

Diversi	A	Cassa		80.000
Crediti verso Beta			76.191	
Oneri finanziari			3.810	

01/06/t

Cassa	A	Diversi		80.000
		Debiti verso Alfa	76.191	
		Proventi finanziari	3.810	

Alla data di chiusura del bilancio, le due società aggiorneranno il valore contabile della posta finanziaria rilevando in contropartita gli interessi impliciti maturati nel periodo 01/06/t – 31/12/t, pari a € 2.222 (76.191*0,05*7/12).

31/12/t

| Credito verso Beta | A | Proventi finanziari | | 2.222 |

31/12/t

| Stato Patrimoniale | A | Credito verso Beta | | 78.413 |

31/12/t

| Oneri finanziari | A | Debito verso Alfa | | 2.222 |

31/12/t

| Debito verso Alfa | A | Stato Patrimoniale | | 78.413 |

Alla data di estinzione del prestito si procede a rilevare gli interessi di competenza dell'esercizio t+1, ottenuti come differenza tra il valore di rimborso del finanziamento e il valore contabile del medesimo alla chiusura dell'esercizio precedente.

01/06/t+1

Cassa	A	Diversi		80.000
		Credito verso Beta	78.413	
		Proventi finanziari	1.587	

01/06/t+1

Diversi	A	Cassa		80.000
Debiti verso Alfa			78.413	
Oneri finanziari			1.587	

Il fattore temporale non rileva invece per la valutazione dei titoli poiché, trattandosi di strumenti finanziari emessi da società privati o da enti pubblici, il loro rendimento è ritenuto sempre allineato ai tassi di mercato e, quindi, il costo di acquisizione approssima il fair value dello strumento. In virtù di questa presunzione assoluta non è necessaria alcuna correzione al valore di prima rilevazione dell'attività finanziaria, contrariamente a quanto analizzato per i crediti e i debiti. La scelta del legislatore, specificata nella Relazione illustrativa, appare apprezzabile in ragione dell'aleatorietà e dell'incertezza che caratterizzano i processi di stima del *fair value* di uno strumento finanziario.

Titoli di debito e prestiti obbligazionari
Nel valutare l'impatto del criterio del costo ammortizzato per le imprese italiane, si osserva che la logica del tasso di interesse effettivo è parzialmente contemplata dai Principi contabili nazionali relativamente al trattamento contabile dei prestiti obbligazionari, sia nella prospettiva dell'emittente che del sottoscrittore.
Ci riferiamo, in particolare, al trattamento contabile della (eventuale) differenza tra il valore nominale del titolo (valore di rimborso) e il suo valore di emissione. A tal proposito ricordiamo che:

- se il prezzo di emissione è inferiore al valore nominale dei titoli (emissione sotto la pari), l'operazione genera un onere finanziario (disaggio di emissione) per l'emittente che va ad aggiungersi agli interessi contrattuali ed un provento finanziario ulteriore per l'acquirente ("premio di emissione"),
- se il prezzo di emissione è superiore al valore nominale dei titoli (emissione sopra la pari), il soggetto emittente registra un provento finanziario (aggio di emissione) che riduce il costo complessivo del finanziamento, mentre l'acquirente rileva un onere finanziario denominato "scarto di emissione".

Per quanto riguarda il possessore dei titoli, se l'acquisto degli strumenti finanziari avviene in un momento successivo alla sottoscrizione (quindi sul mercato secondario) si parla di premio e scarto di negoziazione. La logica di rilevazione rimane la medesima.

	Emissione / sottoscrizione (acquisizione) sotto la pari	*Emissione / sottoscrizione (acquisizione) sopra la pari*
Emittente	Disaggio di emissione	Aggio di emissione
Sottoscrittore (acquirente)	Premio di sottoscrizione (Premio di negoziazione)	Scarto di sottoscrizione (Scarto di negoziazione)

Con riferimento al sottoscrittore (acquirente) del titolo, l'OIC 20 stabilisce che il premio di sottoscrizione (negoziazione) partecipa alla formazione del risultato di esercizio secondo competenza economica per il periodo di durata di possesso del titolo, quale "*remunerazione integrativa a tasso costante del capitale investito rispetto a quello prodotto dagli interessi espliciti*". La regola del TIR è estesa all'iscrizione dello scarto di emissione (negoziazione).
Per ragioni di praticità, l'OIC 20 ammette la ripartizione su base temporale del premio/scarto di emissione a condizione che non si verifichino significativi effetti distorsivi nella ripartizione degli interessi. Questa agevolazione è di fatto abrogata dall'introduzione della logica del costo ammortizzato, anche se per "differenziali" di importo modesto l'allocazione *pro-rata temporis* rientrerebbe nei casi di attuazione del principio della rilevanza.
Passando al soggetto emittente, l'OIC 19 afferma che "il metodo di ammortamento che rispecchia contabilmente la natura dell'operazione è quello mediante il quale viene effettuato il ricalcolo dell'interesse effettivo del prestito; pertanto ogni rata di ammortamento è rideterminata in modo da far gravare sul Conto Economico un minor onere finanziario in misura proporzionale sul debito residuo. Questo sistema comporta il ricalcolo del piano di ammortamento in base al *tasso di interesse effettivo* per determinarne la quota di competenza. In altri termini, tale metodo ha lo scopo di determinare l'interesse del periodo pari all'interesse ad un tasso effettivo calcolato sul valore nominale del prestito (al lordo del aggio) all'inizio di ciascun periodo".

Una volta chiarito che il criterio del tasso di riferimento è già da tempo la soluzione *benchmark* prevista dai Principi contabili nazionali per l'allocazione dei disaggi e aggi di emissione e dei premi e scarti di negoziazione, vediamo cosa cambia con l'entrata in vigore delle nuove disposizioni del Codice civile.

Il vero elemento di novità legata all'introduzione del costo ammortizzato riguarda la presentazione in bilancio del premio (scarto) di sottoscrizione e del disaggio (aggio) di emissione. Nella parte iniziale del paragrafo si è avuto modo di chiarire che la differenza tra il valore di emissione e il valore di rimborso del titolo è uno degli elementi che ne determina il valore contabile con il criterio del costo ammortizzato. Di conseguenza:

- le quote dei premi di sottoscrizione (negoziazione) maturate nell'esercizio non figureranno più tra i ratei attivi ma saranno portate ad incremento del valore del titolo;
- le quote degli scarti di sottoscrizione (negoziazione) maturate nell'esercizio non figureranno più tra i ratei passivi, ma saranno portate in diminuzione del valore del titolo;
- la frazione del disaggio di emissione di competenza economica dei futuri esercizi non sarà più classificata tra i risconti attivi, ma sarà portata ad incremento del valore del titolo;
- la frazione dell'aggio di emissione di competenza economica dei futuri esercizi non sarà più classificata tra i risconti passivi, bensì verrà portata a decremento del valore del titolo.

ESEMPIO – Sottoscrizione prestito obbligazionario emesso sotto la pari
In data 01/01/t, la società Alfa sottoscrive al prezzo di € 95.900 un prestito obbligazionario emesso dalla Società Beta del valore nominale di € 100.000 della durata di cinque anni. Il finanziamento prevede il pagamento di cedole annuali al tasso nominale del 6% e il rimborso del capitale a alla scadenza (31/12/t+4).

RAPPRESENTAZIONE IN BILANCIO PER LA SOCIETÀ ALFA (OIC 20 E D.LGS 139/2015)
Il primo step da compiere per l'applicazione del criterio del costo ammortizzato è la determinazione del tasso interno di rendimento.

Data	Operazione	Cash flow
01/01/t	Sottoscrizione prestito	-95.900
31/12/t	Incasso interessi	6.000
31/12/t+1	Incasso interessi	6.000
31/12/t+2	Incasso interessi	6.000
31/12/t+3	Incasso interessi	6.000
31/12/t+4	Incasso interessi e quota capitale sottoscritta	106.000
		TIR 7%

La tabella che segue evidenzia (in grassetto) l'ammontare degli interessi attivi di competenza (colonna D) e il valore contabile del titolo alla data di redazione del bilancio in base alla logica del criterio del costo ammortizzato.

Data	(A) Valore rimborso del titolo	(B) Valore iniziale	(C) Interessi incassati (A)*0,06	(D) Interessi attivi in CE (TIR) (B)*0,07	(E) Premio di competenza (D) – (C)	(F) Valore titolo al 31.12 (B)+(E)
01/01/t	100.000	95.900				**95.900**
31/12/t	100.000	95.900	6.000	**6.712**	712	**96.612**
31/12/t+1	100.000	96.612	6.000	**6.763**	763	**97.375**
31/12/t+2	100.000	97.376	6.000	**6.816**	816	**98.192**
31/12/t+3	100.000	98.192	6.000	**6.873**	873	**99.065**
31/12/t+4	100.000	99.065	6.000	**6.934**	934	**100.000**
31/12/t+4	0				Tot 4.100	0,00

La prossima tabella mostra la contabilizzazione del prestito obbligazionario in base alle disposizioni antecedenti all'entrata in vigore delle disposizioni di attuazione della Direttiva.

Data	(A) Valore rimborso del titolo	(B) Valore iniziale	(C) Interessi incassati (A)*0,06	(D) Interessi in CE (TIR) (B)*0,07	(E) Premio di competenza (D) – (C)	Ratei attivi Somma (E)	(G) Valore titolo al 31.12
01/01/t	100.000	95.900					95.900
31/12/t	100.000	95.900	6.000	6.712	712	712	95.900
31/12/t+1	100.000	96.613	6.000	6.763	763	1476	95.900
31/12/t+2	100.000	97.376	6.000	6.816	816	2292	95.900
31/12/t+3	100.000	98.192	6.000	6.873	873	3165	95.900
31/12/t+4	100.000	99.065	6.000	6.934	934	4.100	95.900
	0					0	0

Possiamo osservare che il criterio del costo ammortizzato e le disposizioni dell'OIC 20 in vigore fino ai bilanci del 2015 conducono alle medesime risultanze in ordine all'ammontare dei proventi finanziari di competenza di ciascun esercizio.
Viceversa, si riscontrano delle divergenze per quanto concerne la rappresentazione nello Stato Patrimoniale: il criterio del costo ammortizzato prevede che i premi di competenza contribuiscano alla formazione del valore contabile del titolo; le regole emanate dall'OIC prima del D.lgs 139/2015 disponevano l'iscrizione dei premi di negoziazione alla voce ratei attivi, mentre il titolo rimane iscritto in bilancio al suo valore iniziale (95.900). Il conto ratei attivi era chiuso alla data di incasso dell'ultima cedola e della quota capitale sottoscritta (31/12/t+4).

31/12/t+4

Cassa	A	Diversi		106.000
		Titoli di debito	95.900	
		Ratei attivi	4.100	
		Proventi finanziari	6.000	

Peraltro, evidenziamo che la somma tra il costo di acquisto del titolo e l'ammontare dei ratei attivi alla data di chiusura dell'esercizio esprime il valore contabile del titolo con il criterio del costo ammortizzato. Nel caso di titoli acquistati o emessi sopra la pari, la medesima uguaglianza si raggiungeva sottraendo dal costo di acquisto del titolo l'importo dei pertinenti ratei passivi iscritti nello Stato Patrimoniale.

RAPPRESENTAZIONE IN BILANCIO PER LA SOCIETÀ BETA (OIC 19 E D.LGS 139/2015)
Per completezza di analisi, nella prossima tabella riportiamo gli effetti contabili dell'emissione del prestito obbligazionario per la società Beta secondo il metodo del costo ammortizzato.

Data	(A) Valore rimborso del prestito	(B) Valore iniziale	(C) Interessi pagati (A)*0,06	(D) Interessi passivi in CE (TIR) (B)*0,07	(E) Disaggio di competenza (D) – (C)	(F) Valore titolo al 31.12 (B)+(E)
01/01/t	100.000	95.900				95.900
31/12/t	100.000	95.900	6.000	6.712	712	96.612
31/12/t+1	100.000	96.612	6.000	6.763	763	97.375
31/12/t+2	100.000	97.376	6.000	6.816	816	98.192

31/12/t+3	100.000	98.192	6.000	**6.873**	873	**99.065**
31/12/t+4	100.000	99.065	6.000	**6.934**	934	**100.000**
31/12/t+4	0					**0,00**

L'applicazione delle regole contenute nel vigente OIC 19 avrebbe portato alla seguente rappresentazione contabile per la società Beta.

Data	(A) Valore rimborso del prestito	(B) Valore iniziale	(C) Interessi pagati (A)*0,06	(D) Interessi in CE (TIR) (B)*0,07	(E) Disaggio di compete nza (D) – (C)	(F) Disaggio in S.P. (F) t-1 -(E)	(G) Valore prestito al 31.12
01/01/t	100.000	95.900				4.100	100.000
31/12/t	100.000	95.900	6.000	6.712	712	3.387	100.000
31/12/t+1	100.000	96.613	6.000	6.763	763	2.624	100.000
31/12/t+2	100.000	97.376	6.000	6.816	816	1.808	100.000
31/12/t+3	100.000	98.192	6.000	6.873	873	934	100.000
31/12/t+4	100.000	99.065	6.000	6.934	934	0	100.000
	0					0	0

Così come per il sottoscrittore, le metodologie di rilevazione antecedenti al D.lgs 139/2015 facevano emergere indirettamente nello Stato Patrimoniale dell'emittente il valore al costo ammortizzato del prestito come differenza tra il valore nominale del debito e il disaggio su prestiti capitalizzato nell'attivo.

Lo scorporo degli interessi dai crediti e debiti commerciali

Un'altra fattispecie nella quale i Principi contabili nazionali dispongono delle tecniche di rilevazioni improntate sulla tecnica dell'attualizzazione è quella della rappresentazione in bilancio delle operazioni di scambio di beni e servizi con regolamento a medio-lungo termine.

Quando i termini di regolamento sono superiori all'esercizio, il corrispettivo pattuito tra le parti incorpora anche la remunerazione spettante al venditore per la concessione del finanziamento la quale, in ossequio ai postulato della competenza, deve essere rilevata separatamente dal ricavo di vendita. Una previsione speculare è dettata dall'OIC 19 dal punto di vista del debitore.

La componente finanziaria può essere esplicitata in modo chiaro nel contratto di compravendita, oppure deve ritenersi incorporata nel prezzo di vendita. Nel secondo caso, se di importo rilevante, il corrispettivo finanziario deve essere scorporato dal corrispettivo dello scambio secondo le disposizioni previste dall'OIC 15 (per il creditore) e dall'OIC 19 (per il debitore).

La disciplina contabile dello "scorporo degli interessi" è stata profondamente rivista in sede di aggiornamento dei Principi contabili con l'obiettivo di definire un approccio di rilevazione uniforme per il debitore e per il creditore.

I nuovi criteri di rilevazione chiariscono che, in caso di interessi impliciti, la componente commerciale (ossia il ricavo di vendita per il venditore, e l'importo del costo di acquisto per il debitore) è dato dal prezzo di mercato del bene nell'ipotesi di regolamento a breve termine (prezzo a pronti). Il valore della componente finanziaria si ottiene per differenza tra il valore nominale del corrispettivo e l'importo della componente commerciale così determinata.

Gli interessi sono contabilizzati in sede di rilevazione iniziale dell'operazione e contabilizzati tra i risconti (attivi dal debitore-compratore, passivi dal creditore-venditore). Gli interessi transitano a Conto Economico lungo la durata della dilazione di pagamento. Al pari di quanto evidenziato per i premi/scarti di sottoscrizione (negoziazione) e per il disaggio/aggio di emissione, la ripartizione della componente finanziaria avviene secondo la tecnica del tasso interno di rendimento.

Quando non è possibile stimare il prezzo a pronti del bene, l'OIC 15 prevede il ricorso alla tecnica dell'attualizzazione per determinare il valore della componente commerciale. Una simile previsione non è stata inserita nell'OIC 19.

L'intervento deliberato dai vertici dell'OIC è stato particolarmente opportuno poiché i precedenti OIC 15 e OIC 19 prevedevano disposizioni divergenti riguardo alla determinazione della componente commerciale: l'OIC 19 prevedeva la tecnica del prezzo a pronti oggi divenuta il trattamento contabile di riferimento, mentre l'OIC 15 richiedeva sempre l'attualizzazione del credito.

La difformità di impostazione non portava a risultanze discordanti allorquando la dilazione di pagamento è concessa a tassi di mercato. In siffatta ipotesi, infatti, il valore attuale del credito (debito) alla data dell'operazione commerciale non si discosta dal prezzo a pronti.

Discorso diverso per i finanziamenti concessi a tassi non allineati al saggio di mercato. Per chiarire al meglio la problematica ora descritta, si consideri l'ipotesi in cui l'impresa Alfa acquisti delle materie prime dal venditore Beta a un costo di € 50.000 con pagamento a due anni. Il prezzo di vendita coincide con il corrispettivo che sarebbe stato praticato dal venditore in caso di regolamento immediato. In base alla tecnica del prezzo a pronti prevista dall'OIC 15 e dall'OIC 19 (2014), l'operazione in parola non fa emergere alcuna componente finanziaria nei conti del creditore e del debitore. Viceversa con la tecnica dell'attualizzazione, l'ammontare degli interessi impliciti è slegato dalla relazione esistente tra il prezzo della transazione e il prezzo normalmente praticato dal venditore in caso di pagamento immediato.

In sostanza, l'OIC ha espresso una preferenza per la tecnica del prezzo a pronti, stabilendo il ricorso all'attualizzazione solo in casi eccezionali, peraltro limitati ai soli crediti commerciali.

La novità del costo ammortizzato sembra obbligare l'OIC a rivedere il trattamento contabile dello scorporo degli interessi dai crediti e debiti commerciali emanato in sede di aggiornamento dei Principi contabili nazionali.

Dopo il superamento a livello normativo del criterio del valore nominale sia per i crediti sia per i debiti, l'importo del ricavo di vendita e del costo di acquisto dei beni coinciderà sempre con il valore attuale della posta numeraria, fermo restando che quest'ultimo non si discosta dal prezzo a pronti se le condizioni contrattuali del finanziamento approssimano i parametri di mercato.

D'altra parte, una correzione in tal senso appare opportuna a prescindere dal modifica civilistica, dal momento che gli stessi OIC 15 e OIC 19 affermano che, in caso di pagamento posticipato, il prezzo di vendita include una remunerazione al venditore legata all'indisponibilità temporanea di liquidità.

Un'altra innovazione concernente il caso in esame attiene alle modalità di rappresentazione dell'operazione. Le indicazioni dell'OIC 15 e dell'OIC 19 - pur raccomandando la logica del tasso di rendimento effettivo ai fini della determinazione degli interessi di competenza dell'esercizio - escludono la rettifica del valore contabile del credito e del debito commerciale, nel rispetto del dettame civilistico in vigore al momento della stesura dei Principi contabili nazionali.

A partire dal 2016, i crediti e i debiti saranno rilevati inizialmente al valore attuale con in contropartita, rispettivamente, il ricavo di vendita e il costo di acquisto.
Alla data di chiusura dell'esercizio si procederà all'iscrizione degli interessi di competenza attraverso l'aggiornamento del valore contabile delle poste numerarie. Pertanto, la movimentazione dei risconti non è più necessaria.

ESEMPIO – Scorporo interessi impliciti
In data 01/01/t, l'impresa ALFA acquista un macchinario per € 300.000 con pagamento in tre rate annuali da effettuarsi al 31 dicembre.
In caso di pagamento di pagamento in contanti il prezzo di acquisto sarebbe stato di € 250.000.
Applicando al caso in esame le disposizioni dell'OIC 15 e dell'OIC 19, alla data dell'operazione, si procede allo scorporo dell'elemento finanziario dal costo di acquisto. L'importo degli oneri finanziari da rilevare tra i risconti attivi è dato alla differenza tra prezzo pattuito e prezzo a pronti. La scrittura contabile, omettendo per semplicità la rilevazione dell'IVA, è la seguente:

	01/01/t		
Diversi	A	*Fornitori*	300.000
Macchinario			250.000
Risconti attivi			50.000

Per determinare la quota di interessi passivi di competenza di ciascun esercizio, occorre calcolare il tasso di interesse effettivo del finanziamento:

Data	Operazione	Cash flow
01/01/t	Finanziamento	-250.000
31/12/t	Rimborso prima rata	100.000
31/12/t+1	Rimborso seconda rata	100.000
31/12/t+2	Rimborso terza rata	100.000
		TIR 9,7%

La tabella che segue evidenzia la rappresentazione in Stato Patrimoniale e in Conto Economico con riferimento alle poste contabili di natura finanziaria interessate dall'operazione.

Esercizio	(A) Valore attuale prima rimborso rata	(B) Int. di comp. (A)*0,097	(C) Quota capitale	(D) Valore attuale debito dopo rimborso rata (A)+(B) - (C)	(E) Risconti attivi (E) $_{t-1}$ – (B)	(F) Valore bilancio credito (F) $_{t-1}$ – (C)
01/01/t	250.000			250.000	**50.000**	**300.000**
31/12/t	250.000	**24.253**	100.000	174.253	**25.747**	**200.000**
31/12/t+1	174.253	**16.904**	100.000	91.157	**8.843**	**100.000**
31/12/t+2	91.157	**8.843**	100.000	0	**0**	**0**

Le scritture contabili relative alla rilevazione degli interessi passivi sono le seguenti:

	31/12/t		
Interessi passivi	A	*Risconti attivi*	24.253

| Stato Patrimoniale | A | Risconti attivi | | 25.747 |

31/12/t+1

| Interessi passivi | A | Risconti attivi | | 16.904 |

| Stato Patrimoniale | A | Risconti attivi | | 8.843 |

31/12/t+2

| Interessi passivi | A | Risconti attivi | | 8.843 |

La transizione al Costo ammortizzato richiede in primis la determinazione del valore attuale del debito. Ipotizzando che il finanziamento sia stato concesso a condizioni di mercato (tasso di mercato = TIR =0,097), il valore attuale del debito coincide con il prezzo di mercato.

Gli effetti contabili della rilevazione del finanziamento con il nuovo criterio sono sintetizzati nella prossima tabella

Esercizio	(A) Valore attuale prima rimborso rata	(B) Int. di comp. (A)*0,097	(C) Quota capitale	(D) Valore di bilancio del debito (A)+(B) - (C)	(E) Interessi da ammortizz are (E) $_{t-1}$ - (B)	(F) Valore nominale credito (F) $_{t-1}$ - (C)
01/01/t	250.000			250.000	50.000	300.000
31/12/t	250.000	24.253	100.000	174.253	25.747	200.000
31/12/t+1	174.253	16.904	100.000	91.157	8.843	100.000
31/12/t+2	91.157	8.843	100.000	0	0	0

Gli interessi passivi sono così rilevati:

31/12/t

| Interessi passivi | A | Debiti verso fornitori | | 24.253 |

31/12/t+1

| Interessi passivi | A | Debiti verso fornitori | | 16.904 |

31/12/t+2

| Interessi passivi | A | Debiti verso fornitori | | 8.843 |

Possiamo osservare che la precedente normativa contabile nazionale permetteva di ricostruire il valore attuale del debito decurtando il suo valore contabile (valore nominale) dell'importo dei risconti passivi.

I costi di transazione

Il recepimento del criterio del costo ammortizzato implica che gli oneri accessori correlati alla concessione (ottenimento) di finanziamenti e all'acquisto di titoli saranno equiparati, sia in termini di rilevazione che di presentazione, agli interessi (attivi o passivi).

La corretta individuazione dei costi di transazione riveste un ruolo cruciale nell'ambito del costo ammortizzato visto l'impatto sul tasso interno di rendimento e, quindi, sul valore contabile dello strumento finanziario. Ad esempio, i costi di transazione sostenuti per la concessione di un finanziamento devono essere portate ad incremento del valore nominale del credito. Ciò provoca un disallineamento tra il tasso effettivo di rendimento e il tasso nominale che si riflette nell'imputazione a Conto Economico degli interessi attivi e sul *book value* del credito.

Si tratta di un'importante inversione di tendenza poiché è prassi consolidata nel nostro Paese rilevare i costi di transazione in modo autonomo, per poi ripartirli nel tempo mediante la tecnica dei risconti (attivi se sostenuti, passivi se incassati).

ESEMPIO – Erogazione finanziamento con spese non recuperabili
In data 01/01/t, l'impresa Alfa concede un finanziamento quinquennale di € 2.000 al tasso contrattuale 10%, allineato ai parametri di mercato.
Nel mese di dicembre del precedente esercizio, sono state affrontate spese non recuperabili pari allo 0,5% del valore nominale del titolo.
Il sostenimento di un onere finanziario per il perfezionamento dell'operazione produce un tasso di rendimento inferiore al tasso nominale.

T	Capitale	Commissioni	Interessi	Cash flow
0	(2.000)	(10)		(2.010)
1			200	200
2			200	200
3			200	200
4			200	200
5	2.000		200	2.200
				TIR = 9,869%

Una volta determinato il Tasso di interesse effettivo (TIR) è possibile definire il valore contabile del credito nel periodo considerato. Gli interessi di competenza economica dell'esercizio si ottengono moltiplicando il valore di bilancio all'inizio del periodo amministrativo (espressione del costo ammortizzato) per il tasso interno di rendimento

Tempo	Valore nominale credito (A)	Interessi nominali (B)	**Interessi effettivi imputati in C.E. (C)**	Amm.to commissioni (D) = (B) – (C)**	Commissioni da amm. (E) = (E) t-1 – (D)*	**Valore di bilancio del credito (Costo ammortizzato) (A) + (D)**
01/01/t	2.000				10	**2.010,00**
31/12/t	2.000	200	**198,36**	1,64	8,36	**2.008,36**
31/12/t+1	2.000	200	**198,20**	1,80	6,55	**2.006,55**
31/12/t+2	2.000	200	**198,02**	1,98	4,57	**2.004,57**
31/12/t+3	2.000	200	**197,82**	2,18	2,39	**2.002,39**
31/12/t+4	2.000	200	**197,61**	2,39	0,00	**2.000,00**
31/12/t+4*	0					**0,00**

*Al 31.12.t+4, il credito è eliminato dal bilancio a seguito del rimborso da parte della società Beta

Proponiamo in appresso le scritture contabili dell'esercizio t.

Crediti		01.01.t A	Diversi		2.010
			Cassa	2.000	
			Commissioni	10	

Cassa		31/12/t A	Interessi attivi		2.000

Interessi attivi		31/12/t A	Crediti		1,64

Stato Patrimoniale		A	Crediti		2.008,36

La rappresentazione contabile del credito in base alla precedente disciplina civilistica avrebbe portato all'iscrizione delle commissioni non recuperabili tra i risconti attivi (per semplicità ipotizziamo un'imputazione a quote costanti).
Gli interessi di competenza di ciascun periodo amministrativo sarebbero sarebbe stati calcolati in funzione del valore nominale del credito e del tasso contrattuale.

Data	Valore nominale credito (A)	Interessi nominali (B)	Interessi effettivi imputati in C.E. (C)	Amm.to commissioni (D) = (B) − (C)	Risconti attivi (E) = (E) t-1 −(D)	Valore di bilancio del credito = (A)
01/01/t	2.000				10	2.000
31/12/t	2.000	200	200	2	8	2.000
31/12/t+1	2.000	200	200	2	6	2.000
31/12/t+2	2.000	200	200	2	4	2.000
31/12/t+3	2.000	200	200	2	2	2.000
31/12/t+4	2.000	200	200	2	0	2.000

Merita precisare che le previsioni dei Principi contabili nazionali prevedono in talune circostanze l'inclusione dei costi di transazione nel valore contabile dello strumento finanziario, realizzando da questo punto di vista una convergenza con il criterio del costo ammortizzato.

L'OIC 20 stabilisce che il costo di acquisto dei titoli di debito comprende gli oneri accessori, "*in genere costituiti da costi di intermediazione bancaria e finanziaria, spese di consulenza di diretta imputazione, ovvero commissioni, spese e imposte di bollo*".

L'OIC 19 puntualizza che gli oneri accessori sostenuti dalla società per l'emissione sul mercato del prestito obbligazionario sono ammortizzati nel periodo di durata del finanziamento secondo le stesse modalità previste per la rilevazione contabile degli aggi/disaggi. Tale previsione sembrerebbe affermare che i costi di transazione debbano essere trattati contabilmente come una riduzione del finanziamento erogato e non come una componente negativa di reddito da rilevare separatamente in Conto Economico.

Gli oneri accessori maturati alla data di bilancio vanno a sommarsi al valore nominale del finanziamento e agli interessi anche per quanto riguarda i debiti verso soci per finanziamenti, i debiti verso banche e i debiti verso altri finanziatori (OIC 19, par. 81).

In merito ai costi marginali affrontati per reperire i finanziamenti (spese di istruttoria, l'imposta sostitutiva su finanziamenti a medio termine, ecc), l'OIC 24 ne richiede l'iscrizione nell'attivo dello Stato Patrimoniale nella voce *"altre"* immobilizzazioni immateriali. E' interessante notare come i criteri di ammortamento dettati dallo stesso Principio esprimano una preferenza per la ripartizione del costo in base a "modalità finanziarie", con un evidente richiamo al criterio del tasso interno di rendimento.

***

In conclusione, possiamo affermare che il metodo dell'interesse effettivo trova già ampio riconoscimento nella normativa contabile interna ai fini della rilevazione secondo competenza economica dei proventi e oneri finanziari, senza però intaccare il valore di bilancio delle attività e delle passività finanziarie. Con l'introduzione del costo ammortizzato, questa limitazione viene superata consentendo l'immediata percezione del "valore attuale" degli strumenti finanziari nel bilancio di esercizio.

Il metodo del costo ammortizzato, contrariamente a quanto si potrebbe immaginare, non è del tutto distante dalla logica del costo storico giacché le variazioni di *fair value* dello strumento finanziario durante il periodo di detenzione non hanno effetti sul valore contabile del medesimo. Allo stesso tempo, l'iscrizione iniziale al *fair value* richiesta da questa tecnica di valutazione, e circoscritta dal D.lgs 139/2015 ai crediti e ai debiti, costituisce un cambiamento di impatto assolutamente significativo per la nostra normativa bilancistica.

4.4. Strumenti finanziari derivati

Un'altra innovazione importantissima connessa alla recepimento della Direttiva è l'adeguamento del trattamento contabile degli strumenti finanziari derivati all'impianto normativo previsto dai Principi contabili internazionali.

Il nuovo numero 11-*bis* dell'articolo 2426 apre con l'obbligo di valutazione al *fair value* dei derivati, compresi quelli incorporati in altri strumenti finanziari. Le successive disposizioni recepiscono le tipologie di copertura dello IAS 39.

Ricordiamo che i principi generali della direttiva 2013/34/UE prevedono, come regola generale, la valutazione al costo delle attività di bilancio. Tuttavia, in deroga a tale postulato, i governi nazionali autorizzano o prescrivono, per tutte le imprese o per talune categorie di imprese, la valutazione al valore equo degli strumenti finanziari, inclusi i derivati alle condizioni specificate dalla stessa Direttiva.

Elementi definitori

Il D.lgs 139/2015 conferma che i concetti di "strumenti finanziario", di "strumento finanziario derivato" e di "fair value" sono ripresi dai Principi contabili internazionali adottati dall'Unione europea. L'insieme dei rimandi alle definizioni IAS è stato trasferito dall'art. 2427-*bis* all'art. 2426 (secondo comma). Tale spostamento è la naturale conseguenza della decisione del legislatore di estendere l'applicazione del *fair value* (e del costo ammortizzato) alle valutazioni di bilancio, in palese discontinuità rispetto al passato dove il criterio del valore corrente rilevava esclusivamente ai fini della compilazione della Nota Integrativa.

Secondo il Principio contabile internazionale IAS 32, *Strumenti finanziari: esposizione nel bilancio*, uno strumento finanziario è rappresentato da "qualsiasi contratto che dia origine ad una attività finanziaria per un'entità e, di contro, ad una passività finanziaria o ad uno strumento rappresentativo del patrimonio netto per un'altra entità". Il Principio, oltre a fornire una definizione di base di strumento finanziario, specifica i concetti di attività e passività finanziarie, nonché di strumenti rappresentativi del patrimonio netto.

Le *attività finanziarie* sono rappresentate da:
- (a) disponibilità liquide;
- (b) uno strumento rappresentativo di capitale di un'altra entità;
- (c) un diritto contrattuale:
    - (i) a ricevere disponibilità liquide o un'altra attività finanziaria da un'altra entità; o
    - (ii) a scambiare attività o passività finanziarie con un'altra entità alle condizioni che sono potenzialmente favorevoli all'entità; o
- (d) un contratto che sarà o potrà essere estinto tramite strumenti rappresentativi di capitale dell'entità ed è:
    - (i) un non derivato per cui l'entità è o può essere obbligata a ricevere un numero variabile di strumenti rappresentativi di capitale dell'entità; o
    - (ii) un derivato che sarà o potrà essere regolato con modalità diverse dallo scambio di un importo fisso di disponibilità liquide o un'altra attività finanziaria contro un numero fisso di strumenti rappresentativi di capitale dell'entità. A tal fine, gli strumenti rappresentativi di capitale dell'entità non includono strumenti che siano a loro volta contratti per ricevere o consegnare in futuro strumenti rappresentativi di capitale dell'entità.

Le *passività finanziarie* sono rappresentate da:
- (a) un'obbligazione contrattuale:
    - (i) a consegnare disponibilità liquide o un'altra attività finanziaria a un'altra entità; o
    - (ii) a scambiare attività o passività finanziarie con un'altra entità alle condizioni che sono potenzialmente sfavorevoli all'entità; o
- (b) un contratto che sarà o potrà essere estinto tramite strumenti rappresentativi di capitale dell'entità ed è:
    - (i) un non derivato per cui l'entità è o può essere obbligata a consegnare un numero variabile di strumenti rappresentativi di capitale dell'entità;
    - (ii) un derivato che sarà o potrà essere estinto con modalità diverse dallo scambio di un importo fisso di disponibilità liquide o un'altra attività finanziaria contro un numero fisso di strumenti rappresentativi di capitale dell'entità. A tal fine, gli strumenti rappresentativi di capitale dell'entità non includono strumenti che siano a loro volta contratti per ricevere o consegnare in futuro degli strumenti rappresentativi di capitale dell'entità.

Gli strumenti rappresentativi del patrimonio netto dell'entità comprendono ogni contratto che evidenzia un interesse ideale di partecipazione alle attività dell'impresa una volta dedotte tutte le passività.

La categoria dei "derivati" è composta dagli strumenti finanziari il cui valore di mercato dipende ("deriva") da quello di attività sottostanti (aventi natura reale o finanziaria) o dall'andamento di parametri di mercato (ad esempio, tassi di interesse o di cambio, indici o quotazioni di borsa, ecc.). Anche per la definizione di strumento finanziario derivato, il Codice Civile rinvia ai Principi contabili internazionali.

Ai sensi dello IAS 39 (par. 9), un derivato é uno strumento finanziario, o un altro contratto, che presenta le seguenti caratteristiche:

a) il suo valore si modifica al variare di un determinato tasso d'interesse, prezzo di uno strumento finanziario o di una merce, tasso di cambio, indice di prezzo o di tasso, *rating* o indice di credito, oppure di altre variabili (finanziarie o non finanziarie). Le variabili non finanziarie non devono riferirsi ad una delle controparti contrattuali;

b) non prevede un investimento iniziale oppure tale somma risulta minore da quella richiesta per altri tipi di contratti o strumenti funzionali al raggiungimento dei medesimi risultati;

c) è regolato a una data futura.

Il terzo comma dell'art. 2426 c.c., confermando quanto in precedenza riportato nell'art. 2427-*bis* c.c., stabilisce che sono da considerarsi derivati anche gli strumenti finanziari collegati a merci che conferiscono all'una o all'altra parte contraente il diritto di procedere alla liquidazione del contratto per contanti, o mediante altri strumenti finanziari, ad eccezione del caso in cui si verifichino contemporaneamente le seguenti condizioni:

a) il contratto sia stato concluso e sia mantenuto per soddisfare le esigenze previste dalla società che redige il bilancio di acquisto, di vendita o di utilizzo delle merci;

b) il contratto sia stato destinato a tale scopo fin dalla sua conclusione;

c) si prevede che il contratto sia eseguito mediante consegna della merce.

Questa disposizione esclude dall'ambito di applicazione della disciplina civilistica dei derivati i contratti riferiti ad operazioni attinenti all'attività produttiva. Viceversa, i contratti a termine su *commodities* regolati per contanti sono considerati a tutti gli effetti dei derivati e come tali soggetti alle regole di valutazione e di informativa previste, rispettivamente, dal punto 11-*bis* dell'art. 2426 e dall'art. 2427-*bis* c.c..

Gli strumenti finanziari derivati possono essere classificati nelle seguenti principali categorie:

- *Contratti a termine*: è un accordo tra due soggetti per la consegna di una determinata quantità di un certo sottostante ad un prezzo (prezzo di consegna) e ad una data (data di scadenza o *maturity date*) prefissati. Il sottostante può assumere natura finanziaria (azioni, obbligazioni, valute, ecc.) o reale (merci, come petrolio, metalli, prodotti agricoli).

  L'acquirente a termine si impegna alla scadenza a corrispondere il prezzo di consegna per ricevere il sottostante (posizione lunga), mentre il venditore assume l'obbligazione di mettere a disposizione il sottostante in cambo dell'incasso del prezzo di consegna (posizione corta).

  L'esecuzione del contratto alla scadenza può realizzarsi: con l'effettivo scambio del bene (*physical delivery*) dietro il pagamento del prezzo di consegna; oppure mediante il pagamento in denaro della differenza tra il prezzo corrente del sottostante alla scadenza del contratto e il prezzo di consegna (*cash settlement*). Tale scarto sarà corrisposto dal venditore a pronti qualora il sottostante abbia registrato un incremento di valore lungo la durata del contratto. Nel caso contrario, sarà l'acquirente a pronti a versare alla controparte un importo pari al deprezzamento subito dall'*asset* oggetto del derivato.

Le principali tipologie di contratti a termine sono i contratti *forward* (stipulati fuori dai mercati regolamentati) ed i contratti *futures* (*standard* izzati e quotasi sui mercati regolamentati).

- *Opzioni*: strumenti che attribuiscono all'acquirente, dietro il pagamento di un premio, il diritto (non l'obbligo) di acquistare (*opzioni call*) o di vendere (*opzioni put*) attività finanziarie o reali a un prezzo prestabilito (*strike price*) ad una certa data (opzione europea) o entro la stessa data (opzione americana);
- *Swap*: strumenti mediante i quali due parti si impegnano a scambiarsi tra di loro, a date prestabilite, flussi di cassa secondo uno schema convenuto.

Dal punto di vista delle finalità perseguite dalle imprese con l'investimento in strumenti finanziari derivati si possono distinguere due macrocategorie:

- i derivati speculativi; e
- i derivati di copertura.

Tale classificazione, come si vedrà a breve, assume un ruolo decisivo ai fini della rappresentazione contabile del derivato.

I derivati speculativi sono acquistati e alienati con l'obiettivo di conseguire degli utili, tipicamente nel breve periodo, per effetto dell'avverarsi delle previsioni riguardanti l'andamento atteso di tassi, indici o prezzi di mercato.

La finalità economico-tecnico delle operazioni di copertura è quella di neutralizzare le potenziali perdite che possono manifestarsi su un determinato elemento o gruppo di elementi in caso di manifestazione di uno specifico rischio (rischio di interesse, rischio di mercato, rischio di cambio, ecc.) attraverso gli utili generati da un altro elemento o gruppo di elementi qualora quel determinato evento negativo dovesse nel concreto presentarsi.

A titolo di chiarimento, poniamo di dover neutralizzare il rischio che un titolo obbligazionario iscritto tra le immobilizzazioni finanziarie subisca un deprezzamento di valore a causa di un atteso incremento dei tassi di interesse (rischio di mercato). La stipula di un contratto a termine che prevede la vendita del titolo ad un prezzo di consegna pari al suo valore attuale alla data di conclusione dell'accordo permetterebbe la copertura del rischio almeno fino alla *maturity date*. Infatti, grazie a tale derivato *cash-settled*, qualora la perdita attesa dovesse realmente manifestarsi, l'impresa incasserebbe un differenziale dall'acquirente a termine in grado di annullare gli effetti della svalutazione dello strumento finanziario principale. Nel caso opposto, l'impresa dovrebbe riconoscere alla controparte il maggior valore dell'elemento coperto alla *maturity date*; l'uscita di cassa prodotta dal derivato sarebbe però assorbita dalla rivalutazione del titolo in portafoglio.

L'efficacia della copertura è misurata dalla compensazione tra le variazioni nel *fair value* o nei flussi finanziari dell'asset esposto ad uno specifico rischio (elemento coperto, sottostante, *hedged items*) e le variazioni nel *fair value* o nei flussi finanziari dello strumento di copertura (*hedging instruments*).

Riguardo all'individuazione delle operazioni di copertura – nell'assoluto silenzio della normativa civilistica, silenzio che peraltro permane anche dopo il recepimento della Direttiva – è possibile fare riferimento alle istruzioni emanate della Banca d'Italia. In particolare, secondo quanto riportato nel Provvedimento Banca d'Italia 30 luglio 2002, *Istruzioni per la redazione del bilancio dell'impresa e del bilancio consolidato delle banche e delle società finanziarie capogruppo di gruppi,* le operazioni di copertura sono quelle effettuate dalla società con lo scopo di proteggere dal rischio di avverse variazioni dei tassi di interesse, dei tassi di cambio o dei prezzi di mercato il valore di singole attività o passività in bilancio, insiemi di attività e passività o future transazioni. Un'operazione è considerata ai fini di copertura se:

- vi sia l'intento della società di porre in essere tale copertura;
- sia elevata la correlazione tra le caratteristiche tecnico-finanziarie delle attività/passività, o future operazioni coperte, e quelle del contratto di copertura;
- le condizioni di cui sopra risultino documentate da evidenze interne della società.

La regolamentazione delle coperture contemplata dallo IAS 39 si propone come fine ultimo quello di assicurare una coerenza valutativa tra lo strumento coperto e lo strumento di copertura che si concretizza nella rilevazione simmetrica degli effetti reddituali derivanti dalle variazioni di *fair value* (oppure dei flussi finanziari) dello strumento di copertura e dell'elemento coperto.

Il recepimento della direttiva 34/2013 ha determinato l'ingresso nell'ordinamento contabile italiano dell'approccio IAS in materia di rappresentazione bilancistica delle operazioni di copertura. Questa evoluzione richiederà un corposo aggiornamento dei Principi contabili nazionali atto a recepire le diverse disposizioni tecnico-operative dello IAS 39 concernente i diversi aspetti procedurali della *Hedge accounting*. Al riguardo, occorre far presente che lo IAS 39 definisce con estremo rigore: la designazione degli strumenti di copertura e degli elementi coperti, le diverse tipologie di copertura e le correlate tecniche di contabilizzazione, le modalità di svolgimento di test di efficacia delle coperture.

Ai fini di una piena comprensione della portata innovativa delle regole di contabilizzazione degli strumenti finanziari derivati introdotte attraverso il D.lgs 139/2015, è opportuno un sintetico richiamo al precedente regime contabile e valutativo.

La contabilizzazione dei derivati prima del D.lgs 139/2015
Fino al recepimento della Direttiva, la normativa civilistica nulla disponeva riguardo la valutazione e la rilevazione dei derivati. Le uniche previsioni sulla tematica in discorso, introdotte dal D.lgs 394/2003 in parziale recepimento della Direttiva 65/2001, riguardavano la *disclosure* di bilancio e il contenuto della Relazione sulla Gestione. In particolare, la prima versione dell'art. 2427-*bis*, ora integrata dal D.lgs 139/2015, richiedeva (e richiede tuttora) di indicare:

- per ciascuna categoria di strumenti finanziari derivati: il *fair value*, l'entità e la natura;
- per le immobilizzazioni finanziarie iscritte a un valore superiore al loro *fair value*: il valore contabile e il valore equo delle singole attività, o di appropriati raggruppamenti di tali attività; i motivi per i quali il valore contabile non è stato ridotto, inclusa la natura degli elementi sostanziali sui quali si fonda il convincimento della recuperabilità del valore.

Le lacune legislative sulla rappresentazione in bilancio degli strumenti finanziari derivati erano parzialmente colmate dalle indicazioni della prassi professionale, in larga parte riprese dai Principi contabili internazionali e dalla normativa di settore degli intermediari finanziari.
I principi contabili nazionali che si occupavano della questione erano:

- l'appena menzionato OIC 3 (2006), *Le informazioni sugli strumenti finanziari da includere nella Nota Integrativa e nella Relazione sulla Gestione (artt. 2427-bis e 2428, co. 2, n. 6-bis c.c.);*
- l'OIC 22;
- l'OIC 19;
- l'OIC 26, relativamente ai soli derivati valutari, speculativi e di copertura.

Prima di tracciare i lineamenti essenziali della previgente regolamentazione degli strumenti derivati, evidenziamo che i riferimenti alle operazioni su derivati non sono presenti nei testi aggiornati dell'OIC 19, dell'OIC 22 e dell'OIC 26, a dimostrazione dell'intenzione dello *standard setter* nazionale – annunciata ancor prima del recepimento della Direttiva - di elaborare un Principio contabile specifico sulla rappresentazione bilancistica dei derivati.

Scopo preminente dell'OIC 3 era l'interpretazione e l'integrazione in chiave operativa delle previsioni introdotte dal D.lgs 394/2003. In dettaglio, il Principio si proponeva di:
- fornire dei chiarimenti sui concetti di strumento finanziario e di strumento finanziario derivati, evidenziando le difformità di approccio tra la definizione fornita dagli IAS (richiamata dall'art. 2427-bis) e quella presente nel D.Lgs. n. 58/1998 (Legge Draghi);
- individuare le diverse tipologie di strumento finanziario derivato;
- fornire dei chiarimenti utili per la definizione delle relazioni di copertura;
- illustrare i criteri di stima del *fair value* degli strumenti finanziari sulla base delle indicazioni di massima dell'art. 2427-bis;
- specificare attraverso apposite tabelle esemplificative il contenuto dell'informativa da riportare in Nota Integrativa in ordine al *fair value* degli strumenti finanziari derivati e nella relazione sulla gestione.

Relativamente all'iscrizione in bilancio degli strumenti derivati, l'OIC 22 (versione 2005) stabiliva che: "i Conti d'ordine accolgono anche gli impegni connessi alla stipula dei contratti derivati, il cui valore dipende (o deriva) dal prezzo di una data attività finanziaria sottostante oppure dal livello di un dato parametro di riferimento, quale un indice di borsa o un tasso di interesse o di cambio. Si tratta di contratti - le cui tipologie sono molteplici ed in continua evoluzione - di copertura di rischi finanziari oppure a carattere speculativo, dai quali derivano diritti ed obblighi connessi al trasferimento, tra le parti contraenti, di rischi finanziari inerenti all'elemento (contratto) primario sottostante, o all'indice di riferimento".
Comprendiamo quindi come la tradizione contabile italiana concepisse gli investimenti in strumenti derivati come operazioni da evidenziare sotto la linea dello Stato Patrimoniale. In merito al valore di iscrizione dei derivati, posta la regola generale del valore nominale, il vecchio OIC 22 indicava il prezzo *forward* per i contratti a termine su merci, valute e titoli da ricevere o da consegnare.
A parte l'iscrizione nei Conti d'ordine, è doveroso far presente che ove l'acquisizione del derivato comportasse un'uscita finanziaria (ad esempio, il premio nel caso delle opzioni), il costo sostenuto era rilevato nel sistema principale per essere ripartito secondo competenza economica in base alla tecnica dei risconti attivi, oppure assimilato al costo di acquisto di un titolo.

Importantissime indicazioni riguardo alla valutazione successiva dei derivati non valutari erano rinvenibili nell'OIC 19 il quale faceva esplicito rinvio (sebbene solo in nota) ai criteri di valutazione previsti dagli artt. 18 e 20 del D.lgs 87/1992, rammentiamo abrogato dal D.lgs 139/2015.

L'art. 18 del D.lgs 87/1992 stabiliva l'iscrizione al costo delle immobilizzazioni finanziarie con la possibilità di operare una riduzione di valore che tenesse conto del valore di borsa del titolo (per i titoli quotati) oppure dell'andamento del mercato. La svalutazione era invece obbligatoria in caso di perdite durevoli di valore.

I criteri di valutazione delle attività finanziarie afferenti al circolante (art. 20), stabilivano:

- per gli strumenti finanziari non quotati la valutazione al minore tra il costo di acquisto e il valore desumibile dall'andamento del mercato;
- per gli strumenti finanziari quotati:

  (i) l'iscrizione al minor valore tra il costo di acquisto e il valore di mercato; oppure

  (ii) al valore di mercato; l'importo delle rivalutazioni è indicato nella Nota Integrativa.

Le suesposte regole di valutazione erano espressamente destinate anche ai derivati. Pertanto, i derivati iscritti tra le immobilizzazioni finanziarie erano valutati secondo le regole dell'art. 18, mentre i derivati classificati nell'attivo circolante erano appostati in bilancio in ossequio alle previsioni dell'art. 20.

La logica del *fair value* trovava riscontro anche nei postulati di bilancio indicati all'art. 15 del D.lgs 87/1992 laddove, dopo aver affermato la regola generale del divieto di iscrizione degli utili non realizzati, veniva precisato "salvo quanto diversamente disposto dal presente decreto".

Seguendo pedissequamente il rimando contenuto nell'OIC 19, le imprese industriali, mercantili e di servizi italiane avrebbero potuto rilevare immediatamente in Conto Economico i plusvalori originati dall'aumento del valore di mercato dei derivati quotati iscritti nell'attivo circolante. Tuttavia, la rivalutazione dei derivati speculativi è stata pressoché universalmente considerata una pratica contabile del tutto contraria al postulato della prudenza e, perciò, illegittima. Per i derivati detenuti per la negoziazione, la regola di valutazione non poteva che essere quella del minore tra il costo di acquisto e il valore desumibile dall'andamento del mercato, con l'indicazione delle eventuali perdite nette in un apposito fondo rischi.

La contabilizzazione delle coperture merita un discorso specifico. L'art. 15 del D.lgs 87/1992 affermava al riguardo che: "*le attività e le passività in bilancio e fuori bilancio sono valutate separatamente; tuttavia, le attività e le passività tra loro collegate sono valutate in modo coerente*".

Nell'impostazione del previgente bilancio bancario, il criterio della coerenza valutativa trovava compimento nell'estensione al derivato di copertura delle medesime regole valutative dell'elemento coperto. In pratica:

a) se l'elemento coperto è un'immobilizzazione finanziaria, il derivato è valutato al costo e, dunque, le variazioni del *fair value* del titolo e del derivato non producono effetti in bilancio;

b) se l'elemento coperto è un'attività finanziaria non quotata classificata nel circolante, il derivato è valutato al minore tra il costo e valore desumibile dall'andamento del mercato. Ciò implica che il valore di bilancio dell'elemento coperto e del derivato riflettono esclusivamente le variazioni negative del valore di mercato di entrambi (perdite presunte).

c) se l'elemento coperto è un'attività finanziaria quotata classificata nel circolante e l'impresa opta per la valutazione al minore tra il costo e il valore di mercato, si manifestano gli effetti contabili descritti al punto precedente;

d) se l'elemento coperto è un'attività finanziaria quotata classificata nel circolante e l'impresa esercita la facoltà di iscrizione al *fair value*, le variazioni positive e negative del valore equo del derivato sono riflesse in Conto Economico in modo tale da compensare le oscillazioni di valore registrate dall'elemento coperto.

L'approccio del D.lgs 87/1992 era accolto dall'OIC 19 il quale affermava che *"alle operazioni "fuori bilancio" relative a contratti derivati su titoli, valute, tassi d'interesse e indici di borsa devono applicarsi i medesimi criteri di valutazione stabiliti per le corrispondenti attività e passività "in bilancio"*.
Nonostante l'autorevole sostegno dichiarato, in tempi diversi dal CNDCEC (2005) e dalla CONSOB (2001), è doveroso far notare che la posizione assunta dall'OIC lasciava adito a dubbi di compatibilità rispetto alla normativa civilistica del bilancio con particolare riferimento alla rappresentazione della fattispecie di cui al punto d).
In primo luogo, l'iscrizione al *fair value* del derivato, sebbene funzionale all'attuazione della coerenza valutativa, contrastava con i postulati della prudenza e del costo storico.
Ulteriori ostacoli all'impiego della soluzione richiamata nell'OIC 19 erano posti dalla valutazione dell'elemento coperto. Se da un lato il Codice Civile è silente per quanto concerne la rappresentazione dei derivati, aprendo quindi un lievissimo spiraglio alla loro iscrizione al valore di mercato, dall'altro è perentorio nel richiedere la valutazione delle attività finanziarie iscritte nel circolante "al costo di acquisto o di produzione, ovvero al valore di realizzazione desumibile dall'andamento del mercato, se minore". Pertanto, la lettera dell'art. 2426 non sembrava in alcun modo ammettere l'iscrizione al *fair value* degli strumenti finanziari coperti anche perché, come specificato nell'OIC 3, il valore di presunto realizzo è una configurazione differente dal *fair value*.
Muovendo da queste considerazioni, l'utilizzo da parte delle società industriali delle regole seguite dagli istituti di credito era da più parti visto come una profonda deviazione dai principi fondamentali del bilancio civilistico (Fondazione Aristeia, 2006). Diretta conseguenza di una simile visione era l'esclusione della logica della coerenza valutativa: i derivati di copertura dovevano essere sempre valutati separatamente dall'elemento coperto.
Il rifiuto dell'*Hedge Accounting* in ambito codicistico trovava forti opposizioni nel mondo accademico e professionale, motivate dalle rilevanti distorsioni prodotte sui risultati societari. Ignorare la relazione tra il sottostante e lo strumento di copertura, oltre a violare il postulato della prevalenza della sostanza sulla forma, obbligava ad iscrivere una perdita in Conto Economico anche in caso di efficacia delle coperture riferite a uno strumento finanziario appostato nel circolante. Infatti, se il sottostante registrava la perdita di valore attesa questa doveva essere registrata in bilancio senza poter rilevare il correlato utile presunto sul derivato; nella circostanza opposta, era necessario effettuare l'accantonamento al fondo rischi per la perdita sul derivato mentre lo strumento principale rimaneva iscritto al costo.
L'esigenza di riflettere nei bilanci la finalità economica e i risultati delle coperture spinse alcuni studiosi a suggerire l'applicazione del principio della coerenza valutativa anche quando il sottostante non è quotato in un mercato regolamentato.

Per quanto sin qui riportato, il silenzio del legislatore civilistico in materia di strumenti finanziari derivati e la contestuale assenza di un intervento chiarificatore dei Principi contabili nazionali hanno prodotto non poche incertezze e comportamenti disomogenei tra i redattori del bilancio.
La prossima entrata in vigore del D.lgs 139/2015 rende improcrastinabile l'emanazione di una disciplina organica degli strumenti finanziari derivati, che molto

plausibilmente sarà contenuta nella versione rivista e ampliata dell'OIC 3. È auspicabile che il lavoro dell'OIC non si limiti – come purtroppo avvenuto in altri documenti recentemente aggiornati - a un semplice "copia-incolla" dei precetti dello IAS 39, ma tenga conto delle peculiarità del contesto italiano.

La rigidità e la complessità delle regole di *Hedge Accounting* dello IAS 39 richiedono l'implementazione di articolate procedure aziendali che possono generare costi amministrativi di notevole impatto, fino a condizionare le strategie aziendali di gestione dei rischi. Non di rado, determinate politiche di copertura sono scartate proprio per sfuggire al sistema valutativo IAS (PUCCI, 2008). Quanto sopra rende inspiegabile l'estensione del "punto 11-bis" anche alle imprese che redigono il bilancio in forma abbreviata. La maggiore diffusione dei derivati nelle imprese medio-grandi (BANCA D'ITALIA, 2012) non sembra giustificare l'operato del legislatore.

Il recepimento della Direttiva: iscrizione al fair value e le regole di hedge accounting

Il perno centrale del nuovo regime contabile dei derivati riportato al punto 11-bis dell'art. 2426 c.c. è la rilevazione al *fair value* per la generalità degli strumenti finanziari derivati, compresi i derivati incorporati.

Il terzo comma dell'art. 2426 riporta le tecniche di stima del *fair value*, in precedenza indicate nell'art. 2427-*bis*. Nello specifico, il fair value è determinato con riferimento:

a) al valore di mercato dello strumento finanziario (quotazione ufficiale) , per gli strumenti finanziari per i quali è possibile individuare facilmente un mercato attivo;

b) qualora il valore di mercato non sia agevolmente reperibile , ma possa essere individuato per i suoi componenti o per uno strumento analogo, il valore di mercato può essere derivato da quello dei componenti o dello strumento analogo (metodo delle transazioni comparabili);

c) al valore che risulta da modelli e tecniche di valutazione generalmente accettati, per gli strumenti per i quali non sia possibile individuare facilmente un mercato attivo; tali modelli e tecniche di valutazione devono assicurare una ragionevole approssimazione al valore di mercato.

Il fair value non è determinato se l'applicazione dei criteri indicati al comma precedente non dà un risultato attendibile.

L'altra svolta radicale, consequenziale alla prima, consiste nell'adozione delle regole IAS in materia di rappresentazione in bilancio delle operazioni di copertura. Il riformato Codice Civile si limita, come ovvio, a esporre i lineamenti essenziali dell'*Hedge Accounting* che dovranno poi essere adeguatamente sviluppati dall'Organismo Italiano di Contabilità.

La scelta operata dal legislatore avrà effetti assai rilevanti per i bilanci delle imprese italiane non IAS. Come già evidenziato, le precedenti indicazioni della *best practice*, mutuate dalla legislazione bancaria, prevedevano che fosse l'elemento coperto (il derivato) ad acquisire i criteri di valutazione e iscrizione dello strumento finanziario coperto.

Al contrario, nello IAS 39 il derivato è sempre valutato al *fair value* ed è l'elemento coperto a doversi conformare ai criteri di valutazione dello strumento di copertura. A questo proposito il punto 11-bis afferma: *"Gli elementi oggetto di copertura contro il rischio di variazioni dei tassi di interesse o dei tassi di cambio o dei prezzi di mercato o contro il rischio di credito sono valutati simmetricamente allo strumento derivato di copertura"*. Ciò comporta che il sottostante, sia se afferente all'attivo immobilizzato sia se iscritto nel circolante, sarà anch'esso valutato al valore equo, in deroga alla regola generale del costo storico.

La nuova disciplina civilistica dei derivati *"considera sussistente la copertura in presenza, fin dall'inizio, di stretta e documentata correlazione tra le caratteristiche dello strumento o dell'operazione coperti e quelle dello strumento di copertura"*.
La disposizione in questione riprende una delle condizioni previste dallo IAS 39 affinché una determinata operazione possa essere considerata di copertura. Gli altri requisiti stabiliti dallo IASB, i quali con molta probabilità saranno recepiti dai prossimi OIC, sono:

- l'aspettativa che l'operazione di copertura sia altamente efficace nel compensare le variazioni di fair value o di flussi finanziari collegati al rischio coperto;
- l'efficacia della copertura possa essere valutata in modo attendibile;
- la copertura è valutata in una logica di continuità e si ritiene efficace durante l'intero arco temporale di riferimento.

L'emendato art. 2426 recepisce due delle tre tipologie di copertura statuite dallo IAS 39: la copertura di fair value (*fair value hedge*) e la copertura dei flussi finanziari (*cash flow hedge*).
La *fair value hedge* è posta in essere per far fronte a variazioni del valore equo di un elemento patrimoniale iscritto in bilancio dovute a uno specifico rischio e che possono produrre effetti in Conto Economico. Esempi di questo tipo copertura sono:

- l'acquisto di un'opzione *put* su un *asset* finanziario (titoli obbligazionari o azionari) o reale (magazzino) per cautelarsi da un'eventuale riduzione del valore corrente dell'investimento al di sotto di una soglia predeterminata;
- la sottoscrizione di un *interest rate swap* che permetta di trasformare un mutuo a tasso fisso in un mutuo a tasso variabile al fine di neutralizzare una prevedibile diminuzione dei tassi di interesse che provocherebbe un aumento del valore corrente del debito.

La *cash flow hedge* è attuata per far fronte alle oscillazioni negative dei flussi di cassa attribuibili a particolari rischi associati ad una attività e passività iscritta in bilancio, oppure a una operazione programmata altamente probabile, e con un potenziale effetto sul reddito di esercizio. Un esempio di flussi finanziari da coprire è dato dalle rate di un prestito obbligazionario a tasso variabile: stipulando un *interest rate swap* che preveda il pagamento di interessi a tasso fisso e l'incasso di interessi al tasso variabile, entrambi calcolati su un nozionale prossimo al valore del prestito obbligazionario, l'emittente è in grado di passare da un tasso variabile a un tasso fisso. Per effetto di tale copertura, le future uscite finanziarie generate dalla corresponsione degli oneri finanziari non risentiranno delle possibili fluttuazioni dei tassi di interesse.

La tipologia di copertura influenza in modo rilevante i riflessi in bilancio dell'operazione. La *fair value hedge* prevede:

- l'iscrizione al *fair value* del derivato con imputazione a Conto Economico delle rivalutazioni e delle svalutazioni;
- l'iscrizione al *fair value* dello strumento finanziario coperto con imputazione a Conto Economico delle oscillazioni positive e negative di valore.

Di contro, il modello della *cash flow hedge* richiede che:

- non sia effettuata alcuna rettifica di valore per la posta coperta dato che l'evento atteso "negativo" ancora deve manifestarsi oppure il sottostante non è ancora presente in bilancio (nel caso di operazioni programmate);
- il derivato sia iscritto al valore equo;
- le variazioni di *fair value* del derivato che compensano il rischio di variazione dei flussi di cassa futuri siano iscritte in una riserva del patrimonio netto, senza transitare per il Conto Economico poiché riferiti a valori non ancora espressi in bilancio. All'uopo, lo schema di Stato Patrimoniale ex art. 2424 è stato aggiornato con l'inserimento della *"Riserva per operazioni di copertura dei flussi finanziari attesi"* che potrà avere segno positivo o negativo.
- le variazioni del *fair value* del derivato che non compensano il rischio di variazione dei *cash flow* attesi sono immediatamente imputate a Conto Economico;
- una volta manifestatisi gli effetti dell'operazione a cui si è inteso dare copertura, gli utili o le perdite maturati sullo strumento derivato sono stornati dalla riserva e girati al Conto Economico per neutralizzare le fluttuazioni di valore dell'elemento coperto.

Gli esempi sotto riportati chiariscono le due modalità di contabilizzazione.

ESEMPIO – CASH FLOW HEDGE

La società Alfa ha in programma di acquistare 1000 t di grano intorno alla metà dell'esercizio successivo. Allo scopo di definire immediatamente il prezzo di acquisto, sottoscrive in data 01/10/t un contratto a termine con scadenza 01/05/t+1 che prevede l'acquisto di 1.000 t di grano a 185 €/t (costo complessivo € 185.000) con regolamento del differenziale. Il fair value del derivato all'01/10/t è pari zero.

Al 31.12.t, il prezzo del grano è pari a € 189 €/t (valore complessivo € 189.000).

In data 01/05/t+1, il prezzo del grano è salito a € 190 €/t. Contestualmente al regolamento del derivato si procede all'acquisto del grano dal fornitore.

Alla data di redazione del bilancio, l'impresa contabilizza il fair value del derivato che corrisponde all'incremento del fair value del prezzo del grano (€ 4.000).

Alla data di scadenza del derivato, si aggiorna il valore del derivato in seguito all'ulteriore incremento del prezzo del derivato (+ 1.000) per poi contabilizzare il regolamento del derivato che si conclude con l'incasso del differenziale del prezzo a pronti che misura l'incremento complessivo del fair value del sottostante (+5.000).

In sede di registrazione dell'acquisto della merce, la riserva (5.000) è stornata al Conto Economico così da far coincidere il costo di acquisto del grano con il valore dello stesso alla data di sottoscrizione del contratto a termine.

Scritture contabili

31/12/t – Valutazione derivato al fair value

Derivato di copertura	A	Riserva per operazioni di copertura dei flussi finanziari attesi	4.000

01/05/t – Aggiornamento fair value derivato

Derivato di copertura	A	Riserva per operazioni di copertura dei flussi finanziari attesi	1.000

01/05/t – Regolamento derivato

Cassa	A	Derivato di copertura	5.000

01/05/t – Regolamento derivato

| Materie prime c/acquisti | A | Fornitori | 130.000 |

01/05/t – Storno riserva

| Riserva per operazioni di copertura dei flussi finanziari attesi | A | Materie prime c/acquisti | 5.000 |

ESEMPIO – FAIR VALUE HEDGE

In data 31/12/t, la società Alfa ottiene un finanziamento triennale di € 100.000 che prevede il pagamento di interessi annuali al tasso del 5% e il rimborso del capitale alla scadenza del prestito. Prevedendo una riduzione dei tassi di interesse che farebbe aumentare il valore corrente del debito, l'imprese sottoscrive alla stessa data un interest rate swap funzionale a trasformare, di fatto, il finanziamento a tasso fisso in un prestito a tasso variabile.
Le condizioni dell'IRS prevedono: un valore nozionale pari all'ammontare del finanziamento bancario; gli interessi a tasso fisso incassati sono calcolati ad un tasso del 5%, gli interessi a tasso variabile corrisposti sono calcolati sul tasso Euribor a 12 mesi.

Al 31.12.t, l'impresa rileva in partita doppia l'accensione del finanziamento. Non si procede a nessuna rilevazione contabile per il derivato poiché il fair value iniziale dell'IRS è nullo

31/12/t – sottoscrizione del prestito

| Banca c/c | A | Mutui passivi | 100.000 |

Al 31.12t+1 occorre contabilizzare il pagamento degli oneri finanziari alla Banca calcolati sul tasso fisso del 5%

31/12/t+1 – corresponsione interessi

| Oneri finanziari | A | Banca c/c | 5.000 |

Alla stessa data si procede alla liquidazione del differenziale IRS. Ponendo il tassi Euribor a 12M pari al 4,5%, la società ALFA incassa una somma di € 500 pari differenza tra il flusso finanziario a tasso fisso di sua pertinenza (0,05 x 100.000 = 5.000) e il flusso finanziario a tasso variabile da pagare (0,045 x 100.000 = 4.500).

31/12/t+1 – incasso differenziale IRS

| Banca c/c | A | Proventi finanziari su IRS | 500 |

Possiamo notate come, per effetto della sottoscrizione dell'IRS, il costo effettivo annuo del finanziamento è pari a € 4.500, ovvero all'ammontare degli oneri finanziari che sarebbero stati versati qualora il mutuo fosse stato sottoscritto al tasso Euribor 12M anziché al tasso fisso del 5%.
I principi di Hedge accounting contemplati dal D.lgs 139/2015 impongono di iscrivere il derivato e il mutuo passivo ai rispettivi fair value. Ipotizzando un fair value positivo del derivato pari a € 2.000, corrispondente all'incremento del valore equo del debito dovuto al ribasso dei tassi di mercato (copertura efficace al 100%), si hanno le seguenti scritture contabili:

31/12/t+1 – valutazione al fair value del mutuo

| Rivalutazione passività finanziarie (aggregato D) | A | Mutui passivi | 2.000 |

31/12/t+1 – valutazione al fair value dell'IRS

| Strumenti derivati attivi (comparto immobilizzazioni) | A | Rivalutazione derivati (D.18) | 2.000 |

Possiamo constatare come, per effetto della *fair value hedge*, il superamento del criterio del costo storico non è circoscritto solo agli strumenti finanziari derivati, ma anche agli elementi coperti. Per questo, l'OIC dovrebbe predisporre, possibilmente in cooperazione con l'Organismo Italiano di Valutazione, un documento (Principio contabile nazionale o una guida operativa) in ordine alla misurazione del *fair value* delle attività (reali e finanziarie) e delle passività oggetto di possibile copertura. Le linee guida potrebbero ispirarsi al contenuto dell'IFRS 13, *Fair value measurement*.

Il punto 11-*bis* illustra nel dettaglio il regime di disponibilità degli utili non realizzati sui derivati e della riserva generata dalla *cash flow hedge*. In particolare:

- gli eventuali utili derivanti dalla valutazione al *fair value* dei derivati speculativi sono accantonati in una riserva non distribuibile;
- gli eventuali utili presunti sui derivati di copertura inquadrati nell'ambito della *fair value hedge* non devono essere accantonati a riserva, a condizione che la copertura si riferisca ad elementi presenti nel bilancio e valutati simmetricamente allo strumento derivato di copertura;
- le riserve di rivalutazione (positive o negative) iscritte in conseguenza della valutazione al valore equo dei derivati di copertura di flussi finanziari (*cash flow hedge*) non sono computate nel valore del patrimonio netto funzionale alla:
  - determinazione del limite massimo delle emissioni obbligazionarie (art. 2412 c.c.);
  - distribuzione degli utili (art. 2433 c.c.);
  - delibera assembleare di imputazione delle riserve a capitale (art. 2442 c.c.);
  - riduzione del capitale sociale per perdite (artt. 2446 e 2447 c.c.).

***

Con l'entrata in vigore del D.lgs 139/2015, le imprese italiane non *IAS adopter* che investono in derivati (comprese le piccole) dovranno dotarsi di risorse specializzate, informatiche e professionali, che permettano di attestare le caratteristiche dei derivati posseduti (in particolare di quelli incorporati in altri strumenti finanziari) e di mettere appunto adeguate procedure e sistemi di misurazione periodica del *fair value*. Particolare attenzione dovrà essere dedicata allo studio della correlazione tra il derivato e il suo sottostante al fine di certificare la sussistenza dei requisiti per l'applicazione dei criteri civilistici di contabilizzazione delle coperture.

Registriamo quindi un probabile significativo, e inopportuno, aggravio dei costi di predisposizione del bilancio che potrebbe ulteriormente deprimere gli investimenti nei derivati soprattutto da parte delle piccole e medie imprese.

Non può inoltre essere taciuto come l'iscrizione a riserva delle rivalutazione e delle svalutazioni dei derivati in caso di *cash flow hedge* costituisca una palese deviazione da uno dei principi fondamentali della nostra normativa contabile. Come correttamente osservato dal CNDCEC nella consultazione dell'aprile 2015, in un sistema contabile articolato sul reddito, come quello italiano, le operazioni di gestione incidono sull'entità del capitale di funzionamento mediante il risultato di esercizio. L'imputazione diretta a patrimonio netto riguarda prettamente le operazioni estranee alla gestione quali, su tutte, l'aumento e la riduzione del capitale sociale.

4.5. Il metodo del patrimonio netto

Nel contesto codicistico, il metodo del patrimonio netto (*equity method*) può essere applicato, a discrezione delle imprese, ai fini della valutazione delle partecipazioni in società controllate e collegate iscritte nell'attivo immobilizzato, in alternativa al criterio tradizionale del "costo storico" (art. 2426, co. 4, c.c.).

La rinuncia a tale facoltà non esime le società tenute alla redazione del bilancio consolidato dal conoscere il valore della partecipazione determinato con il metodo del patrimonio netto: il punto 3 dell'art. 2426 impone alle "capogruppo" di motivare in Nota Integrativa un'eventuale eccedenza del valore contabile della partecipazione valutata al costo (o al valore recuperabile, se minore) rispetto al valore dell'interessenza secondo l'*equity method*.

Tale obbligo di *disclosure* vale, in forma semplificata, anche in mancanza del bilancio di gruppo. In questo caso, il costo della partecipazione è confrontato con la la frazione del capitale di funzionamento della partecipata di pertinenza della società che redige il bilancio.

Finalità del metodo

Proponiamo di seguito uno stralcio dell'abrogato Principio contabile OIC 21, *Il metodo del patrimonio netto,* che descrive al meglio lo scopo e la capacità informativa del criterio in esame.

"Valutare le partecipazioni con il metodo del patrimonio netto significa riconoscere contestualmente alla loro formazione, i risultati della partecipata — tradottisi in aumenti e diminuzioni intervenuti nelle consistenze patrimoniali sottostanti l'investimento — per rilevarli secondo il principio della competenza.

Secondo il metodo del patrimonio netto, il costo originario della partecipazione viene modificato per recepire le rettifiche proprie di tale metodologia ed in particolare per tener conto delle quote degli utili e delle perdite della partecipata, realizzati con terzi, nei periodi successivi all'acquisizione della partecipazione; ciò a prescindere dal fatto che tali utili vengano o meno distribuiti e che le perdite vengano o meno portate a riduzione del capitale della partecipata. In altri termini il costo originario, sostenuto per l'acquisizione di una partecipazione in un'altra società, viene periodicamente rettificato (in senso positivo o negativo) al fine di riflettere, nel bilancio della società titolare della partecipazione, sia la quota ad essa spettante degli utili o delle perdite, sia altre variazioni del patrimonio netto della partecipata, nei periodi successivi alla data di acquisto.

Tale metodo va adottato nei casi in cui la partecipazione permette all'investitore di influire sul processo decisionale e quindi sulla politica di gestione della partecipata. In questo caso l'investitore è corresponsabile per quanto concerne la redditività del suo investimento-partecipazione e, quindi, è appropriato includere nel suo risultato di gestione la quota di competenza degli utili o delle perdite della partecipata, misurata in termini del suo investimento.

La valutazione di una partecipazione col metodo del costo può essere giustificata se la partecipazione stessa rappresenta un bene posseduto al solo scopo di conseguire un frutto — nella specie variabile — cosicché l'evidenza del costo serve per misurare la redditività dell'investimento. Soprattutto quando aumenta la percentuale di partecipazione, una rappresentazione contabile, fondata solo nella misurazione dei frutti finanziari (dividendi) dell'investimento, appare insufficiente. Con il metodo del costo, infatti, ciò che verrebbe riflesso periodicamente nel bilancio dell'investitore potrebbe non avere una correlazione con i risultati della gestione e con la consistenza patrimoniale della partecipata, atteso che, spesso, la politica dei dividendi non riflette tali risultati".

ESEMPIO: In data 01/01/2015, la società Alfa acquista la totalità delle azioni di Beta ad un prezzo di 100 pari al patrimonio netto di quest'ultima. Nel corso dell'esercizio non vengono poste in essere né operazioni sul capitale della partecipata né transazioni intersocietarie . Al 31.12.2015, il patrimonio netto di Beta ammonta a 115, importo che coincide con il valore recuperabile della partecipazione. L'incremento del capitale netto registrato da Beta nell'esercizio esprime l'utile dell'esercizio 2015.

Con il metodo del patrimonio netto, la partecipazione viene iscritta a 115. In caso di utilizzo del criterio del costo, la partecipazione è rappresentata in bilancio al valore originario (100) e gli utili generati da Beta nel 2015 contribuiranno alla formazione del reddito di Alfa solo per la quota eventualmente distribuita, negli esercizi successivi, dalla controllata.

Nell'articolazione dei nuovi Principi contabili nazionali, la disciplina del metodo del patrimonio netto è collocata in una specifica sezione dell'OIC 17, *Il bilancio consolidato*. Lo spostamento si deve al fatto che l'*equity method* conduce nella sostanza ai medesimi effetti patrimoniali e reddituali prodotti dal metodo del consolidamento integrale. Il par. 152 dell'OIC 17 specifica che mediante il consolidamento integrale "si incorporano nel bilancio della partecipante tutti i conti della partecipata; con il metodo del patrimonio netto, invece, si riflette nel valore della partecipazione il patrimonio netto della partecipata, mentre nel Conto Economico si riflettono i risultati d'esercizio di questa (in proporzione alla quota posseduta della partecipazione), rettificati per riflettere il costo dell'investimento sostenuto dalla società titolare della partecipazione".

Prima applicazione del metodo del patrimonio netto
Uno degli aspetti più complessi e delicati del metodo del patrimonio netto è rappresentato dalla valutazione delle interessenze partecipative nell'esercizio di acquisizione. (SANTESSO-SOSTERO, 1997).

Un primo elemento da chiarire riguarda la rilevazione iniziale. Sul punto, il par. 153 dell'OIC 17 dispone che le partecipazioni valutate con il metodo del patrimonio netto siano iscritte al costo di acquisto, inclusivo degli oneri accessori (costi di intermediazione bancaria e finanziaria, commissioni, spese e imposte, spese di consulenza).

In sede di rilevazione iniziale, il costo della partecipazione deve essere posto in relazione con la quota di patrimonio netto della partecipata di pertinenza dalla partecipante. Di sovente, il corrispettivo dello scambio eccede il capitale di funzionamento della partecipata a causa di plusvalori (maggior valori delle attività e/o avviamento) non riflessi nella contabilità di quest'ultima ma che hanno inciso sulla formazione del valore di scambio dei titoli azionari (CELLI, 2006).
Al riguardo, il disposto civilistico antecedente al recepimento della Direttiva disponeva che "quando la partecipazione è iscritta per la prima volta in base al metodo del patrimonio netto, il costo di acquisto superiore al valore corrispondente del patrimonio netto risultante dall'ultimo bilancio dell'impresa controllata o collegata può essere iscritto nell'attivo, purché ne siano indicate le ragioni nella Nota Integrativa. La differenza, per la parte attribuibile a beni ammortizzabili o all'avviamento, deve essere ammortizzata".
Nell'interpretare e integrare questa regola, l'OIC 17 indica quanto segue:
- l'eccedenza del costo rispetto al patrimonio netto della partecipata rimane nell'attivo della "capogruppo" solo se imputabile a un effettivo maggior valore intrinseco della partecipata, e non a un cattivo affare (par. 160);
- la frazione del maggior costo non allocabile alle attività della società controllata (collegata) è un onere straordinario da iscrivere alla voce E 21, *Oneri*. Questa regola di classificazione non sarà più applicabile dopo l'entrata in vigore delle disposizioni di attuazione della Direttiva. Attendiamo che l'OIC comunichi la nuova collocazione delle perdite da cattivo affare;

- lo scorporo del maggior costo dal valore iniziale della partecipazione avviene solo in via extra contabile. Le rivalutazioni effettuate sul patrimonio della partecipata (compreso l'avviamento) non sono autonomamente riflesse nel bilancio della capogruppo ma restano inglobate nel valore iniziale della partecipazione (SARCONE, 1992). Medesima rappresentazione per le successive variazioni di valore del maggior costo (principalmente date dall'ammortamento degli asset rivalutati e dell'avviamento), le quali concorrono, indistintamente, alla rettifica del risultato di esercizio della partecipata e, di conseguenza, all'aggiornamento del valore contabile della partecipazione (par. 162).

Il Codice Civile tace sulle regole da seguire quando il costo di acquisto della partecipazione é inferiore al patrimonio netto della società controllata o collegata ("differenza negativa" o "minor costo"). L'OIC 17 (par. 161) sopperisce a questa lacuna normativa attraverso le seguenti indicazioni tecniche:
- se la frazione di differenza negativa è riconducibile al compimento di un buon affare, l'eccedenza del patrimonio netto rettificato della partecipata rispetto al costo di acquisto della partecipazione è iscritta all'interno della voce AVII, *Altre riserve,* con la denominazione *Riserva per plusvalori di partecipazioni acquisite.*
- se il minor costo è dovuta alla presenza di attività iscritte nel bilancio della partecipata per valori superiori al loro valore recuperabile o passività iscritte ad un valore inferiore al loro valore di estinzione o, ancora, alla previsione di risultati economici sfavorevoli, tale differenza rappresenta un "Fondo per rischi e oneri futuri" di cui si mantiene memoria extra contabilmente. La partecipazione rimane iscritta al costo e il fondo rischi è utilizzato negli esercizi successivi a rettifica degli utili della partecipata.

Analizzando a sistema le previsioni dell'OIC 17, apprendiamo che l'emergere di uno scostamento tra il costo della partecipazione e il patrimonio netto contabile della partecipata richiede (a prescindere dal segno positivo o negativo della differenza) la riespressione a valori correnti delle attività e delle passività della partecipata.
Se il costo della partecipazione è superiore alla quota di patrimonio netto rettificato della partecipata di pertinenza della capogruppo si manifesta un avviamento o un cattivo affare. Se accade il contrario, l'eccedenza del patrimonio netto a valori correnti rispetto al costo esprime un buon affare (iscrizione a patrimonio netto) oppure delle perdite attese della partecipata non imputabili a specifiche passività (imputazione extracontabile a un fondo rischi).
Facciamo notare che le differenze iniziali di tipo contabile (calcolate sulla base del patrimonio netto di bilancio della partecipata) potrebbero assumere segno diverso da quelle di tipo "economico" (calcolate sul patrimonio netto rettificato della partecipata).

Per comprendere appieno le implicazioni operative della questione sollevata, ipotizziamo l'acquisto di una partecipazione totalitaria al costo di 100 CU a fronte di un patrimonio netto contabile della partecipata di 110 CU. L'acquisizione genera una "differenza negativa contabile" di 10 CU che però potrebbe annullata dalla rimisurazione delle attività e passività della partecipata. Ad esempio, gli amministratori della partecipante potrebbero riscontrare delle perdite di valore su uno o più cespiti appartenenti alla partecipata. Supponendo delle svalutazioni non contabilizzate di 30 CU, il costo di acquisto (100) eccede il patrimonio netto a valori correnti (110-30= 80) per un importo pari a 20 CU (100 – 80). Tale scarto sarà rappresentato, in base alle valutazioni dei manager della partecipante, come avviamento oppure come un cattivo affare.

La situazione ora prospettata è poco realistica poiché presume una violazione, o una non diligente applicazione, del principio della prudenza. Tuttavia, si è scelto di proporla in quanto affrontata dallo stesso OIC in relazione al trattamento della differenza negativa tra il costo della partecipazione e il patrimonio netto della partecipata.

Nell'analizzare l'impostazione dettata dall'OIC 17, riteniamo inoltre che la situazione patrimoniale a valori correnti della partecipata dovrebbe essere predisposta dalla partecipante anche quando il costo della partecipazione coincide con il patrimonio netto contabile della società controllata o collegata. Ciò in quanto l'uguaglianza contabile non esclude la presenza di differenze di tipo economico (*goodwill*; cattivo affare, buon affare, perdite attese della partecipata) che dovrebbero essere correttamente rendicontate nel bilancio della partecipante.

Evidenziamo in ultimo un probabile refuso, o un difetto terminologico, all'interno dell'OIC 17 circa la rappresentazione del buon affare. Leggiamo al paragrafo 161 che la *Riserva per plusvalori di partecipazioni acquisite* accoglie l'eccedenza del patrimonio netto rettificato della partecipata rispetto al costo di acquisto della partecipazione.

Per meglio chiarire i termini della questione, supponiamo un costo della partecipazione totalitaria di 100 CU, un patrimonio netto contabile di 110 CU e un patrimonio netto rettificato di 130 CU (dovuto ad esempio al maggior valore di mercato di un terreno). Seguendo strettamente le previsioni dell'OIC 17, l'importo della riserva ammonterebbe a 30 CU, portando il valore contabile della partecipazione a 130.

Riteniamo che non sia questa la rappresentazione realmente voluta dall'OIC e tentiamo di spiegarne le ragioni.

Il principio generale affermato nel paragrafo 157 dell'OIC 17 prevede che il trattamento delle differenze iniziali generate dal metodo del patrimonio netto debba coincidere con la rappresentazione delle differenze iniziali da annullamento nel bilancio consolidato.

Vediamo quindi quali sono le regole da rispettare quando "il costo originariamente sostenuto per l'acquisto della partecipazione è inferiore alla corrispondente frazione di patrimonio netto contabile della controllata" (differenza iniziale da annullamento negativa, OIC 17, par. 71).

Il paragrafo 172 dell'OIC 17 impone in prima istanza di attestare l'inesistenza di perdite di valore e di passività non registrate dalla controllata. Dopo questa verifica, l'eventuale scarto negativo residuo è iscritta alla voce "riserva da consolidamento" a meno che essa non sia riconducibile a perdite attese della partecipata.

Dalle previsioni appena richiamate è palese che le regole in materia di differenze negative da annullamento non facciano alcun riferimento al patrimonio netto a valori correnti della partecipata bensì al capitale di funzionamento della medesima riferito alla data dell'acquisizione. Pertanto, il rispetto dell'approccio generale di cui al par. 157 dell'OIC 17 impone di fare altrettanto con le differenze iniziali generate dal metodo del patrimonio netto.

Riprendendo i dati dell'esempio, riteniamo che la soluzione più coerente con l'approccio delineato dall'OIC 17 sia quella che conduce all'iscrizione di una *Riserva per plusvalori di partecipazioni acquisite* di importo pari a 10 CU e a un valore contabile della partecipazione di 110 CU. In breve, eventuali maggiori valori attribuiti alle attività della partecipata non concorrono alla formazione del buon affare iscritto nel bilancio della partecipante.

La modifica apportata dal D.lgs 139/2015

Il recepimento della Direttiva non ha modificato nella sostanza l'impianto valutativo delle partecipazioni con il metodo del patrimonio netto. L'unica novità, certamente apprezzabile, attiene alla determinazione del maggior/minor costo della partecipazione di cui si è detto in precedenza.

La previgente normativa richiedeva di porre a confronto il costo di acquisto della partecipazione con il patrimonio netto della partecipata risultante dal bilancio dell'esercizio in cui è avvenuta l'acquisizione. L'interpretazione letterale del disposto civilistico portava (impropriamente) a comprendere nel patrimonio netto della partecipata anche il reddito dalla medesima generata nel lasso temporale che intercorre tra la data di acquisizione dell'interessenza e la chiusura dell'esercizio.

Entrando nello specifico delle fasi applicative dell'*equity method*, applicando rigorosamente le indicazioni fornite dal legislatore, nel primo anno di utilizzo del metodo si richiedeva esclusivamente il calcolo della frazione di patrimonio netto della partecipata di pertinenza della partecipante e l'allocazione (se esistente) della differenza tra il costo d'acquisto della partecipazione e il valore contabile del patrimonio netto della partecipata.

L'aggiornamento del valore contabile della partecipazione in funzione dei risultati della partecipata scattava (inspiegabilmente) a partire dal secondo anno, mentre il reddito di esercizio del primo anno impattava sull'entità del maggior /minor costo.

Per meglio descrivere gli effetti distorsivi di questo approccio, ripartiamo dai dati dell'esempio 1. Applicando rigidamente il precedente disposto civilistico, la società Alfa avrebbe rilevato un minor costo di importo pari a 15 CU, ottenuto dalla differenza negativa tra il costo della partecipazione (100) e il patrimonio netto risultante dall'ultimo bilancio della partecipata (115). Appare del tutto evidente che in una situazione come quella presa in esame l'iscrizione in una riserva, o in un fondo rischi, dello scarto in oggetto fornirebbe informazioni non attendibili e fuorvianti ai destinatari del bilancio dal momento che il corrispettivo pattuito non ha realizzato né un buon affare per Alfa (il prezzo di trasferimento dei titoli è commisurato la valore economico della partecipata), né tantomeno ha risentito di minusvalori o perdite attese non espresse nei conti della controllata/collegata. L'unica modalità di rappresentazione coerente con le finalità del metodo del patrimonio netto, ostacolata però dalla precedente formulazione letterale del punto 4 dell'art. 2426, è quella che conduce alla rivalutazione della partecipazione sulla base dell'utile generato dalla società Beta.

È curioso far notare come la maggior parte dei manuali professionali e dei libri di testo universitari aggirino questa problematica proponendo delle esemplificazioni del metodo del patrimonio netto caratterizzate dall'acquisto della partecipazione in prossimità della chiusura dell'esercizio.

L'OIC 17 (2014), riscontrata questa incoerenza metodologica, suggerisce di determinare la differenza iniziale, ove siano disponibili le informazioni, "sulla base del patrimonio netto della partecipata calcolato alla data di acquisizione della partecipazione di controllo o collegamento in quanto tecnicamente più corretto". Il tenore letterale della norma civilistica non ha permesso però all'OIC di imporre una simile tecnica. L'aggiornato OIC 17 considera "accettabile l'impiego del patrimonio netto risultante dall'ultimo bilancio della partecipata". A dire il vero, anche questa interpretazione tecnica presenta dei profili di illegittimità visto che il legislatore fa chiaramente riferimento al patrimonio netto della partecipata alla data di riferimento del bilancio invece che a quello risultante al momento dell'acquisizione.

Il D.lgs 139/2015 ha il pregio di rimediare, almeno in parte, a questa criticità normativa.

L'emendato punto 4 dell'art. 2426 stabilisce che, in sede di prima applicazione del metodo del patrimonio netto, il costo della partecipazione sia raffrontato con il patrimonio netto della partecipata "<u>riferito alla data di acquisizione</u> o risultante dall'ultimo bilancio".

Il legislatore, nel recepire l'orientamento della prassi professionale, pone (purtroppo) sullo stesso piano i due approcci di calcolo del maggior costo. Sarebbe stato più confacente alle finalità dell'emendamento stabilire una preferenza per la soluzione tecnicamente più corretta, ammettendo l'impiego del patrimonio netto di bilancio della partecipata solo in assenza (peraltro improbabile) di informazioni sull'ammontare del capitale di funzionamento della partecipata al momento dell'acquisizione della partecipazione di controllo o di collegamento. Tuttavia, un'indicazione in tal senso potrà essere proposta con maggiore fermezza dalla prossima versione dell'OIC 17, senza che vi siano più problematiche di conformità con il Codice Civile.

Alcuni riflessioni sulla disciplina codicistica del metodo del patrimonio netto

A margine della disamina del limitato ma importante aggiornamento della disciplina civilistica del metodo del patrimonio netto, esponiamo una serie di correzioni che, a nostro avviso, avrebbero giovato alla chiarezza e alla qualità tecnica delle previsioni normative.

Il D.lgs 139/2015 non è intervenuto sul trattamento contabile delle rivalutazioni delle partecipazioni valutate con il metodo del patrimonio netto. Sul tema, il punto 4, secondo periodo, dell'art. 2426 c.c. richiede: "negli esercizi successivi[si intende al primo] le plusvalenze, derivanti dall'applicazione del metodo del patrimonio netto, rispetto al valore indicato nel bilancio dell'esercizio precedente sono iscritte in una riserva non distribuibile".

Il passaggio normativo in oggetto pone due problematiche di rilievo.

La prima si riferisce all'inciso "negli esercizi successivi al primo". Questo preambolo rifletteva la scelta (discutibile e infatti emendata) di comprendere nella nozione di maggior/minor costo l'utile o la perdita della partecipata manifestatisi nell'esercizio in cui il metodo del patrimonio netto è applicato per la prima volta. In sostanza, la normativa previgente escludeva a priori una rivalutazione della partecipazione nel primo anno di utilizzo dell'*equity method* dato che un eventuale utile registrato dalla società partecipata in detto periodo amministrativo contribuiva a formare lo scarto (positivo o negativo) tra il costo delle partecipazione e il patrimonio netto della partecipata.

Come si è avuto modo di dettagliare in precedenza, la raccomandazione dell'OIC 17 in merito al calcolo della differenza tra il costo di acquisto della partecipazione e il patrimonio della partecipata implica che il risultato di esercizio da quest'ultima conseguito nel lasso temporale che intercorre tra la data di acquisizione della partecipazione e la data di riferimento del bilancio è imputato nel Conto Economico della partecipante, ovviamente per la quota di propria pertinenza e dopo le opportune rettifiche che affronteremo a breve. Di conseguenza, le imprese che rispettano l'indicazione fornita dal nostro *standard setter* sono nelle condizioni di rivalutare sin da subito la partecipazione, senza dover attendere il secondo esercizio.

La formulazione del secondo periodo del punto 4 dell'art. 2426 c.c., presa in esame nel contesto della soluzione consigliata dall'OIC 17 solleva un dubbio interpretativo non di poco conto. Seguendo alla lettera il disposto civilistico, infatti, il saldo della rivalutazione registrato nel primo esercizio di possesso della partecipazione potrebbe essere liberamente distribuibile visto che l'obbligo di costituzione della riserva sussiste solo dal secondo anno. È chiaro che l'esegesi proposta non è conforme allo spirito prudenziale che caratterizza le norme giuscontabili nazionali. Tuttavia, una volta deliberato di recepire almeno in parte l'approccio dell'OIC 17 sarebbe stato preferibile eliminare la frase incidentale in discorso, divenuta nei fatti superflua e fonte di possibili equivoci.

L'espunzione suggerita non avrebbe prodotto conseguenze per le imprese che, contravvenendo al trattamento *benchmark* dell'OIC 17, determinano la differenza iniziale sulla base del patrimonio netto della partecipata risultante dal bilancio dell'esercizio in cui è avvenuta l'acquisizione. In questa ipotesi, nel primo anno di detenzione dell'interessenza partecipativa non si manifesta alcuna plusvalenza, ma al massimo una svalutazione dovuta allo storno a Conto Economico della quota di maggior costo non attribuibile alle attività identificabili e all'avviamento della partecipata.

La seconda deficienza normativa che sarebbe stato corretto colmare è riferita al momento della costituzione della riserva: la legge non chiarisce se la rivalutazione debba transitare al Conto Economico oppure sia da imputare direttamente a una riserva del patrimonio netto come contropartita dell'aggiornamento del *book value* della partecipazione.

La materia è affrontata nel dettaglio dai Principi contabili nazionali. Il precedente OIC 21 lasciava ai compilatori la scelta tra l'iscrizione a Conto Economico (metodo reddituale) oppure a riserva (metodo patrimoniale), pur esprimendo una preferenza per la prima tecnica.

L'OIC 17 (par. 169) elimina la possibilità di ricorre al metodo patrimoniale. Pertanto, "l'utile o la perdita d'esercizio della partecipata, debitamente rettificato, è imputato nel conto economico della partecipante, per la quota di sua pertinenza, secondo il principio di competenza economica, quindi nello stesso esercizio al quale il risultato si riferisce".

La rivalutazione della partecipazione è classificata alla voce D18a), *Rivalutazioni di partecipazioni;* la svalutazione appare alla voce D19a), *Svalutazioni di partecipazioni*.

L'iscrizione a Conto Economico della rivalutazione solleva un'altra delicata questione che concerne l'importo da accantonare a riserva. Sul punto le previsioni dell'OIC 17 stabiliscono che:

- se l'esercizio della capogruppo chiude in perdita non si procede all'accensione della riserva;

- se la capogruppo chiude con risultato positivo si accantona il minore tra l'utile di esercizio e l'importo della rivalutazione.

Da queste regole, e dagli esempi riportati nella prossima tabella, comprendiamo che l'importo da accantonare a riserva potrebbe essere inferiore al saldo della rivalutazione, se non addirittura nullo. In sede di approvazione del bilancio, il maggior valore della partecipazione è interamente destinato alla riserva non distribuibile solo se il reddito proprio della partecipante - ossia al netto della rivalutazione - è nullo oppure positivo.

	Ipotesi 1	Ipotesi 2*	Ipotesi 3**
Rivalutazione partecipazione (in C.E.)	100	100	100
Risultato di esercizio capogruppo	(40)	60	120
Accantonamento a riserva	0	60	100

* il bilancio della partecipante chiude con saldo positivo solo per effetto degli utili generati dalla partecipata; senza la rivalutazione della partecipazione il risultato dell'esercizio sarebbe stato negativo per 40. In tal caso, si destina a riserva l'importo della rivalutazione non assorbito dalla perdita propria della capogruppo (nel nostro caso, 100 – 60 = 40).
** il Conto Economico della partecipante senza l'incremento del valore contabile della partecipazione avrebbe mostrato un utile di esercizio di 20.

Esemplificazione numerica

Terminiamo il paragrafo presentando un caso esplicativo che permette di riassumere sia i diversi effetti contabili derivanti dalle due metodologie di calcolo del maggior/minor costo contemplate dal revisionato Codice Civile e (per il momento) dall'OIC 17, sia altri tratti salienti del metodo del patrimonio netto (POZZA, 2002; D'ALESSIO, 2008).

In data 01/03/2015 l'impresa Alfa acquista una partecipazione totalitaria nella società Beta sostenendo un costo di € 300.000. Il valore del patrimonio netto al momento dell'acquisto è pari a 240.000. Il maggior costo è imputabile per € 45.000 al maggior valore dei beni ammortizzabili (vita utile: 10 anni) e per il residuo ad avviamento (vita utile: 5 anni)

Nell'esercizio 2015, la società Beta registra un utile di € 30.000 influenzato per € 4.000 da perdite generate da operazioni concluse con la controllata Alfa.

In data 01/04/2016, la società Alfa approva il bilancio 2014 che chiude con un utile di € 12.000

In sede di approvazione del bilancio (20/04/2016), la società Beta delibera la distribuzione di dividendi (relativi all'esercizio 2015) per € 10.000.

La prima scrittura contabile, estranea al metodo del patrimonio netto, riguarda la rilevazione iniziale della partecipazione:

01.03.2015

Partecipazione in BETA	@	Cassa	300.000

Seguendo le indicazioni dell'OIC 17, compatibili con l'aggiornato Codice Civile, procediamo (extracontabilmente) all'allocazione del maggior costo sulla base del patrimonio netto della Società Beta al 1° marzo 2015.

	Patrimonio netto Beta all'01.03.2015	240.000
+	Maggior valore beni ammortizzabili (MVBA)	45.000

= **Patrimonio Netto Beta a valori correnti (K)**	**285.000**
+ Avviamento	15.000
= **Costo di acquisto della partecipazione**	**300.000**

In sede di redazione del bilancio, la società Alfa rettifica il valore della partecipazione in Beta al fine di tener conto del risultato di esercizio dalla stessa realizzato nel 2015.

Il par. 166 dell'OIC 17 impone di effettuare una serie di rettifiche al risultato conseguito dalla partecipata necessarie ad assicurare la coerenza delle risultanze fornite dal metodo del patrimonio netto con gli effetti prodotti dal consolidamento integrale della partecipazioni. Le correzioni da apportare sono le seguenti:

1) rettifiche derivanti dalla disomogeneità di principi contabili tra partecipante e partecipata;
2) rettifiche derivanti da eventuali eventi significativi verificatisi tra la data di chiusura dell'esercizio della collegata e quello della partecipante nell'ipotesi in cui tali date non coincidano;
3) rettifiche derivanti da operazioni infragruppo;
4) rettifiche per riflettere gli effetti, aggiornati annualmente, derivanti dall'iniziale imputazione del "maggior o minor costo".

L'utile rettificato nel rispetto delle previsioni di cui ai punti 1 e 4 è riflesso nei conti della partecipante in misura corrispondente alla quota di capitale dalla medesima posseduta nella società controllata o collegata.

Nell'esempio proposto gli aggiustamenti al reddito contabile della partecipata si riferiscono ai punti 3 e 4.

	Utile esercizio Beta 2015	30.000
-	Ammortamento MVBA	(4.500)
-	Ammortamento avviamento	(3.000)
+	Storno perdite infragruppo	4.000
=	**Utile rettificato Beta**	**26.500**

L'utile rettificato di cui sopra è intermente di pertinenza della società Alfa in quanto quest'ultima ha rilevato l'intero pacchetto azionario di Beta.

Il risultato "corretto" della partecipata è portato ad incremento del valore delle partecipazione in contropartita dell'iscrizione di un provento di natura finanziaria.

31.12.2015

Partecipazione in BETA	@	Rivalutazione		26.500

In sede di approvazione del bilancio della società Alfa, si deve verificare se ricorrono i presupposti per l'accantonamento a riserva del saldo di rivalutazione ed, in caso, determinarne l'importo nel rispetto delle regole contenute nell'OIC 17.

Il segno positivo del saldo finale del Conto Economico della partecipante certifica l'obbligo di costituire la riserva. In merito all'ammontare, osserviamo che il risultato proprio della partecipante (al netto della rivalutazione) è negativo per € 14.500. L'importo della riserve corrisponde alla quota della rivalutazione non coperta dalla perdita, ossia all'utile di esercizio della partecipante.

01.04.2016

Utile di esercizio	@	Riserva rival. partecip.		12.000

157

L'impiego del metodo del patrimonio netto ha riflessi nella contabilizzazione dei dividendi distribuiti dalla partecipata relativi agli utili in precedenza riflessi nel bilancio della partecipante attraverso la rivalutazione della partecipazione.

Tali proventi finanziari non possono transitare per il Conto Economico pena una evidente duplicazione. Ne consegue che, nel momento in cui matura il diritto a percepire tali dividendi, la partecipante rileva in contropartita del credito verso la partecipata una diminuzione del valore contabile della partecipazione. Al medesimo istante, vengono meno le restrizioni all'utilizzo della riserva accesa in sede di riparto dell'utile (OIC 17, par. 178).

20.04.2016

| Crediti verso Beta | @ | Partecipazione in Beta | | | 10.000 |

| Riserva rival. partecip. | @ | Riserva straordinaria | | | 10.000 |

Nel esempio presentato, la ratifica del bilancio da parte della partecipata avviene successivamente a quello della partecipante. Questa circostanza è affrontata dall'OIC 17 (par. 163). L'equity method imporrebbe di utilizzare il "bilancio approvato dalla partecipata, riferito alla stessa data del bilancio della partecipante. È tuttavia accettabile assumere un progetto di bilancio formalmente redatto dall'organo amministrativo della partecipata, qualora non sia ancora intervenuta l'approvazione da parte dell'assemblea".

Se il bilancio della partecipata è approvato prima di quello della partecipante e la partecipata assegna dei dividendi, la riserva è attivata direttamente al netto degli utili distribuiti dalla partecipata.

Ipotizzando di invertire le date di approvazione del bilancio, le scritture contabili di Alfa sarebbero queste:

01.04.2016

| Crediti verso Beta | @ | Partecipazione in Beta | | | 10.000 |

20.04.2016

| Utile di esercizio | @ | Altre riserve (A.VII) | | | 2.000 |

***

Ricorrendo alla metodologia alternativa prevista dal Codice Civile, l'utile di Beta sarebbe considerato nel patrimonio netto della partecipata da relazionare al costo di acquisto della partecipazione. La differenza iniziale sarebbe così pari a € 30.000 e verrebbe interamente imputata al maggior valore dei beni ammortizzabili. In pratica, l'intero avviamento e una quota del maggior costo sono stati assorbiti dall'utile conseguito dal Beta nel 2015.

Al 31.12.2015, il valore di prima rilevazione della partecipazione è decurtato dell'ammortamento del maggior costo.

31.12.2015

| Svalutazione partecipazione | @ | Partecipazione in BETA | | | 3.000 |

L'approvazione del bilancio non determina l'accantonamento a riserva degli utili della partecipata dal momento che questi non sono stati computati nel reddito 2015 di Alfa.

4.6. Operazioni in valuta estera

La disciplina civilistica delle operazioni in valuta estera risale alla riforma del diritto societario del 2003 (QUAGLI, 2004).

Un'operazione in valuta estera è "un'operazione effettuata dalla società che redige il bilancio, che è espressa in una valuta diversa dall'euro". Tra le principali transazioni rientrano: gli scambi commerciali i cui prezzi sono espressi in valuta estera; i finanziamenti concessi ed erogati il cui l'ammontare è espresso in valuta estera; l'acquisto di immobilizzazioni strumentali in valuta estera (OIC 26, par. 4).

Il sesto comma dell'art. 2423 c.c. impone la redazione del bilancio in unità di euro, senza cifre decimali, ad eccezione della Nota Integrativa che può essere redatta in migliaia di euro. Ne deriva che i valori generati dalle operazioni in valuta estera debbono essere necessariamente trasformati nella moneta di conto prima di essere riportati nei conti annuali.

Il D.lgs 6/2003 ha toccato vari aspetti bilancistici delle operazioni in valuta, dalla rilevazione iniziale alle valutazioni di fine periodo, passando per la classificazione delle poste contabili.
In ordine alla prima iscrizione, l'art. 2425-*bis*, co. 2, c.c. stabilisce che i componenti di reddito generati da transazioni in valuta siano rilevati al cambio corrente (tasso a pronti) alla data nella quale l'operazione è compiuta. È implicito che questa regola vale anche per la posta numeraria che misura il costo o il ricavo.
Il tasso di cambio è il rapporto tra l'euro e una valuta estera. Il tasso di cambio a pronti indica il rapporto tra l'euro e una valuta estera per le operazioni spot, vale a dire per le operazioni prontamente liquidabili in tempo reale o, di norma, entro la giornata lavorativa successiva (OIC 26, par. 8).

Relativamente alle regole di classificazione, lo Stato Patrimoniale non riporta alcuna voce specifica riferita alle attività e passività in moneta estera. Viceversa, i proventi e oneri derivanti dalle operazioni in valuta figurano, indipendentemente dalla causa economica della transazione (commerciale oppure finanziaria), nella specifica voce C.17-*bis* "*Utili e perdite su cambi*" del Conto Economico.
La Nota Integrativa riporta informazioni dettagliate sulle operazioni in moneta estera, con particolare riguardo agli eventuali effetti significativi delle variazioni nei cambi avvenute dopo la chiusura dell'esercizio (art. 2427, p. 6-*bis*).

Una tematica di rilievo concerne la valutazione delle attività e passività in valuta. Questa fase si rende necessaria quando tra la data di iscrizione di un elemento patrimoniale in moneta estera (ad esempio un credito o un debito commerciale) e quella della sua estinzione (regolamento) si frappone la chiusura dell'esercizio. Più nel dettaglio, il processo estimativo deve essere realizzato in presenza di:
- transazioni in valuta non ancora regolate alla data di redazione del bilancio (p.e.: un credito commerciale sorto nei confronti di un cliente inglese per una vendita conclusa nel novembre 2015 con regolamento a tre mesi);

- beni presenti nel patrimonio aziendale al 31.12 destinati a generare flussi di cassa in valuta estera (p.e: un impresa che produce scarpe in Italia per poi venderle negli Stati Uniti).

Soffermando l'attenzione sul secondo *bullet*, é di estrema importanza comprendere che la categoria delle attività e passività in valuta comprende gli elementi patrimoniali la cui conversione in liquidità avverrà in una moneta diversa dall'Euro. Ne consegue che i beni acquistati all'estero (p.e. negli Stati uniti) per essere rivenduti in Italia (o in altri paesi dell'area Euro) non sono poste in valuta poiché il recupero dell'investimento (generazione di flussi di cassa) avviene nella moneta di conto. In tale (ricorrente) situazione, se i beni sono ancora presenti nel magazzino alla data di redazione del bilancio si procede alla normale valutazione al minore tra costo di acquisto e valore di presumibile realizzo: il primo elemento è espresso dalla conversione del prezzo in valuta estera al tasso di cambio a pronti al momento della conclusione dell'affare (valore di rilevazione iniziale); il secondo parametro coincide con il prezzo di probabile cessione in Euro del bene. Rientrerebbe invece nel concetto di passività in valuta, l'eventuale debito contratto con il fornitore per l'acquisto della merce se il regolamento si compie oltre la data di riferimento del bilancio.

Le valutazioni di fine esercizio delle poste in valuta estera sono analiticamente disciplinate dal punto 8-bis dell'art. 2426 c.c..
Il testo antecedente al recepimento della direttiva 34/2013 recitava: "le attività e le passività in valuta, ad eccezione delle immobilizzazioni, devono essere iscritte al tasso di cambio a pronti alla data di chiusura dell'esercizio ed i relativi utili e perdite su cambi devono essere imputati al Conto Economico e l'eventuale utile netto deve essere accantonato in apposita riserva non distribuibile fino al realizzo. Le immobilizzazioni materiali, immateriali e quelle finanziarie, costituite da partecipazioni rilevate al costo in valuta devono essere iscritte al tasso di cambio al momento del loro acquisto o a quello inferiore alla data di chiusura dell'esercizio se la riduzione debba giudicarsi durevole".

Le regole di valutazione dettate dal previgente Codice Civile possono essere così schematizzate:

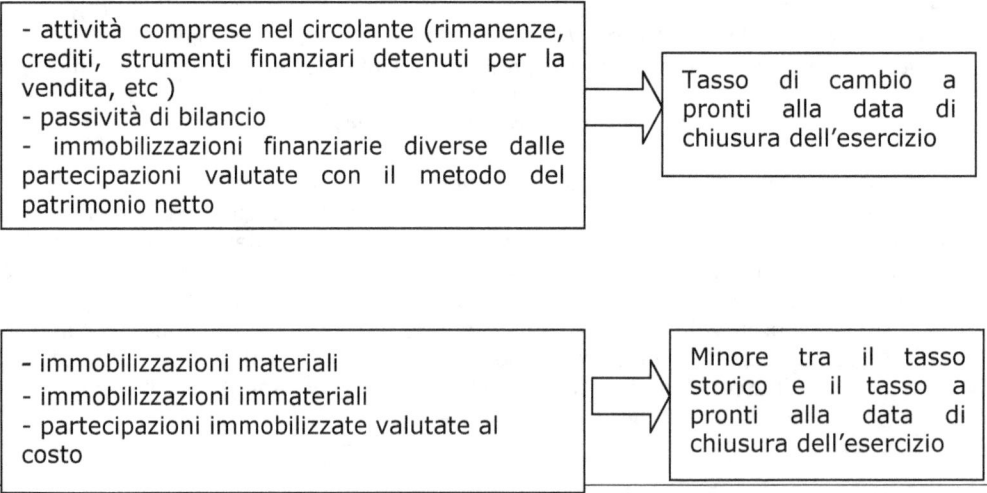

- attività comprese nel circolante (rimanenze, crediti, strumenti finanziari detenuti per la vendita, etc) - passività di bilancio - immobilizzazioni finanziarie diverse dalle partecipazioni valutate con il metodo del patrimonio netto	Tasso di cambio a pronti alla data di chiusura dell'esercizio
- immobilizzazioni materiali - immobilizzazioni immateriali - partecipazioni immobilizzate valutate al costo	Minore tra il tasso storico e il tasso a pronti alla data di chiusura dell'esercizio

Il trattamento contabile fissato per le immobilizzazioni tecniche e le partecipazioni strategiche valutate al costo era incentrato sul principio della neutralità del valore contabile di tali asset rispetto alle oscillazioni del tasso di cambio, eccetto i casi di variazioni sfavorevoli aventi carattere permanente. Con questa disposizione, il legislatore del 2003 ha voluto evitare che perdite durevoli di valore del bene causate da fattori legati all'operatività dell'impresa (p.e.: obsolescenza fisica e tecnologica degli impianti, ridotta capacità di ammortamento, peggioramento delle *performance* delle società collegate o controllate) fossero neutralizzate da scostamenti favorevoli nei cambi.

Viceversa, le oscillazioni, in un verso e nell'altro, delle parità monetarie influenzavano sempre il valore contabile delle altre attività e passività in valuta, sfociando nella possibile iscrizione di utili presunti (non realizzati).

Il D.lgs 139/2015, nel revisionare in parte questo approccio di valutazione, allinea la disciplina nazionale delle operazioni in valuta all'impostazione dello IAS 21 che propone la distinzione tra poste monetarie e poste non monetarie.

Riportiamo di seguito la versione aggiornata del punto 8-*bis* dell'art. 2426-bis: "le attività e passività monetarie in valuta sono iscritte al cambio a pronti alla data di chiusura dell'esercizio; i conseguenti utili o perdite su cambi devono essere imputati al Conto Economico e l'eventuale utile netto è accantonato in apposita riserva non distribuibile fino al realizzo. Le attività e passività in valuta non monetarie devono essere iscritte al cambio vigente al momento del loro acquisto."

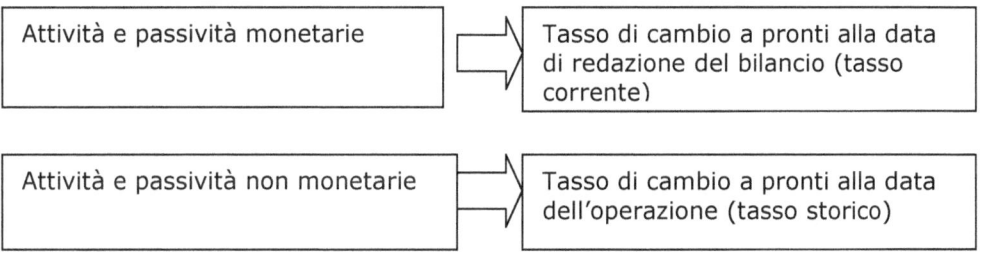

Il legislatore nulla dispone riguardo all'individuazione degli elementi monetari e non monetari.

La relazione illustrativa al Decreto di attuazione della direttiva 34/2013 precisa che la rivisitazione dell'art. 2426 non apporta cambiamenti ai criteri di valutazione delle poste in valuta introdotti dalla riforma del diritto societario. L'emendamento – si legge nella relazione – si prefigge "di rendere più esplicito il fatto che l'obbligo di valutazione al tasso di cambio a pronti vigente alla data di riferimento del bilancio sussiste soltanto per le poste aventi natura monetaria".

La modificazione apportata dal D.ls 139/2015 assume natura formale piuttosto che sostanziale. Sembra così trovare riconoscimento normativo l'interpretazione fornita dall'OIC 26 (par. 20) secondo la quale distinzione tra poste monetarie e poste non monetarie fosse già accolta dalla precedente formulazione del "punto 8-bis". La rivisitazione del *wording* del punto 8-bis avrebbe avuto il solo scopo di adeguare il lessico codistico alla terminologia tecnica dei Principi contabili nazionali.

Ciò detto, non possiamo esimerci dal far presente l'evidente discordanza tra l'elenco delle poste monetarie e poste non monetarie proposto dall'OIC 26 e la classificazione risultante dalla previgente disciplina civilistica.

Le definizioni contenute nell'OIC 26, in appresso integralmente riportare, fanno emergere chiaramente questa incoerenza.

Con l'espressione "elementi monetari" (da valutare al cambio a pronti) si intendono le attività e passività che comportano il diritto ad incassare o l'obbligo di pagare, a date future, importi di denaro in valuta determinati o determinabili. Sono elementi monetari: i crediti e debiti, le disponibilità liquide, i ratei attivi e passivi e i titoli di debito (par. 5).

Gli "elementi non monetari" (da valutare al cambio storico) sono quelle attività e passività che non comportano il diritto ad incassare o l'obbligo di pagare importi di denaro in valuta determinati o determinabili. Sono elementi non monetari: le immobilizzazioni materiali e immateriali, le partecipazioni e altri titoli che conferiscono il diritto a partecipare al capitale di rischio dell'emittente, le rimanenze, gli anticipi per l'acquisto o la vendita di beni e servizi, i risconti attivi e passivi (par. 6).

Per esaustività di analisi riportiamo la tabella inclusa nell'Appendice B dell'OIC 26 che espone il dettaglio delle voci di bilancio in valuta e dei relativi criteri di conversione.

Voci di bilancio in valuta estera	Cambio da utilizzare
Poste monetarie e poste a loro assimilate	
Disponibilità liquide Crediti iscritti nell'attivo circolante Lavori in corso su ordinazione valutati con il criterio della percentuale di completamento Titoli di debito iscritti nell'attivo circolante Crediti iscritti nell'attivo immobilizzato Titoli di debito iscritti nell'attivo immobilizzato Debiti Fondi per rischi ed oneri Conti d'ordine	Cambio a pronti di fine esercizio
Poste non monetarie	
Rimanenze di magazzino Lavori in corso su ordinazione valutati con il criterio della commessa completata Partecipazioni iscritte nell'attivo circolante (poste monetarie nel precedente OIC 26)	*Cambio storico* Del cambio a pronti di fine esercizio si tiene conto per la conversione di eventuali flussi finanziari futuri espressi in valuta al fine di determinare il valore recuperabile e la eventuale perdita durevole di valore
Immobilizzazioni materiali e immateriali Partecipazioni iscritte nell'attivo immobilizzato e valutate al costo	*Cambio storico* Del cambio a pronti di fine esercizio si tiene conto quando si giudica durevole la riduzione al fine di determinare il valore

	recuperabile e la eventuale perdita durevole di valore dell'attività.
Partecipazioni iscritte nell'attivo immobilizzato e valutate con metodo del patrimonio netto	Criteri di traduzione del bilancio in valuta (cfr. OIC 17)

L'esame della tabella ora presentata dimostra come alcune poste (rimanenze di magazzino e partecipazioni del circolante) per le quali la previgente versione del "punto 8-bis" richiedeva la valutazione al tasso di cambio corrente (poiché facenti parte del circolante) sarebbero dovute essere iscritte in linea generale al tasso di cambio storico in conformità all'OIC 26 (in quanto elementi non monetari). Le "vecchie" previsioni legislative e le disposizioni tecniche concordavano invece nel richiedere la rilevazione al cambio corrente per le passività e per i titoli di debito sia immobilizzati che del circolante (considerati elementi monetari dall'OIC 26).

L'Appendice E del nuovo OIC 26 illustra le ragioni che hanno indotto l'OIC a ritenere corretto e opportuno adottare un modello contabile in parte non conforme al disposto letterale del punto 8-bis) vigente al momento del rilascio del Principio.
L'OIC afferma che la distinzione tra poste monetarie e non monetarie "trova la propria motivazione in un'interpretazione logico-sistematica del disposto dell'art. 2426 n.8-*bis* secondo cui si può ritenere che il primo periodo del comma 8-*bis* individui le poste non immobilizzate aventi natura monetaria [...] mentre il secondo periodo individua esclusivamente le poste immobilizzate aventi natura non monetaria [...] L'assimilazione terminologica comporta che le poste aventi natura non monetaria, ancorché iscritte nel circolante (ad es. magazzino e partecipazioni) sono iscritte al cambio storico al pari delle immobilizzazioni non monetarie. Per converso, stante la loro natura monetaria, i titoli sia immobilizzati che del circolante sono da iscrivere al cambio corrente alla chiusura dell'esercizio. Ciò è coerente con quanto scritto nella relazione di accompagnamento [al D.lgs 6/2003], secondo cui la previsione trae origine dalla volontà del legislatore di enfatizzare *il rilevante aspetto della differenza tra poste monetarie e non monetarie"*, introducendo *"conseguentemente un trattamento contabile rispettoso della sostanza economica del fenomeno ed in linea con quella che è sul punto la prassi contabile europea e internazionale"* (cfr. IAS 21). Si ottiene così una soluzione tecnicamente appropriata, coerente sotto il profilo sistematico, che è anche in linea con l'impostazione seguita in ambito internazionale".
A nostro avviso, l'esegesi proposta dai board dell'OIC – sebbene conforme alla prassi internazionale – costituisce una forzatura regolamentare.
Possiamo certamente condividere la tesi che attribuisce al legislatore la volontà di introdurre, pur senza esplicitarla, la classificazione tra poste monetarie e non monetarie. Il passaggio che contestiamo concerne l'allocazione dei diversi elementi di bilancio alle due macrocategorie: il legislatore è estremamente chiaro nell'individuare le voci da valutare al tasso di cambio corrente e quelle da valutare al cambio storico. Una deviazione da queste regole puntuali non può considerarsi una interpretazione tecnica ma una deroga, peraltro non motivata, all'impianto normativo civilistico in quel momento cogente.
Il richiamo alla relazione governativa al D.lgs 6/2003 non appare sufficiente a validare il parere espresso nell'Appendice OIC 26. Se il legislatore del 2003 avesse constatato una divergenza tra gli scopi prefissati e il sistema di regole attuative, egli sarebbe certamente intervenuto con un decreto correttivo.

L'inconciliabilità tra norme di legge e disposizioni tecniche è sanata dal D.lgs 139/2015. La nuova versione del "punto 8-bis" demanda alla professione contabile la specifica delle poste monetarie e delle poste non monetarie, eliminando alla fonte le questioni interpretative ad oggi esistenti. È bene far presente che l'ammodernamento delle regole civilistiche delle operazioni in valuta non è strettamente associato al recepimento della direttiva 34/2013, dato che la legislazione contabile europea non entra nel merito della fattispecie. Riteniamo perciò che la revisione in oggetto sia stata caldeggiata dai vertici dell'OIC con l'obiettivo di risolvere (a proprio favore) il conflitto tra le indicazioni fornite nell'OIC 26 e le disposizioni civilistiche emanate nel 2003.

Dopo questo doveroso chiarimento, richiamiamo le procedure contabili da seguire nella misurazione dei valori di bilancio delle attività e passività in valuta.
Per quanto riguarda le voci monetarie, il primo *step* consiste nell'applicare il criterio valutativo della posta in valuta per poi convertire in euro il risultato ottenuto. Ciò significa, ad esempio, che ai crediti espressi in valuta estera si applica prima il criterio generale del valore presumibile di realizzazione (articolo 2426, n. 8, codice civile) e poi il relativo risultato determinato in valuta è convertito al cambio di fine esercizio (OIC 26, par. 23).
Il par. 24 dell'OIC 26 richiede di evidenziare la componente valutativa separatamente da quella di conversione. In particolare, la componente valutativa è iscritta nella pertinente voce di Conto Economico mentre la differenza relativa all'adeguamento del tasso di cambio è esposta nella voce C17-bis) "Utili e perdite su cambi".
L'OIC 26, colpevolmente, non specifica la tecnica da seguire per per attuare questa scissione. Una modalità pratica per attuarla è articolata nelle seguenti fasi:
   a) determinazione del valore di realizzo del credito in valuta estera;
   b) conversione di tale minor valore sulla base del tasso di cambio a pronti al momento della rilevazione iniziale del credito;
   c) calcolo della svalutazione del credito come differenza tra il valore di prima rilevazione e quello risultante dalla fase precedente;
   d) conversione del valore di presumibile realizzo del credito al tasso di cambio alla data di redazione del bilancio;
   e) determinazione dell'utile o della perdita su cambi come differenza tra il valore del credito di cui al punto d) e quello ottenuto dopo la fase b).

Immaginiamo, a titolo esemplificativo, che l'impresa Alfa s.p.a., in data 8 novembre 2015, venda prodotti a un cliente statunitense 200.000 $ con regolamento a febbraio 2016. Alla data dello scambio il rapporto dollaro/euro è 0,933. Il valore di rilevazione iniziale del credito ammonta a € 186.600. Alla data di redazione del bilancio, il valore di presunto realizzo del credito è pari a 120.000 dollari e il rapporto di cambio è passato a 0,95.
Il primo passaggio è il calcolo della svalutazione del credito. A tal fine si procede a convertire il valore di presunto realizzo (120.000) sulla base del tasso di cambio originario (0,933). Si ottiene così un ammontare di € 111.960 che porta a una svalutazione di € 74.640 (186.600 - 111.960) da iscrivere nella macroclasse D del Conto Economico.
Dopo questa prima revisione, il valore di presumibile realizzo del credito in dollari (120.000) viene convertito sulla base del tasso di cambio alla data di chiusura dell'esercizio (0,95). La differenza tra il valore contabile del credito così ottenuto (114.000) e il valore comprensivo solo della svalutazione (111.960) determina un utile su cambi di € 2.040 che sarà collocato nella voce C.17-bis del Conto Economico.

Venendo alle poste non monetarie, tali attività e le passività in valuta "sono iscritte nello Stato Patrimoniale al tasso di cambio al momento del loro acquisto, e cioè al loro costo di iscrizione iniziale. Pertanto le differenze cambio positive o negative non danno luogo ad una autonoma e separata rilevazione". (OIC 26, par. 25)

Una volta stabilito che le poste non monetarie non portano alla movimentazione della voce C.17-*bis* del Conto Economico, l'OIC 26 informa che la variazione del tasso di cambio è un fattore da considerare nelle verifiche di impairment: "Per poter stabilire se tale costo (eventualmente ridotto dagli ammortamenti nel caso delle immobilizzazioni materiali e immateriali) possa essere mantenuto in bilancio occorre confrontarlo, secondo i principi contabili di riferimento, con il valore recuperabile (per le immobilizzazioni) o con il valore di realizzazione desumibile dall'andamento del mercato (per le poste in valuta non monetarie iscritte nell'attivo circolante). In questo processo valutativo, gli effetti legati alla variazione del cambio sono uno degli elementi da considerare nella determinazione del valore iscrivibile in bilancio per le singole attività". (OIC 26, par. 26).

Il D.lgs 139/2015 non modifica le previsioni riguardanti l'imputazione a riserva degli utili netti su cambi non realizzati. L'OIC 26 esplicita nel dettaglio la *ratio* del provvedimento e, soprattutto, il funzionamento della riserva.

La finalità dell'accantonamento è quella di evitare la distribuzione ai soci (e quindi il depauperamento del patrimonio societario) di un utile non realizzati. Precisiamo che la voce C.17-bis comprende proventi e oneri su cambi sia realizzati che non realizzati. Ai fini del computo della riserva, deve essere presa in considerazione solo la differenza tra componenti di origine valutativa.

Supponiamo il seguente mastrino del conto "Utili e perdite su cambi":

Utili e perdite su cambi			
Oneri su cambi realizzati	*400*	*Proventi su cambi realizzati*	*100*
Oneri su cambi presunti	*200*	*Proventi su cambi presunti*	*300*
Totale oneri	*600*	*Totale proventi*	*400*
		Perdita su cambi (C.17-bis)	*200*
		Totale a pareggio	*600*

In questa situazione, gli utili presunti su cambi ammontano a 100 CU (300-200) che, se verificate le condizioni stabilite dall'OIC 26, dovranno essere accantonate in una riserva non distribuibile.

In forza alle contenute nell'OIC 26 – analoghe nell'approccio ma con una diversa formulazione a quelle previste per la costituzione della riserva di rivalutazione delle partecipazioni valutate con il metodo del patrimonio netto - l'importo della riserva non distribuibile potrebbe non coincidere con quello degli utili netti non realizzati iscritti in Economico. Infatti:

- se il bilancio chiude in pareggio o con una perdita non si effettua alcun accantonamento a riserva;
- se il bilancio manifesta un reddito di esercizio inferiore agli utili netti su cambi non realizzati si accantona a riserva solo la quota non assorbita dalla perdita di esercizio che si sarebbe manifestata in assenza di una variazione favorevole dei tassi di cambio (ad esempio, reddito di esercizio 40, utile su cambi 100: accantonamento a riserva:40)

Solo se il bilancio chiude con un risultato complessivo superiore all'importo degli utili netti non realizzati su cambi si accantona a riserva l'intero ammontare di questi ultimi.

La riserva utili su cambi è accesa in sede di approvazione del bilancio e non può assegnata ai soci sino al momento del successivo realizzo degli utili ma è disponibile per la copertura di perdite (OIC 26, par. 44). Pertanto, gli utili presunti prodotti da variazioni favorevoli dei tassi di cambio partecipano alla formazione del reddito di esercizio.

4.7. Prima applicazione delle nuove norme

Le disposizioni di recepimento della Direttiva entrano in vigore a partire dagli esercizi aventi inizio a partire dal 1° gennaio 2016 (D.lgs 139/2015, art. 12, co. 1).

Il decreto (art. 12, co. 2) stabilisce inoltre che le modificazioni di cui all'articolo 2426, comma 1, numeri 1), 6) e 8), del Codice Civile, possano non essere applicate alle componenti delle voci riferite a operazioni che non hanno ancora esaurito i loro effetti in bilancio. Pertanto, è consentito alle imprese di valutare i crediti, i debiti e i titoli di debito risultanti dalla situazione patrimoniale al 31.12.2015 in base alle precedenti regole civilistiche. Il costo ammortizzato entra dunque a regime a partire dai bilanci dell'esercizio 2016.

Tutte gli altri principi contabili introdotti dal D.lgs 139/2015 (p.e.: materiality, *substance over form*, rilevazione delle azioni proprie, avviamento, oneri pluriennali, ecc.) sono applicati retroattivamente, ovvero come se essi fossero sempre stati in vigore.

Il principio della retroattività, sancito e regolamentato dall'OIC 29, comporterà la rideterminazione del patrimonio netto all'01/01/2016 in base alle aggiornate disposizioni civilistiche. Pertanto, sebbene le modifiche al Codice Civile apportate al D.lgs 139/2015 entreranno in vigore nel 2016, l'obbligo di applicazione retroattiva previsto dall'OIC 29, ed escluso dal Decreto solo per le voci a cui si applica il costo ammortizzato, impone alle imprese di applicare le nuove regole anche alle attività e alle passività esposte nello Stato Patrimoniale al 31.12.2015.

La differenza (positiva o negativa) tra il valore del patrimoniale netto al 1°gennaio 2016 calcolato secondo i nuovi principi e l'ammontare del medesimo risultante dal bilancio chiuso al 31.12.2015 parteciperà alla formazione del reddito dell'esercizio 2016. Lo scarto in parola assume la denominazione di "effetto cumulativo del cambiamento di principi contabili" poiché espressione della somma algebrica delle rettifiche di valore delle diverse attività e passività interessate dal mutamento dei precetti civilistici.

L'imputazione a Conto Economico del differenziale in oggetto, anziché in una riserva del patrimonio netto, assicura il rispetto del principio della continuità nel tempo dei bilanci; di cui all'articolo 6, co. 1, lett. g) della Direttiva ("*lo Stato Patrimoniale di apertura di un esercizio deve corrispondere allo Stato Patrimoniale di chiusura dell'esercizio precedente*", disposizioni questa affermata anche dalla IV direttiva).

La versione 2014 dell'OIC 29 prevede che il criterio della retroattività non si applichi quando:

- non sia ragionevolmente possibile calcolare l'effetto pregresso del cambiamento di principio;
- la determinazione dell'effetto pregresso risulti eccessivamente onerosa.

In tale circostanze, il nuovo principio viene applicato solo ai fatti gestionali intervenuti a partire dall'esercizio in cui è intervenuto il cambiamento, mentre ai valori riferiti ai precedenti periodi amministrativi si continuano a seguire le vecchie regole.

È opportuno precisare che in base al precedente OIC 29 l'applicazione prospettica:

- era obbligatoria nei casi in cui non fosse ragionevolmente possibile calcolare l'effetto pregresso del cambiamento di principio contabile, e
- era consentita nel solo caso in cui il nuovo principio contabile prevedesse l'imputazione al Conto Economico di costi che precedentemente fossero capitalizzati.

La *ratio* del cambiamento esposta nella scheda introduttiva del nuovo OIC 29 è quella di "riformulare la disciplina della determinazione degli effetti del cambiamento di principio in maniera più puntuale, limitando l'applicazione del metodo prospettico a specifici casi". A parere di chi scrive, l'intervento dell'OIC realizza l'effetto opposto: se in un verso è innegabile che l'eliminazione della facoltà di applicazione prospettica riguardo ai costi capitalizzati assicuri una migliore comparabilità dei bilancio, dall'altro l'inserimento della condizione generale dell'eccessività onerosità demanda in concreto agli operatori la verifica delle condizioni per l'applicazione del metodo retroattivo con la palese possibilità di valutazioni difformi oltre che arbitrarie.

Con riferimento alle novità legate al recepimento della Direttiva, la revisione dell'OIC 29 comporta in linea di massima lo storno a Conto Economico dei costi ricerca e dei costi di pubblicità iscritti nel bilancio del 2015. In questo caso, non sembrano assolutamente sussistere gli estremi per invocare l'eccessiva onerosità, la quale è riferita al calcolo dell'effetto cumulativo e non all'impatto del cambiamento sul risultato di periodo. Qualora fosse stato mantenuta la precedente regolamentazione del cambiamento di principi contabili, le imprese italiane avrebbero potuto continuare ad ammortizzare i costi di ricerca e di pubblicità capitalizzati fino al 2015.

Sempre riguardo alla valutazione delle immobilizzazioni immateriali, segnaliamo che le nuove regole in materia di costi di sviluppo e avviamento si applicano anche ai valori antecedenti all'entrata in vigore del D.lgs 139/2015. Il valore all'01.01.2016 di tali *asset* dovrà essere rideterminato secondo i criteri imposti dall'emendato art. 2426 c.c., concorrendo quindi alla formazione del predetto effetto cumulativo.

L'attuale OIC 29 impone la classificazione dell'effetto cumulativo nella gestione straordinaria del Conto Economico. L'eliminazione dei proventi e oneri straordinari sancita dal D.lgs 139/2015 comporta il superamento di tale modalità di presentazione: la variazione della consistenza iniziale del patrimonio netto influenzerà il risultato della gestione ordinaria dell'esercizio 2016.

Spetta all'OIC indicare agli operatori la voce del Conto Economico nelle quali far confluire l'effetto del cambiamento di principi contabili.

Una possibile collocazione è rappresentata dalle voci A.5, *altri proventi* (in caso di effetti positivo) e B.14, *oneri diversi di gestione* (in caso di effetto negativo). L'OIC potrebbe anche decidere di collocare l'effetto cumulativo generato da cambiamenti dei criteri di valutazione degli strumenti finanziari nella classe D del Conto Economico.

Nell'ipotesi di effetti significativi, come molto probabilmente accadrà nel 2016, l'OIC potrebbe richiamare la previsione dell'art. 2423-*ter*, co. 2, c.c., che ammette la suddivisione delle voci precedute da numeri arabi, senza l'eliminazione della voce complessiva e dell'importo corrispondente.

Non ci sentiamo di escludere che l'OIC possa spingersi oltre, propendendo per l'iscrizione dell'effetto cumulativo in una voce all'uopo costituita, in attuazione dell'art. 2423-*ter*, co. 3, c.c. In aderenza all'OIC 12, l'aggiunta di voci potrebbe riguardare anche le sottoclassi di voci precedute da numeri romani o le classi contrassegnate da lettere maiuscole. Relativamente a questa opzione, l'OIC 12 afferma che, data l'analiticità degli schemi obbligatori del bilancio, la necessità di aggiungere ulteriori voci "si presenta di rado, in pratica solo a fronte di situazioni peculiari di una determinata impresa o settore". La modifica dei principi contabili pare verificare questa condizione.

Insomma, il ventaglio di soluzioni è estremamente ampio.

Un'altra questione delicata sollevata dalla retroattività del cambiamento di principi contabili riguarda l'adattamento delle informazioni contabili degli esercizi precedenti. L'articolo 2423-*ter*, co. 5, c.c. stabilisce che "*se le voci non sono comparabili, quelle relative all'esercizio precedente devono essere adattate; la non comparabilità e l'adattamento o l'impossibilità di questo devono essere segnalati e commentati nella Nota Integrativa*".

L'interpretazione autentica fornita dall'OIC 29 a questa normativa civilistica specifica che un cambiamento di principi contabili non impone l'adattamento di tutte le voci non comparabili dell'esercizio precedente.

La concezione italiana di retroattività, e più in generale dei Paesi di *civil law*, differisce profondamente dall'approccio anglosassone. La differenza riguarda il come e il dove rappresentare l'effetto cumulativo del cambiamento (PISANI, 1999).

Il sistema IAS concentra l'attenzione sui bilanci degli esercizi precedenti che devono essere presentati come se il nuovo principio fosse stato da sempre rispettato. Ne consegue che gli elementi patrimoniali presentati comparativamente sono riadattati e l'effetto cumulativo del cambiamento è imputato direttamente a patrimonio netto.

Di contro, la disciplina nazionale del bilancio non "guarda" ai bilanci passati ma focalizza l'attenzione sull'esercizio in cui avviene il passaggio al nuovo principio. Quindi, come già descritto, l'effetto cumulativo è riflesso nel Conto Economico; i valori comparativi rimangono quelli indicati nel bilancio ufficiale dell'esercizio precedente in ossequio al principio comunitario della continuità temporale dei bilanci.

Il documento preposto ad assicurare la confrontabilità dell'informativa societaria è la Nota Integrativa. A tale riguardo, l'OIC 29 dispone che, "ove gli effetti del cambiamento siano rilevanti e/o si ripercuotano su una pluralità di voci interessate, la nota integrativa può includere un prospetto economico-patrimoniale sintetico pro-forma che evidenzi le voci dell'esercizio precedente, adattate per riflettere l'applicazione del nuovo principio contabile anche a fatti ed operazioni avvenuti in esercizi precedenti".

Riepilogando, il metodo retroattivo italiano è fondato sulle seguenti regole:

- i nuovi principi contabili si applicano agli eventi passati e l'effetto del cambiamento incide sul reddito dell'esercizio in cui lo stesso è intervenuto;
- l'informativa comparativa non subisce correzioni;
- la Nota Integrativa informa sui valori che le voci interessate dal cambiamento avrebbero assunto se i nuovi criteri fossero stati da sempre applicati.

Un'eccezione a questa regola attiene a quei cambiamenti di principi contabili di tipo formale che incidono solo sulla presentazione e sulla classificazione delle voci di bilancio, senza produrre effetti cumulativi. Più chiaramente, se l'utilizzo di un nuovo principio richiede semplicemente lo spostamento di una o più voci (ad esempio dalla gestione ordinaria alla gestione straordinaria o viceversa) non sembrano esserci ostacoli al riadattamento dell'informativa comparativa, sempre che ciò che sia praticabile.

Possiamo affermare con ragionevole certezza che, contrariamente a quanto recentemente letto su riviste e siti specializzati, l'applicazione retroattiva delle nuovo Codice Civile non determinerà la riespressione in chiave comparativa dei bilanci 2015.

ESEMPIO - Applicazione retroattiva
La società ALFA ha concesso nel 2012 un credito a tasso zero a una propria controllata per un valore nominale di 100 CU.
In sede di prima applicazione delle regole contabili previste dal D.lgs 139/2015, ALFA decide di applicare retroattivamente il metodo del costo ammortizzato. Il valore contabile del credito secondo il nuovo criterio di valutazione è di 87 CU all'01.01.2016 e di 90 al 31.12.2016. Gli amministratori non stimano perdite di esigibilità sul credito finanziario.
Sulla base dei dati presentati:
- *l'effetto cumulativo del cambiamento da iscrivere nel Conto Economico del 2016 è pari a 13, importo ottenuto come differenza tra il valore contabile del credito secondo il criterio del costo ammortizzato e quello previsto dalla precedente normativa. Questo scarto corrisponde alla somma algebrica dei componenti reddituali che sarebbero stati rilevati nel periodo 2012-2015 qualora si fosse da sempre applicato il metodo del costo ammortizzato;*
- *l'incremento del valore contabile del credito manifestatosi nel 2016 per effetto del progressivo annullamento della differenza tra il valore iniziale del credito (fair value alla data di concessione) e il valore di rimborso (90-87=3) è un provento finanziario generato dal metodo del costo ammortizzato e per questo da classificare alla voce D.18.b) Rivalutazioni di immobilizzazioni finanziarie che non costituiscono partecipazioni;*
- *il credito finanziario è così rappresentato nello Stato Patrimoniale al 31.12.2016*

Stato Patrimoniale	31/12/2015	31/12/2016
B.III.2.A Crediti verso imprese controllate	100	90

- *La Nota Integrativa indicherà:*
  - l'effetto cumulativo del cambiamento (negativo per 13 CU);
  - l'effetto del cambiamento di principi contabili sul risultato della gestione finanziaria. Nel nostro caso, se si fosse continuata ad applicare la regola del valore di presumibile realizzazione non si sarebbe manifestata nessuna componente di reddito. La transizione al metodo del costo ammortizzato ha generato un provento finanziario di 3 CU;
  - l'effetto complessivo del cambiamento sul reddito dell'esercizio 2016, negativo per 10 CU (-13+3).

*** * ***

Corre l'obbligo di precisare che le modalità di rilevazione sin qui indicate sono subordinate al principio generale della rilevanza. Ne consegue che l'applicazione prospettica sembrerebbe un'alternativa legittima qualora il cambiamento di principi contabili producesse implicazioni marginali sulla situazione patrimoniale e reddituale della società (ad esempio, costi di ricerca o avviamenti di importo modesto). In tali circostanze, l'omissione degli effetti dei nuovi principi contabili sulle operazioni passate non influenzerebbe il processo decisionale degli utilizzatori del bilancio.

Riteniamo altresì che laddove l'applicazione delle nuove regole a fatti ed eventi gestionali passati non fosse tecnicamente fattibile, il ricorso al metodo prospettico sarebbe conforme al dettato dell'OIC 29.

Riprendendo quanto osservato all'inizio del paragrafo 4.2, la contabilizzazione retroattiva di determinati nuovi principi contabili potrebbe avere ripercussioni estremamente negative sull'equilibrio patrimoniale e reddituale delle società italiane, anche fino a far ricadere le medesime nell'ambito di applicazione della disciplina civilistica della riduzione del capitale per perdite di cui agli artt. 2446 e 2447. Ci riferiamo in particolare all'imputazione al Conto Economico dell'esercizio 2016 dell'intero importo dei costi di ricerca e di pubblicità iscritti nel bilancio chiuso al 31.12.2015 oppure all'attualizzazione dei crediti finanziari infruttiferi nell'ipotesi di mancato esercizio della facoltà di contabilizzazione retroattiva ammessa dall'art. 12 del D.lgs 139/2915 relativamente al criterio del costo ammortizzato.

Alla luce del quadro delineato, è probabile che l'OIC metterà a disposizione dei professionisti una guida operativa specifica sulla prima applicazione delle disposizioni riportate nel D.lgs 139/2015, la quale potrebbe prevedere ulteriori casi di applicazione prospettica in aderenza all'approccio adottato dal documento in bozza *Passaggio ai principi contabili nazionali*, pubblicato in data 30 ottobre 2012 e rimasto in consultazione sino al 31 dicembre 2012 (POZZOLI-LUCIANI,2012).

Il documento - stranamente non tramutato in un Principio contabile definitivo - disciplina le modalità di redazione del primo bilancio redatto secondo le disposizioni del Codice Civile e dei Principi contabili nazionali da parte di una società che in precedenza redigeva il bilancio in conformità ad altre regole (IAS/IFRS, normative di settore, ecc). La soluzione individuata dallo *standard setter* nazionale prevede l'applicazione retroattiva delle disposizioni civilistiche secondo lo schema logico dell'IFRS 1, *Prima adozione degli International Financial Reporting Standard* : l'effetto cumulativo del cambiamento é rilevato direttamente a patrimonio netto con il conseguente adattamento dell'informativa comparativa, anziché a Conto Economico come previsto dall'OIC 29 (OIC, 2012).

Il trattamento contabile indicato nella Bozza presenta la profonda anomalia di suggerire la rappresentazione della migrazione ai nuovi principi contabili secondo le regole previste, nella medesima fattispecie, dal modello di bilancio abbandonato invece di seguire, come logica imporrebbe, l'approccio del sistema contabile di destinazione (CAPODAGLIO-TOZZI, 2013).

A parte ciò, é interessante osservare come la bozza espliciti una serie di fattispecie di esclusione (obbligatorie o facoltative) dalla regola della retroattività motivate, oltre che dalla non fattibilità tecnica della procedura, dalla generazione di costi superiori ai benefici per i destinatari dell'informativa economico-finanziaria. Quest'ultimo parametro potrebbe essere ripreso dall'OIC nel disciplinare il passaggio dal "vecchio al nuovo" Codice Civile.

Prospetto di comparazione tra la previgente disciplina civilistica e le modificazioni apportate dal D.lgs 139/2015

Codice Civile ante D.lgs 139/2015	Codice Civile post D.lgs 139/2015
Art. 2357-ter (Disciplina delle proprie azioni).	**Art. 2357-ter (Disciplina delle proprie azioni)**
1. Gli amministratori non possono disporre delle azioni acquistate a norma dei due articoli precedenti se non previa autorizzazione dell'assemblea, la quale deve stabilire le relative modalità. A tal fine possono essere previste, nei limiti stabiliti dal primo e secondo comma dell'articolo 2357, operazioni successive di acquisto ed alienazione.	1. IDENTICO
2. Finché le azioni restano in proprietà della società, il diritto agli utili e il diritto di opzione sono attribuiti proporzionalmente alle altre azioni; l'assemblea può tuttavia, alle condizioni previste dal primo e secondo comma dell'articolo 2357, autorizzare l'esercizio totale o parziale del diritto di opzione. Il diritto di voto è sospeso, ma le azioni proprie sono tuttavia computate nel capitale ai fini del calcolo delle quote richieste per la costituzione e per le deliberazioni dell'assemblea.	2. IDENTICO
3. Una riserva indisponibile pari all'importo delle azioni proprie iscritto all'attivo del bilancio deve essere costituita e mantenuta finché le azioni non siano trasferite o annullate.	~~3. Una riserva indisponibile pari all'importo delle azioni proprie iscritto all'attivo del bilancio deve essere costituita e mantenuta finché le azioni non siano trasferite o annullate.~~ **L'acquisto di azioni proprie comporta una riduzione del patrimonio netto di eguale importo, tramite l'iscrizione nel passivo del bilancio di una specifica voce, con segno negativo.**
Art. 2423. (Redazione del bilancio). 1. Gli amministratori devono redigere il bilancio di esercizio, costituito dallo stato patrimoniale, dal conto economico e dalla nota integrativa.	**Art. 2423. (Redazione del bilancio).** 1. Gli amministratori devono redigere il bilancio di esercizio, costituito dallo stato patrimoniale, dal conto economico, **dal rendiconto finanziario** e dalla nota integrativa.
2. Il bilancio deve essere redatto con	2. IDENTICO

chiarezza e deve rappresentare in modo veritiero e corretto la situazione patrimoniale e finanziaria della società e il risultato economico dell'esercizio.	
3. Se le informazioni richieste da specifiche disposizioni di legge non sono sufficienti a dare una rappresentazione veritiera e corretta, si devono fornire le informazioni complementari necessarie allo scopo.	3. IDENTICO.
	4. Non occorre rispettare gli obblighi in tema di rilevazione, valutazione, presentazione e informativa quando la loro osservanza abbia effetti irrilevanti al fine di dare una rappresentazione veritiera e corretta. Rimangono fermi gli obblighi in tema di regolare tenuta delle scritture contabili. Le società illustrano nella nota integrativa i criteri con i quali hanno dato attuazione alla presente disposizione.
4. Se, in casi eccezionali, l'applicazione di una disposizione degli articoli seguenti è incompatibile con la rappresentazione veritiera e corretta, la disposizione non deve essere applicata. La nota integrativa deve motivare la deroga e deve indicarne l'influenza sulla rappresentazione della situazione patrimoniale, finanziaria e del risultato economico. Gli eventuali utili derivanti dalla deroga devono essere iscritti in una riserva non distribuibile se non in misura corrispondente al valore recuperato.	**5.** IDENTICO
5. Il bilancio deve essere redatto in unità di euro, senza cifre decimali, ad eccezione della nota integrativa che può essere redatta in migliaia di euro.	**6.** IDENTICO
Art. 2423-bis. (Principi di redazione del bilancio). 1. Nella redazione del bilancio devono essere osservati i seguenti principi: 1) la valutazione delle voci deve essere	**Art. 2423-bis. (Principi di redazione del bilancio).** 1. Nella redazione del bilancio devono essere osservati i seguenti principi: 1) la valutazione delle voci deve essere

fatta secondo prudenza e nella prospettiva della continuazione dell'attività, nonché tenendo conto della funzione economica dell'elemento dell'attivo o del passivo considerato;	fatta secondo prudenza e nella prospettiva della continuazione dell'attività~~, nonché tenendo conto della funzione economica dell'elemento dell'attivo o del passivo considerato~~;

1-bis) la rilevazione e la presentazione delle voci è effettuata tenendo conto della sostanza dell'operazione o del contratto; |
2) si possono indicare esclusivamente gli utili realizzati alla data di chiusura dell'esercizio;	2) IDENTICO;
3) si deve tener conto dei proventi e degli oneri di competenza dell'esercizio, indipendentemente dalla data dell'incasso o del pagamento;	3) IDENTICO;
4) si deve tener conto dei rischi e delle perdite di competenza dell'esercizio, anche se conosciuti dopo la chiusura di questo;	4) IDENTICO;
5) gli elementi eterogenei ricompresi nelle singole voci devono essere valutati separatamente;	5) IDENTICO;
6) i criteri di valutazione non possono essere modificati da un esercizio all'altro.	6) IDENTICO.
2. Deroghe al principio enunciato nel numero 6) del comma precedente sono consentite in casi eccezionali. La nota integrativa deve motivare la deroga e indicarne l'influenza sulla rappresentazione della situazione patrimoniale e finanziaria e del risultato economico.	2. IDENTICO.
Art. 2423-ter. (Struttura dello stato patrimoniale e del conto economico).
1. Salve le disposizioni di leggi speciali per le società che esercitano particolari attività, nello stato patrimoniale e nel conto economico devono essere iscritte separatamente, e nell'ordine indicato, le	IDENTICO

voci previste negli articoli 2424 e 2425.

2. Le voci precedute da numeri arabi possono essere ulteriormente suddivise, senza eliminazione della voce complessiva e dell'importo corrispondente; esse possono essere raggruppate soltanto quando il raggruppamento, a causa del loro importo, è irrilevante ai fini indicati nel secondo comma dell'articolo 2423 o quando esso favorisce la chiarezza del bilancio. In questo secondo caso la nota integrativa deve contenere distintamente le voci oggetto di raggruppamento.

3. Devono essere aggiunte altre voci qualora il loro contenuto non sia compreso in alcuna di quelle previste dagli articoli 2424 e 2425.

4. Le voci precedute da numeri arabi devono essere adattate quando lo esige la natura dell'attività esercitata.

5. Per ogni voce dello stato patrimoniale e del conto economico deve essere indicato l'importo della voce corrispondente dell'esercizio precedente. Se le voci non sono comparabili, quelle relative all'esercizio precedente devono essere adattate; la non comparabilità e l'adattamento o l'impossibilità di questo devono essere segnalati e commentati nella nota integrativa.

6. Sono vietati i compensi di partite.

Art. 2424. (Contenuto dello stato patrimoniale).	**Art. 2424. (Contenuto dello stato patrimoniale).**
1. Lo stato patrimoniale deve essere redatto in conformità al seguente schema: ATTIVO A) Crediti verso soci per versamenti ancora dovuti, con separata indicazione della parte già richiamata. B) Immobilizzazioni, con separata indicazione di quelle concesse in locazione finanziaria: I - Immobilizzazioni immateriali: 1) costi di impianto e di ampliamento; 2) costi di ricerca, di sviluppo e di	1. Lo stato patrimoniale deve essere redatto in conformità al seguente schema: ATTIVO A) Crediti verso soci per versamenti ancora dovuti, con separata indicazione della parte già richiamata. B) Immobilizzazioni, con separata indicazione di quelle concesse in locazione finanziaria: I - Immobilizzazioni immateriali: 1) costi di impianto e di ampliamento; 2) costi ~~di ricerca,~~ di sviluppo ~~e di~~

pubblicità;	~~pubblicità~~;
3) diritti di brevetto industriale e diritti di utilizzazione delle opere dell'ingegno;	3) diritti di brevetto industriale e diritti di utilizzazione delle opere dell'ingegno;
4) concessioni, licenze, marchi e diritti simili;	4) concessioni, licenze, marchi e diritti simili;
5) avviamento;	5) avviamento;
6) immobilizzazioni in corso e acconti;	6) immobilizzazioni in corso e acconti;
7) altre. Totale.	7) altre. Totale.
II - Immobilizzazioni materiali:	II - Immobilizzazioni materiali:
1) terreni e fabbricati;	1) terreni e fabbricati;
2) impianti e macchinario;	2) impianti e macchinario;
3) attrezzature industriali e commerciali;	3) attrezzature industriali e commerciali;
4) altri beni;	4) altri beni;
5) immobilizzazioni in corso e acconti. Totale.	5) immobilizzazioni in corso e acconti. Totale.
III - Immobilizzazioni finanziarie, con separata indicazione, per ciascuna voce dei crediti, degli importi esigibili entro l'esercizio successivo:	III - Immobilizzazioni finanziarie, con separata indicazione, per ciascuna voce dei crediti, degli importi esigibili entro l'esercizio successivo:
1) partecipazioni in:	1) partecipazioni in:
a) imprese controllate;	a) imprese controllate;
b) imprese collegate;	b) imprese collegate;
c) imprese controllanti;	c) imprese controllanti;
	d) **imprese sottoposte al controllo delle controllanti**;
d) altre imprese;	**d-bis**) altre imprese
2) crediti:	2) crediti:
a) verso imprese controllate;	a) verso imprese controllate;
b) verso imprese collegate;	b) verso imprese collegate;
c) verso controllanti;	c) verso controllanti;
	d) **verso imprese sottoposte al controllo delle controllanti**
d) verso altri;	**d-bis**) verso altri;
3) altri titoli;	3) altri titoli;
4) azioni proprie, con indicazione anche del valore nominale complessivo.	**4)** ~~azioni proprie, con indicazione anche del valore nominale complessivo~~ **strumenti finanziari derivati attivi.**
Totale.	Totale.
Totale immobilizzazioni (B);	Totale immobilizzazioni (B);
C) Attivo circolante: I - Rimanenze:	C) Attivo circolante: I - Rimanenze:
1) materie prime, sussidiarie e di consumo;	1) materie prime, sussidiarie e di consumo;
2) prodotti in corso di lavorazione e semilavorati;	2) prodotti in corso di lavorazione e semilavorati;

3) lavori in corso su ordinazione; 4) prodotti finiti e merci; 5) acconti. Totale II - Crediti, con separata indicazione, per ciascuna voce, degli importi esigibili oltre l'esercizio successivo: 1) verso clienti; 2) verso imprese controllate; 3) verso imprese collegate; 4) verso controllanti; 4- bis) crediti tributari; 4- ter) imposte anticipate; 5) verso altri. Totale. III - Attività finanziarie che non costituiscono immobilizzazioni: 1) partecipazioni in imprese controllate; 2) partecipazioni in imprese collegate; 3) partecipazioni in imprese controllanti; 4) altre partecipazioni; 5) azioni proprie, con indicazioni anche del valore nominale complessivo; 6) altri titoli. Totale. IV - Disponibilità liquide: 1) depositi bancari e postali; 2) assegni; 3) danaro e valori in cassa. Totale. Totale attivo circolante (C). D) Ratei e risconti, con separata indicazione del disaggio su prestiti. PASSIVO: A) Patrimonio Netto: I - Capitale. II - Riserva da soprapprezzo delle	3) lavori in corso su ordinazione; 4) prodotti finiti e merci; 5) acconti. Totale II - Crediti, con separata indicazione, per ciascuna voce, degli importi esigibili oltre l'esercizio successivo: 1) verso clienti; 2) verso imprese controllate; 3) verso imprese collegate; 4) verso controllanti; ~~4- bis) crediti tributari;~~ ~~4- ter) imposte anticipate;~~ ~~5) verso altri.~~ **5) verso imprese sottoposte al controllo delle controllanti** **5-bis)** crediti tributari **5-ter)** imposte anticipate **5-quater)** verso altri Totale. III - Attività finanziarie che non costituiscono immobilizzazioni: 1) partecipazioni in imprese controllate; 2) partecipazioni in imprese collegate; 3) partecipazioni in imprese controllanti; **3-bis) partecipazioni in imprese sottoposte al controllo delle controllanti** 4) altre partecipazioni; **5)** ~~azioni proprie, con indicazioni anche del valore nominale complessivo~~ **strumenti finanziari derivati attivi;** 6) altri titoli. Totale. IV - Disponibilità liquide: 1) depositi bancari e postali; 2) assegni; 3) danaro e valori in cassa. Totale. Totale attivo circolante (C). D) Ratei e risconti. ~~con separata indicazione del disaggio su prestiti~~ PASSIVO: A) Patrimonio Netto: I - Capitale. II - Riserva da soprapprezzo delle

azioni.	azioni.
III - Riserve di rivalutazione.	III - Riserve di rivalutazione.
IV - Riserva legale.	IV - Riserva legale.
V - Riserve statutarie.	V - Riserve statutarie.
VI - Riserva per azioni proprie in portafoglio.	~~VI - Riserva per azioni proprie in portafoglio.~~
VII - Altre riserve, distintamente indicate.	**VI** - Altre riserve, distintamente indicate.
	VII – Riserva per operazioni di copertura dei flussi finanziari attesi.
VIII - Utili (perdite) portati a nuovo.	VIII - Utili (perdite) portati a nuovo.
IX - Utile (perdita) dell'esercizio.	IX - Utile (perdita) dell'esercizio.
	X – Riserva negativa per azioni proprie in portafoglio
Totale.	Totale.
B) Fondi per rischi e oneri:	B) Fondi per rischi e oneri:
1) per trattamento di quiescenza e obblighi simili;	1) per trattamento di quiescenza e obblighi simili;
2) per imposte, anche differite;	2) per imposte, anche differite;
	3) strumenti finanziari derivati passivi;
3) altri.	**4)** altri.
Totale.	Totale.
C) Trattamento di fine rapporto di lavoro subordinato.	C) Trattamento di fine rapporto di lavoro subordinato.
D) Debiti, con separata indicazione, per ciascuna	D) Debiti, con separata indicazione, per ciascuna
voce, degli importi esigibili oltre l'esercizio successivo:	voce, degli importi esigibili oltre l'esercizio successivo:
1) obbligazioni;	1) obbligazioni;
2) obbligazioni convertibili;	2) obbligazioni convertibili;
3) debiti verso soci per finanziamenti;	3) debiti verso soci per finanziamenti;
4) debiti verso banche;	4) debiti verso banche;
5) debiti verso altri finanziatori;	5) debiti verso altri finanziatori;
6) acconti;	6) acconti;
7) debiti verso fornitori;	7) debiti verso fornitori;
8) debiti rappresentati da titoli di credito;	8) debiti rappresentati da titoli di credito;
9) debiti verso imprese controllate;	9) debiti verso imprese controllate;
10) debiti verso imprese collegate;	10) debiti verso imprese collegate;
11) debiti verso controllanti;	11) debiti verso controllanti;
	11-bis) debiti verso imprese sottoposte al controllo delle controllanti
12) debiti tributari;	12) debiti tributari;
13) debiti verso istituti di previdenza e di sicurezza sociale;	13) debiti verso istituti di previdenza e di sicurezza sociale;
14) altri debiti.	14) altri debiti.
Totale.	Totale.

E) Ratei e risconti, con separata indicazione dell'aggio su prestiti.	E) Ratei e risconti ~~con separata indicazione dell'aggio su prestiti.~~
2. Se un elemento dell'attivo o del passivo ricade sotto più voci dello schema, nella nota integrativa deve annotarsi, qualora ciò sia necessario ai fini della comprensione del bilancio, la sua appartenenza anche a voci diverse da quella nella quale è iscritto.	2. IDENTICO
3. In calce allo stato patrimoniale devono risultare le garanzie prestate direttamente o indirettamente, distinguendosi fra fideiussioni, avalli, altre garanzie personali e garanzie reali, ed indicando separatamente, per ciascun tipo, le garanzie prestate a favore di imprese controllate e collegate, nonché di controllanti e di imprese sottoposte al controllo di queste ultime; devono inoltre risultare gli altri conti.	~~3. In calce allo stato patrimoniale devono risultare le garanzie prestate direttamente o indirettamente, distinguendosi fra fideiussioni, avalli, altre garanzie personali e garanzie reali, ed indicando separatamente, per ciascun tipo, le garanzie prestate a favore di imprese controllate e collegate, nonché di controllanti e di imprese sottoposte al controllo di queste ultime; devono inoltre risultare gli altri conti.~~
4. È fatto salvo quanto disposto dall'articolo 2447- septies con riferimento ai beni e rapporti giuridici compresi nei patrimoni destinati ad uno specifico affare ai sensi della lettera a) del primo comma dell'articolo 2447-bis.	4. IDENTICO
Art. 2424-bis. (Disposizioni relative a singole voci dello stato patrimoniale).	**Art. 2424-bis. (Disposizioni relative a singole voci dello stato patrimoniale).**
1. Gli elementi patrimoniali destinati ad essere utilizzati durevolmente devono essere iscritti tra le immobilizzazioni.	1. IDENTICO
2. Le partecipazioni in altre imprese in misura non inferiore a quelle stabilite dal terzo comma dell'articolo 2359 si presumono immobilizzazioni.	2. IDENTICO
3. Gli accantonamenti per rischi ed oneri sono destinati soltanto a coprire perdite o debiti di natura determinata, di esistenza certa o probabile, dei quali tuttavia alla chiusura dell'esercizio sono indeterminati o l'ammontare o la data di sopravvenienza.	3. IDENTICO
4. Nella voce: "trattamento di fine rapporto di lavoro subordinato" deve	4. IDENTICO

essere indicato l'importo calcolato a norma dell'articolo 2120.	
5. Le attività oggetto di contratti di compravendita con obbligo di retrocessione a termine devono essere iscritte nello stato patrimoniale del venditore.	5. IDENTICO
6. Nella voce ratei e risconti attivi devono essere iscritti i proventi di competenza dell'esercizio esigibili in esercizi successivi, e i costi sostenuti entro la chiusura dell'esercizio ma di competenza di esercizi successivi. Nella voce ratei e risconti passivi devono essere iscritti i costi di competenza dell'esercizio esigibili in esercizi successivi e i proventi percepiti entro la chiusura dell'esercizio ma di competenza di esercizi successivi. Possono essere iscritte in tali voci soltanto quote di costi e proventi, comuni a due o più esercizi, l'entità dei quali vari in ragione del tempo.	6. IDENTICO
	7. Le azioni proprie sono rilevate in bilancio a diretta riduzione del patrimonio netto, ai sensi di quanto disposto dal terzo comma dell'art. 2357-ter.
Art. 2425. (Contenuto del conto economico). 1. Il conto economico deve essere redatto in conformità al seguente schema: A) Valore della produzione: 1) ricavi delle vendite e delle prestazioni; 2) variazioni delle rimanenze di prodotti in corso di lavorazione, semilavorati e finiti; 3) variazioni dei lavori in corso su ordinazione; 4) incrementi di immobilizzazioni per lavori interni; 5) altri ricavi e proventi, con separata indicazione dei contributi in conto esercizio. Totale. B) Costi della produzione:	**Art. 2425. (Contenuto del conto economico).** 1. Il conto economico deve essere redatto in conformità al seguente schema: A) Valore della produzione: 1) ricavi delle vendite e delle prestazioni; 2) variazioni delle rimanenze di prodotti in corso di lavorazione, semilavorati e finiti; 3) variazioni dei lavori in corso su ordinazione; 4) incrementi di immobilizzazioni per lavori interni; 5) altri ricavi e proventi, con separata indicazione dei contributi in conto esercizio. Totale. B) Costi della produzione:

6) per materie prime, sussidiarie, di consumo e di
merci;
7) per servizi;
8) per godimento di beni di terzi;
9) per il personale: a) salari e stipendi;
b) oneri sociali;
c) trattamento di fine rapporto;
d) trattamento di quiescenza e simili;
e) altri costi;
10) ammortamenti e svalutazioni:
a)   ammortamento   delle immobilizzazioni immateriali;
b)   ammortamento   delle immobilizzazioni materiali;
c)   altre   svalutazioni   delle immobilizzazioni;
d) svalutazioni dei crediti compresi nell'attivo circolante e delle disponibilità liquide;
11) variazioni delle rimanenze di materie prime, sussidiarie, di consumo e merci;
12) accantonamenti per rischi;
13) altri accantonamenti;
14) oneri diversi di gestione. Totale.
Differenza tra valore e costi della produzione (A - B).
C) Proventi e oneri finanziari:
15)   proventi   da   partecipazioni, con   separata Indicazione di quelli relativi ad imprese controllate e collegate;

16) altri proventi finanziari:
a)   da   crediti   iscritti   nelle immobilizzazioni, con separata indicazione di quelli da imprese controllate e collegate e di quelli da controllanti;

b) da titoli iscritti nelle immobilizzazioni che non costituiscono partecipazioni;
c)   da   titoli   iscritti   nell'attivo circolante   che   non   costituiscono partecipazioni;
d)   proventi diversi dai precedenti, con separata indicazione di quelli da imprese controllate e collegate e di quelli da controllanti;

---

6) per materie prime, sussidiarie, di consumo e di
merci;
7) per servizi;
8) per godimento di beni di terzi;
9) per il personale: a) salari e stipendi;
b) oneri sociali;
c) trattamento di fine rapporto;
d) trattamento di quiescenza e simili;
e) altri costi;
10) ammortamenti e svalutazioni:
a)   ammortamento   delle immobilizzazioni immateriali;
b)   ammortamento   delle immobilizzazioni materiali;
c)   altre   svalutazioni   delle immobilizzazioni;
d) svalutazioni dei crediti compresi nell'attivo circolante e delle disponibilità liquide;
11) variazioni delle rimanenze di materie prime, sussidiarie, di consumo e merci;
12) accantonamenti per rischi;
13) altri accantonamenti;
14) oneri diversi di gestione. Totale.
Differenza tra valore e costi della produzione (A -B).
C) Proventi e oneri finanziari:
15)   proventi   da   partecipazioni, con   separata
indicazione di quelli relativi ad imprese controllate e collegate **e di quelli relativi a controllanti e a imprese sottoposte al controllo di queste ultime**;

16) altri proventi finanziari:
a)   da   crediti   iscritti   nelle immobilizzazioni, con separata indicazione di quelli da imprese controllate e collegate e di quelli da controllanti **e da imprese sottoposte al controllo di queste ultime**;

b) da titoli iscritti nelle immobilizzazioni che non costituiscono partecipazioni;
c)   da   titoli   iscritti   nell'attivo circolante   che   non   costituiscono partecipazioni;
d)   proventi diversi dai precedenti, con separata indicazione   di   quelli da   imprese controllate e collegate e di quelli da controllanti **e da imprese**

	sottoposte al controllo di queste ultime;
17) interessi e altri oneri finanziari, con separata indicazione di quelli verso imprese controllate e collegate e verso controllanti; 17-bis) utili e perdite su cambi. Totale (15 + 16 - 17+ - 17-bis). D) Rettifiche di valore di attività finanziarie:	17) interessi e altri oneri finanziari, con separata indicazione di quelli verso imprese controllate e collegate e verso controllanti; 17-bis) utili e perdite su cambi. Totale (15 + 16 - 17+ - 17-bis). D) Rettifiche di valore di attività e **passività** finanziarie:
18) rivalutazioni: a) di partecipazioni; b) di immobilizzazioni finanziarie che non costituiscono partecipazioni; c) di titoli iscritti all'attivo circolante che non costituiscono partecipazioni;	18) rivalutazioni: a) di partecipazioni; b) di immobilizzazioni finanziarie che non costituiscono partecipazioni; c) di titoli iscritti all'attivo circolante che non costituiscono partecipazioni; **d) di strumenti finanziari derivati;**
19) svalutazioni a) di partecipazioni; b) di immobilizzazioni finanziarie che non costituiscono partecipazioni; c) di titoli iscritti nell'attivo circolante che non costituiscono partecipazioni. Totale delle rettifiche (18-19).	19) svalutazioni: a) di partecipazioni; b) di immobilizzazioni finanziarie che non costituiscono partecipazioni; c) di titoli iscritti nell'attivo circolante che non costituiscono partecipazioni; **d) di strumenti finanziari derivati.** Totale delle rettifiche (18-19).
E) Proventi e oneri straordinari: 20) proventi, con separata indicazione delle plusvalenze da alienazioni i cui ricavi non sono iscrivibili al n. 5); 21) oneri, con separata indicazione delle minusvalenze da alienazioni, i cui effetti contabili non sono iscrivibili al n. 14), e delle imposte relative a esercizi precedenti. Totale delle partite straordinarie (20-21). Risultato prima delle imposte (A-B+- C+-D+-E); 22) imposte sul reddito dell'esercizio, correnti, differite e anticipate; 23) utile (perdite) dell'esercizio.	~~E) Proventi e oneri straordinari:~~ ~~20) proventi, con separata indicazione delle plusvalenze da alienazioni i cui ricavi non sono iscrivibili al n. 5);~~ ~~21) oneri, con separata indicazione delle minusvalenze da alienazioni, i cui effetti contabili non sono iscrivibili al n. 14), e delle imposte relative a esercizi precedenti. Totale delle partite straordinarie (20-21).~~ ~~Risultato prima delle imposte (A-B+- C+-D+-E);~~ **Risultato prima delle imposte (A-B+-C+-D);** **20)** imposte sul reddito dell'esercizio, correnti, differite e anticipate; **21)** utile (perdite) dell'esercizio.
Art. 2425-bis. (Iscrizione dei ricavi, proventi, costi ed oneri). 1. I ricavi e i proventi, i costi e gli oneri devono essere indicati al netto dei resi, degli sconti, abbuoni e premi, nonché	**Art. 2425-bis. (Iscrizione dei ricavi, proventi, costi ed oneri).** IDENTICO

delle imposte direttamente connesse con la vendita dei prodotti e la prestazione dei servizi.

2. I ricavi e i proventi, i costi e gli oneri relativi ad operazioni in valuta devono essere determinati al cambio corrente alla data nella quale la relativa operazione è compiuta.

3. I proventi e gli oneri relativi ad operazioni di compravendita con obbligo di retrocessione a termine, ivi compresa la differenza tra prezzo a termine e prezzo a pronti, devono essere iscritti per le quote di competenza dell'esercizio.

4. Le plusvalenze derivanti da operazioni di compravendita con locazione finanziaria al venditore sono ripartite in funzione della durata del contratto di locazione.

	Art. 2425–ter (Rendiconto finanziario)
	1. **Dal rendiconto finanziario risultano, per l'esercizio a cui è riferito il bilancio e per quello precedente, l'ammontare e la composizione delle disponibilità liquide, all'inizio e alla fine dell'esercizio, ed i flussi finanziari dell'esercizio derivanti dall'attività operativa, da quella di investimento, da quella di finanziamento, ivi comprese, con autonoma indicazione, le operazioni con i soci.**
Art. 2426. (Criteri di valutazione).	**Art. 2426. (Criteri di valutazione).**
1. Nelle valutazioni devono essere osservati i seguenti criteri: 1) le immobilizzazioni sono iscritte al costo di acquisto o di produzione. Nel costo di acquisto si computano anche i costi accessori. Il costo di produzione comprende tutti i costi direttamente imputabili al prodotto. Può comprendere anche altri costi, per la quota ragionevolmente imputabile al prodotto, relativi al periodo di fabbricazione e fino al momento dal quale il bene può essere utilizzato; con gli stessi criteri possono essere aggiunti gli oneri relativi al finanziamento della fabbricazione, interna o presso terzi;	1. Nelle valutazioni devono essere osservati i seguenti criteri: 1) le immobilizzazioni sono iscritte al costo di acquisto o di produzione. Nel costo di acquisto si computano anche i costi accessori. Il costo di produzione comprende tutti i costi direttamente imputabili al prodotto. Può comprendere anche altri costi, per la quota ragionevolmente imputabile al prodotto, relativi al periodo di fabbricazione e fino al momento dal quale il bene può essere utilizzato; con gli stessi criteri possono essere aggiunti gli oneri relativi al finanziamento della fabbricazione, interna o presso terzi; **le**

immobilizzazioni rappresentate da titoli sono rilevate in bilancio con il criterio del costo ammortizzato, ove applicabile;

2) il costo delle immobilizzazioni, materiali e immateriali, la cui utilizzazione è limitata nel tempo deve essere sistematicamente ammortizzato in ogni esercizio in relazione con la loro residua possibilità di utilizzazione. Eventuali modifiche dei criteri di ammortamento e dei coefficienti applicati devono essere motivate nella nota integrativa;

3) l'immobilizzazione che, alla data della chiusura dell'esercizio, risulti durevolmente di valore inferiore a quello determinato secondo i numeri 1) e 2) deve essere iscritta a tale minore valore; questo non può essere mantenuto nei successivi bilanci se sono venuti meno i motivi della rettifica effettuata.

Per le immobilizzazioni consistenti in partecipazioni in imprese controllate o collegate che risultino iscritte per un valore superiore a quello derivante dall'applicazione del criterio di valutazione previsto dal successivo numero 4) o, se non vi sia obbligo di redigere il bilancio consolidato, al valore corrispondente alla frazione di patrimonio netto risultante dall'ultimo bilancio dell'impresa partecipata, la differenza dovrà essere motivata nella nota integrativa;

4) le immobilizzazioni consistenti in partecipazioni in imprese controllate o collegate possono essere valutate, con riferimento ad una o più tra dette imprese, anziché secondo il criterio indicato al numero 1), per un importo pari alla corrispondente frazione del patrimonio netto risultante dall'ultimo bilancio delle imprese medesime, detratti i dividendi ed operate le rettifiche richieste dai principi di redazione del bilancio consolidato nonché quelle necessarie per il rispetto

2) il costo delle immobilizzazioni, materiali e immateriali, la cui utilizzazione è limitata nel tempo deve essere sistematicamente ammortizzato in ogni esercizio in relazione con la loro residua possibilità di utilizzazione. Eventuali modifiche dei criteri di ammortamento e dei coefficienti applicati devono essere motivate nella nota integrativa;

3) l'immobilizzazione che, alla data della chiusura dell'esercizio, risulti durevolmente di valore inferiore a quello determinato secondo i numeri 1) e 2) deve essere iscritta a tale minore valore; ~~questo~~ **il minor valore** non può essere mantenuto nei successivi bilanci se sono venuti meno i motivi della rettifica effettuata. **Questa disposizione non si applica a rettifiche di valore relative all'avviamento;**

Per le immobilizzazioni consistenti in partecipazioni in imprese controllate o collegate che risultino iscritte per un valore superiore a quello derivante dall'applicazione del criterio di valutazione previsto dal successivo numero 4) o, se non vi sia obbligo di redigere il bilancio consolidato, al valore corrispondente alla frazione di patrimonio netto risultante dall'ultimo bilancio dell'impresa partecipata, la differenza dovrà essere motivata nella nota integrativa;

4) le immobilizzazioni consistenti in partecipazioni in imprese controllate o collegate possono essere valutate, con riferimento ad una o più tra dette imprese, anziché secondo il criterio indicato al numero 1), per un importo pari alla corrispondente frazione del patrimonio netto risultante dall'ultimo bilancio delle imprese medesime, detratti i dividendi ed operate le rettifiche richieste dai principi di redazione del bilancio consolidato nonché quelle necessarie per il rispetto

dei principi indicati negli articoli 2423 e 2423-bis.

Quando la partecipazione è iscritta per la prima volta in base al metodo del patrimonio netto, il costo di acquisto superiore al valore corrispondente del patrimonio netto risultante dall'ultimo bilancio dell'impresa controllata o collegata può essere iscritto nell'attivo, purché ne siano indicate le ragioni nella nota integrativa. La differenza, per la parte attribuibile a beni ammortizzabili o all'avviamento, deve essere ammortizzata.

Negli esercizi successivi le plusvalenze, derivanti dall'applicazione del metodo del patrimonio netto, rispetto al valore indicato nel bilancio dell'esercizio precedente sono iscritte in una riserva non distribuibile;

5) i costi di impianto e di ampliamento, i costi di ricerca, di sviluppo e di pubblicità aventi utilità pluriennale possono essere iscritti nell'attivo con il consenso, ove esistente, del collegio sindacale e devono essere ammortizzati entro un periodo non superiore a cinque anni.

Fino a che l'ammortamento non è completato possono essere distribuiti dividendi solo se residuano riserve disponibili sufficienti a coprire l'ammontare dei costi non ammortizzati;

6) l'avviamento può essere iscritto nell'attivo con il consenso, ove esistente, del collegio sindacale, se acquisito a titolo oneroso, nei limiti del costo per esso sostenuto e deve essere ammortizzato entro un periodo di cinque anni. È tuttavia consentito

---

dei principi indicati negli articoli 2423 e 2423-bis.

Quando la partecipazione è iscritta per la prima volta in base al metodo del patrimonio netto, il costo di acquisto superiore al valore corrispondente del patrimonio netto **riferito alla data di acquisizione o** risultante dall'ultimo bilancio dell'impresa controllata o collegata può essere iscritto nell'attivo, purché ne siano indicate le ragioni nella nota integrativa. La differenza, per la parte attribuibile a beni ammortizzabili o all'avviamento, deve essere ammortizzata.

Negli esercizi successivi le plusvalenze, derivanti dall'applicazione del metodo del patrimonio netto, rispetto al valore indicato nel bilancio dell'esercizio precedente sono iscritte in una riserva non distribuibile;

5) i costi di impianto e di ampliamento, ~~i costi di ricerca~~ e i costi di sviluppo ~~e di pubblicità~~ aventi utilità pluriennale possono essere iscritti nell'attivo con il consenso, ove esistente, del collegio sindacale ~~e devono essere ammortizzati entro un periodo non superiore a cinque anni~~. **I costi di impianto e ampliamento** devono essere ammortizzati entro un periodo non superiore a cinque anni. **I costi di sviluppo sono ammortizzati secondo la loro vita utile; nei casi eccezionali in cui sia impossibile determinarne la vita utile, sono ammortizzati entro un periodo non superiore a cinque anni.**

Fino a che l'ammortamento **dei costi di impianto e ampliamento e di sviluppo** non è completato possono essere distribuiti dividendi solo se residuano riserve disponibili sufficienti a coprire l'ammontare dei costi non ammortizzati;

6) l'avviamento può essere iscritto nell'attivo con il consenso, ove esistente, del collegio sindacale, se acquisito a titolo oneroso, nei limiti del costo per esso sostenuto ~~e deve essere ammortizzato entro un periodo di cinque anni. È tuttavia consentito~~

ammortizzare sistematicamente l'avviamento in un periodo di durata superiore, purché esso non superi la durata per l'utilizzazione di questo attivo e ne sia data adeguata motivazione nella nota integrativa;	~~ammortizzare sistematicamente l'avviamento in un periodo di durata superiore, purché esso non superi la durata per l'utilizzazione di questo attivo e ne sia data adeguata motivazione nella nota integrativa;~~ **L'ammortamento dell'avviamento è effettuato secondo la sua vita utile; nei casi eccezionali in cui sia impossibile determinarne la vita utile, è ammortizzato entro un periodo non superiore a dieci anni. Nella nota integrativa è fornita una spiegazione del periodo di ammortamento dell'avviamento;**
7) il disaggio su prestiti deve essere iscritto nell'attivo e ammortizzato in ogni esercizio per il periodo di durata del prestito;	7) il disaggio **e l'aggio** su prestiti **sono rilevati secondo il criterio stabilito dal successivo numero 8);**
8) i crediti devono essere iscritti secondo il valore presumibile di realizzazione;	8) i crediti **e i debiti sono rilevati in bilancio secondo il criterio del costo ammortizzato, tenendo conto del fattore temporale e, per quanto riguarda i crediti, del valore di presumibile realizzo;**
8- bis) le attività e le passività in valuta, ad eccezione delle immobilizzazioni, devono essere iscritte al tasso di cambio a pronti alla data di chiusura dell'esercizio ed i relativi utili e perdite su cambi devono essere imputati al conto economico e l'eventuale utile netto deve essere accantonato in apposita riserva non distribuibile fino al realizzo. Le immobilizzazioni materiali, immateriali e quelle finanziarie, costituite da partecipazioni, rilevate al costo in valuta devono essere iscritte al tasso di cambio al momento del loro acquisto o a quello inferiore alla data di chiusura dell'esercizio se la riduzione debba giudicarsi durevole;	8-bis) le attività e passività **monetarie** in valuta ~~ad eccezione delle immobilizzazioni devono essere~~ sono iscritte al cambio a pronti alla data di chiusura dell'esercizio; ~~ed i relativi~~ i **conseguenti** utili o perdite su cambi devono essere imputati al conto economico e l'eventuale utile netto ~~deve essere~~ **è** accantonato in apposita riserva non distribuibile fino al realizzo. ~~Le immobilizzazioni materiali, immateriali e quelle finanziarie, costituite da partecipazioni, rilevate al costo in valuta devono essere iscritte al tasso di cambio al momento del loro acquisto o a quello inferiore alla data di chiusura dell'esercizio se la riduzione debba giudicarsi durevole;~~ **Le attività e passività in valuta non monetarie devono essere iscritte al cambio vigente al momento del loro acquisto;**
9) le rimanenze, i titoli e le attività finanziarie che non costituiscono immobilizzazioni sono iscritti al costo di acquisto o di produzione, calcolato secondo il numero 1), ovvero al valore	9) IDENTICO;

di realizzazione desumibile dall'andamento del mercato, se minore; tale minor valore non può essere mantenuto nei successivi bilanci se ne sono venuti meno i motivi. I costi di distribuzione non possono essere computati nel costo di produzione; 10) il costo dei beni fungibili può essere calcolato col metodo della media ponderata o con quelli: "primo entrato, primo uscito" o "ultimo entrato, primo uscito"; se il valore così ottenuto differisce in misura apprezzabile dai costi correnti alla chiusura dell'esercizio, la differenza deve essere indicata, per categoria di beni, nella nota integrativa; 11) i lavori in corso su ordinazione possono essere iscritti sulla base dei corrispettivi contrattuali maturati con ragionevole certezza;	10) IDENTICO; 11) IDENTICO; **11-bis) gli strumenti finanziari derivati, anche se incorporati in altri strumenti finanziari, sono iscritti al fair value. Le variazioni del fair value sono imputate al conto economico oppure, se lo strumento copre il rischio di variazione dei flussi finanziari attesi di un altro strumento finanziario o di un'operazione programmata, direttamente ad una riserva positiva o negativa di patrimonio netto; tale riserva è imputata al conto economico nella misura e nei tempi corrispondenti al verificarsi o al modificarsi dei flussi di cassa dello strumento coperto o al verificarsi dell'operazione oggetto di copertura. Gli elementi oggetto di copertura contro il rischio di variazioni dei tassi di interesse o dei tassi di cambio o dei prezzi di mercato o contro il rischio di credito sono valutati simmetricamente allo strumento derivato di copertura; si considera sussistente la copertura in presenza, fin dall'inizio, di stretta e documentata correlazione tra le caratteristiche dello strumento o dell'operazioni coperti e quelle dello strumento di copertura. Non sono**

	distribuibili gli utili che derivano dalla valutazione al fair value degli strumenti finanziari derivati non utilizzati o non necessari per la copertura. Le riserve di patrimonio che derivano dalla valutazione al fair value di derivati utilizzati a copertura dei flussi finanziari attesi di un altro strumento finanziario o di un'operazione programmata non sono considerate nel computo del patrimonio netto per le finalità di cui agli articoli 2420, 2433, 2442, 2446 e 2447 e, se positive, non sono disponibili e non sono utilizzabili a copertura delle perdite.
12) le attrezzature industriali e commerciali, le materie prime, sussidiarie e di consumo, possono essere iscritte nell'attivo ad un valore costante qualora siano costantemente rinnovate, e complessivamente di scarsa importanza in rapporto all'attivo di bilancio, sempreché non si abbiano variazioni sensibili nella loro entità, valore e composizione.	~~12) le attrezzature industriali e commerciali, le materie prime, sussidiarie e di consumo, possono essere iscritte nell'attivo ad un valore costante qualora siano costantemente rinnovate, e complessivamente di scarsa importanza in rapporto all'attivo di bilancio, sempreché non si abbiano variazioni sensibili nella loro entità, valore e composizione.~~ 2. Ai fini della presente Sezione, per la definizione di "strumento finanziario", di "attività finanziaria" e "passività finanziaria", di "strumento finanziario derivato", di "costo ammortizzato", di "fair value", di "attività monetaria" e "passività monetaria", "parte correlata" e "modello e tecnica di valutazione generalmente accettato" si fa riferimento ai principi contabili internazionali adottati dall'Unione europea. 3. Ai fini dell'applicazione delle disposizioni del comma 1, numero 11-bis sono considerati strumenti finanziari derivati anche quelli collegati a merci che conferiscono all'una o all'altra parte contraente il diritto di procedere alla liquidazione del contratto per contanti o mediante altri strumenti finanziari,

	ad eccezione del caso in cui si verifichino contemporaneamente le seguenti condizioni: a) il contratto sia stato concluso e sia mantenuto per soddisfare le esigenze previste dalla società che redige il bilancio di acquisto, di vendita o di utilizzo delle merci; b) il contratto sia stato destinato a tale scopo fin dalla sua conclusione; c) si prevede che il contratto sia eseguito mediante consegna della merce. 4. Il fair value è determinato con riferimento: a) al valore di mercato, per gli strumenti finanziari per i quali è possibile individuare facilmente un mercato attivo; qualora il valore di mercato non sia facilmente individuabile per uno strumento, ma possa essere individuato per i suoi componenti o per uno strumento analogo, il valore di mercato può essere derivato da quello dei componenti o dello strumento analogo; b) al valore che risulta da modelli e tecniche di valutazione generalmente accettati, per gli strumenti per i quali non sia possibile individuare facilmente un mercato attivo; tali modelli e tecniche di valutazione devono assicurare una ragionevole approssimazione al valore di mercato. 5. Il fair value non è determinato se l'applicazione dei criteri indicati al comma precedente non da' un risultato attendibile.
Art. 2427. (Contenuto della nota integrativa). La nota integrativa deve indicare, oltre a quanto stabilito da altre disposizioni: 1) i criteri applicati nella valutazione delle voci del bilancio, nelle rettifiche di valore e nella conversione dei valori non espressi all'origine in moneta avente corso legale nello Stato;	**Art. 2427. (Contenuto della nota integrativa).** La nota integrativa deve indicare, oltre a quanto stabilito da altre disposizioni: 1) IDENTICO;

2) i movimenti delle immobilizzazioni, specificando per ciascuna voce: il costo; le precedenti rivalutazioni, ammortamenti e svalutazioni; le acquisizioni, gli spostamenti da una ad altra voce, le alienazioni avvenuti nell'esercizio; le rivalutazioni, gli ammortamenti e le svalutazioni effettuati nell'esercizio; il totale delle rivalutazioni riguardanti le immobilizzazioni esistenti alla chiusura dell'esercizio;	2) IDENTICO;
3) la composizione delle voci: "costi di impianto e di ampliamento" e: "costi di ricerca, di sviluppo e di pubblicità", nonché le ragioni della iscrizione ed i rispettivi criteri di ammortamento;	3) la composizione delle voci: "costi di impianto e di ampliamento" e: "~~costi di ricerca~~, di sviluppo ~~e di pubblicità~~", nonché le ragioni della iscrizione ed i rispettivi criteri di ammortamento;
3-bis) la misura e le motivazioni delle riduzioni di valore applicate alle immobilizzazioni materiali e immateriali, facendo a tal fine esplicito riferimento al loro concorso alla futura produzione di risultati economici, alla loro prevedibile durata utile e, per quanto rilevante, al loro valore di mercato, segnalando altresì le differenze rispetto a quelle operate negli esercizi precedenti ed evidenziando la loro influenza sui risultati economici dell'esercizio;	3-bis) IDENTICO;
4) le variazioni intervenute nella consistenza delle altre voci dell'attivo e del passivo; in particolare, per le voci del patrimonio netto, per i fondi e per il trattamento di fine rapporto, la formazione e le utilizzazioni;	4) IDENTICO;
5) l'elenco delle partecipazioni, possedute direttamente o per tramite di società fiduciaria o per interposta persona, in imprese controllate e collegate, indicando per ciascuna la denominazione, la sede, il capitale, l'importo del patrimonio netto, l'utile o la perdita dell'ultimo esercizio, la quota posseduta e il valore attribuito in bilancio o il corrispondente credito;	5) IDENTICO;
6) distintamente per ciascuna voce, l'ammontare dei crediti e dei debiti di durata residua superiore a cinque anni, e dei debiti assistiti da garanzie reali su beni sociali, con specifica	6) IDENTICO;

indicazione della natura delle garanzie e con specifica ripartizione secondo le aree geografiche;	
6-bis) eventuali effetti significativi delle variazioni nei cambi valutari verificatesi successivamente alla chiusura dell'esercizio;	6-bis) IDENTICO;
6-ter) distintamente per ciascuna voce, l'ammontare dei crediti e dei debiti relativi ad operazioni che prevedono l'obbligo per l'acquirente di retrocessione a termine;	6-ter) IDENTICO;
7) la composizione delle voci "ratei e risconti attivi" e "ratei e risconti passivi" e della voce "altri fondi" dello stato patrimoniale, quando il loro ammontare sia apprezzabile, nonché la composizione della voce "altre riserve";	7) la composizione delle voci "ratei e risconti attivi" e "ratei e risconti passivi" e della voce "altri fondi" dello stato patrimoniale, ~~quando il loro ammontare sia apprezzabile~~, nonché la composizione della voce "altre riserve";
7-bis) le voci di patrimonio netto devono essere analiticamente indicate, con specificazione in appositi prospetti della loro origine, possibilità di utilizzazione e distribuibilità, nonché della loro avvenuta utilizzazione nei precedenti esercizi;	7-bis) IDENTICO;
8) l'ammontare degli oneri finanziari imputati nell'esercizio ai valori iscritti nell'attivo dello stato patrimoniale, distintamente per ogni voce;	8) IDENTICO;
9) gli impegni non risultanti dallo stato patrimoniale; le notizie sulla composizione e natura di tali impegni e dei Conti d'ordine, la cui conoscenza sia utile per valutare la situazione patrimoniale e finanziaria della società, specificando quelli relativi a imprese controllate, collegate, controllanti e a imprese sottoposte al controllo di queste ultime;	9) ~~gli impegni non risultanti dallo stato patrimoniale; le notizie sulla composizione e natura di tali impegni e dei Conti d'ordine, la cui conoscenza sia utile per valutare la situazione patrimoniale e finanziaria della società, specificando quelli relativi a imprese controllate, collegate, controllanti e a imprese sottoposte al controllo di queste ultime~~; **l'importo complessivo degli impegni, delle garanzie e delle passività potenziali non risultanti dallo stato patrimoniale, con indicazione della natura delle garanzie reali prestate; gli impegni esistenti in materia di trattamento di quiescenza e simili, nonché gli impegni assunti nei confronti di imprese controllate, collegate, nonché controllanti e imprese sottoposte al controllo di quest'ultime sono distintamente indicati;**

10) se significativa, la ripartizione dei ricavi delle vendite e delle prestazioni secondo categorie di attività e secondo aree geografiche;	10) ~~se significativa~~, la ripartizione dei ricavi delle vendite e delle prestazioni secondo categorie di attività e secondo aree geografiche;
11) l'ammontare dei proventi da partecipazioni, indicati nell'articolo 2425, numero 15), diversi dai dividendi;	11) IDENTICO;
12) la suddivisione degli interessi ed altri oneri finanziari, indicati nell'articolo 2425, n. 17), relativi a prestiti obbligazionari, a debiti verso banche, e altri;	12) IDENTICO;
13) la composizione delle voci: "proventi straordinari" e: "oneri straordinari" del conto economico, quando il loro ammontare sia apprezzabile;	13) ~~la composizione delle voci: "proventi straordinari" e: "oneri straordinari" del conto economico, quando il loro ammontare sia apprezzabile~~; **l'importo e la natura dei singoli elementi di ricavo o di costo di entità o incidenza eccezionali;**
14) un apposito prospetto contenente: a) la descrizione delle differenze temporanee che hanno comportato la rilevazione di imposte differite e anticipate, specificando l'aliquota applicata e le variazioni rispetto all'esercizio precedente, gli importi accreditati o addebitati a conto economico oppure a patrimonio netto, le voci escluse dal computo e le relative motivazioni; b) l'ammontare delle imposte anticipate contabilizzato in bilancio attinenti a perdite dell'esercizio o di esercizi precedenti e le motivazioni dell'iscrizione, l'ammontare non ancora contabilizzato e le motivazioni della mancata iscrizione;	14)IDENTICO;
15) il numero medio dei dipendenti, ripartito per categoria;	15) IDENTICO;
16) l'ammontare dei compensi spettanti agli amministratori ed ai sindaci, cumulativamente per ciascuna categoria;	16) l'ammontare dei compensi, **delle anticipazioni e dei crediti concessi agli** amministratori ed ai sindaci, cumulativamente per ciascuna categoria, **precisando il tasso d'interesse, le principali condizioni e gli importi eventualmente rimborsati, cancellati o oggetto di rinuncia, nonché gli impegni assunti per loro conto per effetto di garanzie di qualsiasi tipo prestate, precisando il totale per ciascuna categoria;**

16-bis) salvo che la società sia inclusa in un ambito di consolidamento e le informazioni siano contenute nella nota integrativa del relativo bilancio consolidato, l'importo totale dei corrispettivi spettanti al revisore legale o alla società di revisione legale per la revisione legale dei conti annuali, l'importo totale dei corrispettivi di competenza per gli altri servizi di verifica svolti, l'importo totale dei corrispettivi di competenza per i servizi di consulenza fiscale e l'importo totale dei corrispettivi di competenza per altri servizi diversi dalla revisione contabile ;	16-bis) IDENTICO ;
17) il numero e il valore nominale di ciascuna categoria di azioni della società e il numero e il valore nominale delle nuove azioni della società sottoscritte durante l'esercizio;	17) IDENTICO;
18) le azioni di godimento, le obbligazioni convertibili in azioni e i titoli o valori simili emessi dalla società, specificando il loro numero e i diritti che essi attribuiscono;	18) le azioni di godimento, le obbligazioni convertibili in azioni, i **warrants e le opzioni** e i titoli o valori simili emessi dalla società, specificando il loro numero e i diritti che essi attribuiscono;
19) il numero e le caratteristiche degli altri strumenti finanziari emessi dalla società, con l'indicazione dei diritti patrimoniali e partecipativi che conferiscono e delle principali caratteristiche delle operazioni relative;	19) IDENTICO;
19-bis) i finanziamenti effettuati dai soci alla società, ripartiti per scadenze e con la separata indicazione di quelli con clausola di postergazione rispetto agli altri creditori;	19-bis) IDENTICO;
20) i dati richiesti dal terzo comma dell'articolo 2447- septies con riferimento ai patrimoni destinati ad uno specifico affare ai sensi della lettera a) del primo comma dell'articolo 2447-bis;	20) IDENTICO;
21) i dati richiesti dall'articolo 2447-decies, ottavo comma;	21) IDENTICO;
22) le operazioni di locazione finanziaria che comportano il trasferimento al locatario della parte prevalente dei rischi e dei benefici inerenti ai beni che ne costituiscono oggetto, sulla base di un apposito	22) IDENTICO.

prospetto dal quale risulti il valore attuale delle rate di canone non scadute quale determinato utilizzando tassi di interesse pari all'onere finanziario effettivo inerenti i singoli contratti, l'onere finanziario effettivo attribuibile ad essi e riferibile all'esercizio, l'ammontare complessivo al quale i beni oggetto di locazione sarebbero stati iscritti alla data di chiusura dell'esercizio qualora fossero stati considerati immobilizzazioni, con separata indicazione di ammortamenti, rettifiche e riprese di valore che sarebbero stati inerenti all'esercizio.

22-bis) le operazioni realizzate con parti correlate, precisando l'importo, la natura del rapporto e ogni altra informazione necessaria per la comprensione del bilancio relativa a tali operazioni, qualora le stesse siano rilevanti e non siano state concluse a normali condizioni di mercato. Le informazioni relative alle singole operazioni possono essere aggregate secondo la loro natura, salvo quando la loro separata evidenziazione sia necessaria per comprendere gli effetti delle operazioni medesime sulla situazione patrimoniale e finanziaria e sul risultato economico della società;

22-ter) la natura e l'obiettivo economico di accordi non risultanti dallo stato patrimoniale, con indicazione del loro effetto patrimoniale, finanziario ed economico, a condizione che i rischi e i benefici da essi derivanti siano significativi e l'indicazione degli stessi sia necessaria per valutare la situazione patrimoniale e finanziaria e il risultato economico della società.

22-bis) le operazioni realizzate con parti correlate, precisando l'importo, la natura del rapporto e ogni altra informazione necessaria per la comprensione del bilancio relativa a tali operazioni, qualora le stesse ~~siano rilevanti e~~ non siano state concluse a normali condizioni di mercato. Le informazioni relative alle singole operazioni possono essere aggregate secondo la loro natura, salvo quando la loro separata evidenziazione sia necessaria per comprendere gli effetti delle operazioni medesime sulla situazione patrimoniale e finanziaria e sul risultato economico della società;

22-ter) IDENTICO;

22-quater) la natura e l'effetto patrimoniale, finanziario ed economico dei fatti di rilievo avvenuti dopo la chiusura dell'esercizio;

22-quinquies) il nome e la sede legale dell'impresa che redige il bilancio consolidato dell'insieme più grande di imprese di cui l'impresa fa parte in quanto impresa controllata, nonché il luogo in cui è

	disponibile la copia del bilancio consolidato; 22-sexies) il nome e la sede legale dell'impresa che redige il bilancio consolidato dell'insieme più piccolo di imprese di cui l'impresa fa parte in quanto impresa controllata nonché il luogo in cui è disponibile la copia del bilancio consolidato; 22-septies) la proposta di destinazione degli utili o di copertura delle perdite.
2. Ai fini dell'applicazione del primo comma, numeri 22-bis) e 22-ter), e degli articoli 2427-bis e 2428, terzo comma, numero 6-bis), per le definizioni di "strumento finanziario", "strumento finanziario derivato", "fair value", "parte correlata" e "modello e tecnica di valutazione generalmente accettato" si fa riferimento ai principi contabili internazionali adottati dall'Unione europea	2. ~~Ai fini dell'applicazione del primo comma, numeri 22-bis) e 22-ter), e degli articoli 2427-bis e 2428, terzo comma, numero 6-bis), per le definizioni di "strumento finanziario", "strumento finanziario derivato", "fair value", "parte correlata" e "modello e tecnica di valutazione generalmente accettato" si fa riferimento ai principi contabili internazionali adottati dall'Unione europea.~~ **Le informazioni in nota integrativa relative alle voci dello stato patrimoniale e del conto economico sono presentate secondo l'ordine in cui le relative voci sono indicate nello stato patrimoniale e nel conto economico.**
Art. 2427-bis (Informazioni relative al valore equo [fair value] degli strumenti finanziari). 1. Nella nota integrativa sono indicati: 1) per ciascuna categoria di strumenti finanziari derivati: a) il loro fair value; b) informazioni sulla loro entità e sulla loro natura;	**Art. 2427-bis (Informazioni relative al valore equo degli strumenti finanziari).** 1. Nella nota integrativa sono indicati: 1) per ciascuna categoria di strumenti finanziari derivati: a) il loro fair value; b) informazioni sulla loro entità e sulla loro natura, **compresi i termini e le condizioni significative che possono influenzare l'importo, le scadenze e la certezza dei flussi finanziari futuri;** **b-bis) gli assunti fondamentali su cui si basano i modelli e le tecniche di valutazione, qualora il fair value non sia stato determinato sulla base di evidenze di mercato;** **b-ter) le variazioni di valore iscritte direttamente nel conto economico, nonché quelle imputate alle riserve**

194

	di patrimonio netto; **b-quater) una tabella che indichi i movimenti delle riserve di fair value avvenuti nell'esercizio.**
2) per le immobilizzazioni finanziarie iscritte a un valore superiore al loro fair value, con esclusione delle partecipazioni in società controllate e collegate ai sensi dell'articolo 2359 e delle partecipazioni in joint venture: a) il valore contabile e il fair value delle singole attività, o di appropriati raggruppamenti di tali attività; b) i motivi per i quali il valore contabile non è stato ridotto, inclusa la natura degli elementi sostanziali sui quali si basa il convincimento che tale valore possa essere recuperato.	2) IDENTICO.
2. Ai fini dell'applicazione delle disposizioni del comma 1, sono considerati strumenti finanziari derivati anche quelli collegati a merci che conferiscono all'una o all'altra parte contraente il diritto di procedere alla liquidazione del contratto per contanti o mediante altri strumenti finanziari, ad eccezione del caso in cui si verifichino contemporaneamente le seguenti condizioni: a) il contratto sia stato concluso e sia mantenuto per soddisfare le esigenze previste dalla società che redige il bilancio di acquisto, di vendita o di utilizzo delle merci; b) il contratto sia stato destinato a tale scopo fin dalla sua conclusione; c) si prevede che il contratto sia eseguito mediante consegna della merce.	2. (*Spostato nel 2426*)
3. Il fair value è determinato con riferimento: a) al valore di mercato, per gli strumenti finanziari per i quali è possibile individuare facilmente un mercato attivo; qualora il valore di mercato non sia facilmente individuabile per uno strumento, ma possa essere individuato per i suoi componenti o per uno strumento	3. (*Spostato nel 2426*)

analogo, il valore di mercato può essere derivato da quello dei componenti o dello strumento analogo; b) al valore che risulta da modelli e tecniche di valutazione generalmente accettati, per gli strumenti per i quali non sia possibile individuare facilmente un mercato attivo; tali modelli e tecniche di valutazione devono assicurare una ragionevole approssimazione al valore di mercato. 4. Il fair value non è determinato se l'applicazione dei criteri indicati al comma precedente non da' un risultato attendibile.	 4. *(Spostato nel 2426)*
Art. 2428 (Relazione sulla gestione)	**Art. 2428 (Relazione sulla gestione)**
1. Il bilancio deve essere corredato da una relazione degli amministratori contenente un'analisi fedele, equilibrata ed esauriente della situazione della società e dell'andamento e del risultato della gestione, nel suo complesso e nei vari settori in cui essa ha operato, anche attraverso imprese controllate, con particolare riguardo ai costi, ai ricavi e agli investimenti, nonché una descrizione dei principali rischi e incertezze cui la società e' esposta.	1. IDENTICO.
2. L'analisi di cui al primo comma è coerente con l'entità e la complessità degli affari della società e contiene, nella misura necessaria alla comprensione della situazione della società e dell'andamento e del risultato della sua gestione, gli indicatori di risultato finanziari e, se del caso, quelli non finanziari pertinenti all'attività specifica della società, comprese le informazioni attinenti all'ambiente e al personale. L'analisi contiene, ove opportuno, riferimenti agli importi riportati nel bilancio e chiarimenti aggiuntivi su di essi.	2. IDENTICO.
3. Dalla relazione devono in ogni caso risultare: 1) le attività di ricerca e di sviluppo; 2) i rapporti con imprese controllate, collegate, controllanti e imprese sottoposte al controllo di queste ultime;	3. Dalla relazione devono in ogni caso risultare: 1) le attività di ricerca e di sviluppo; 2) i rapporti con imprese controllate, collegate, controllanti e imprese sottoposte al controllo di queste ultime;

3) il numero e il valore nominale sia delle azioni proprie sia delle azioni o quote di società controllanti possedute dalla società, anche per tramite di società fiduciaria o per interposta persona, con l'indicazione della parte di capitale corrispondente; 4) il numero e il valore nominale sia delle azioni proprie sia delle azioni o quote di società controllanti acquistate o alienate dalla società, nel corso dell'esercizio, anche per tramite di società fiduciaria o per interposta persona, con l'indicazione della corrispondente parte di capitale, dei corrispettivi e dei motivi degli acquisti e delle alienazioni; 5) i fatti di rilievo avvenuti dopo la chiusura dell'esercizio; 6) l'evoluzione prevedibile della gestione; 6-bis) in relazione all'uso da parte della società di strumenti finanziari e se rilevanti per la valutazione della situazione patrimoniale e finanziaria e del risultato economico dell'esercizio: a) gli obiettivi e le politiche della società in materia di gestione del rischio finanziario, compresa la politica di copertura per ciascuna principale categoria di operazioni previste; b) l'esposizione della società al rischio di prezzo, al rischio di credito, al rischio di liquidità e al rischio di variazione dei flussi finanziari. 4. Dalla relazione deve inoltre risultare l'elenco delle sedi secondarie della società.	3) il numero e il valore nominale sia delle azioni proprie sia delle azioni o quote di società controllanti possedute dalla società, anche per tramite di società fiduciaria o per interposta persona, con l'indicazione della parte di capitale corrispondente; 4) il numero e il valore nominale sia delle azioni proprie sia delle azioni o quote di società controllanti acquistate o alienate dalla società, nel corso dell'esercizio, anche per tramite di società fiduciaria o per interposta persona, con l'indicazione della corrispondente parte di capitale, dei corrispettivi e dei motivi degli acquisti e delle alienazioni; ~~5) i fatti di rilievo avvenuti dopo la chiusura dell'esercizio;~~ 6) l'evoluzione prevedibile della gestione; 6-bis) in relazione all'uso da parte della società di strumenti finanziari e se rilevanti per la valutazione della situazione patrimoniale e finanziaria e del risultato economico dell'esercizio: a) gli obiettivi e le politiche della società in materia di gestione del rischio finanziario, compresa la politica di copertura per ciascuna principale categoria di operazioni previste; b) l'esposizione della società al rischio di prezzo, al rischio di credito, al rischio di liquidità e al rischio di variazione dei flussi finanziari. 4. IDENTICO.
Art. 2435-bis. (Bilancio in forma abbreviata). 1. Le società, che non abbiano emesso titoli negoziati in mercati regolamentati, possono redigere il bilancio in forma abbreviata quando, nel primo esercizio o, successivamente, per due esercizi consecutivi, non abbiano superato due dei seguenti limiti: 1) totale dell'attivo dello stato patrimoniale: 4.400.000 euro; 2) ricavi delle vendite e delle prestazioni: 8.800.000 euro;	**Art. 2435-bis. (Bilancio in forma abbreviata).** 1. IDENTICO.

3) dipendenti occupati in media durante l'esercizio: 50 unità. 2. Nel bilancio in forma abbreviata lo stato patrimoniale comprende solo le voci contrassegnate nell'art. 2424 con lettere maiuscole e con numeri romani; le voci A e D dell'attivo possono essere comprese nella voce CII; dalle voci BI e BII dell'attivo devono essere detratti in forma esplicita gli ammortamenti e le svalutazioni; la voce E del passivo può essere compresa nella voce D; nelle voci CII dell'attivo e D del passivo devono essere separatamente indicati i crediti e i debiti esigibili oltre l'esercizio successivo.	2. Nel bilancio in forma abbreviata lo stato patrimoniale comprende solo le voci contrassegnate nell'art. 2424 con lettere maiuscole e con numeri romani; le voci A e D dell'attivo possono essere comprese nella voce CII; ~~dalle voci BI e BII dell'attivo devono essere detratti in forma esplicita gli ammortamenti e le svalutazioni~~; la voce E del passivo può essere compresa nella voce D; nelle voci CII dell'attivo e D del passivo devono essere separatamente indicati i crediti e i debiti esigibili oltre l'esercizio successivo. **Le società che redigono il bilancio in forma abbreviata sono esonerate dalla redazione del rendiconto finanziario**.
3. Nel conto economico del bilancio in forma abbreviata le seguenti voci previste dall'art. 2425 possono essere tra loro raggruppate: voci A2 e A3 voci B9(c), B9(d), B9(e) voci B10(a), B10(b), B10(c) voci C16(b) e C16(c) voci D18(a), D18(b), D18(c) voci D19(a), D19(b), D19(c)	3. Nel conto economico del bilancio in forma abbreviata le seguenti voci previste dall'art. 2425 possono essere tra loro raggruppate: voci A2 e A3 voci B9(c), B9(d), B9(e) voci B10(a), B10(b), B10(c) voci C16(b) e C16(c) voci D18(a), D18(b), D18(c), **D18(d)** voci D19(a), D19(b), D19(c), **D19(d)**
4. Nel conto economico del bilancio in forma abbreviata nella voce E20 non è richiesta la separata indicazione delle plusvalenze e nella voce E21 non è richiesta la separata indicazione delle minusvalenze e delle imposte relative a esercizi precedenti.	~~4. Nel conto economico del bilancio in forma abbreviata nella voce E20 non è richiesta la separata indicazione delle plusvalenze e nella voce E21 non è richiesta la separata indicazione delle minusvalenze e delle imposte relative a esercizi precedenti.~~
5. Nella nota integrativa sono omesse le indicazioni richieste dal numero 10 dell'articolo 2426 e dai numeri 2), 3), 7), 9), 10), 12), 13), 14), 15), 16) e 17) dell'articolo 2427 e dal numero 1) del comma 1 dell'articolo 2427-bis; le indicazioni richieste dal numero 6) dell'articolo 2427 sono riferite all'importo globale dei debiti iscritti in bilancio.	~~5. Nella nota integrativa sono omesse le indicazioni richieste dal numero 10 dell'articolo 2426 e dai numeri 2), 3), 7), 9), 10), 12), 13), 14), 15), 16) e 17) dell'articolo 2427 e dal numero 1) del comma 1 dell'articolo 2427-bis; le indicazioni richieste dal numero 6) dell'articolo 2427 sono riferite all'importo globale dei debiti iscritti in bilancio.~~ **Fermo restando le indicazioni richieste dal terzo, quarto e quinto comma dell'articolo 2423, dal secondo e quinto comma dell'articolo 2423-ter, dal secondo comma dell'articolo 2424, dal primo**

	comma, numeri 4) e 6) dell'articolo 2426, la nota integrativa fornisce le indicazioni richieste dal primo comma dell'articolo 2427, numeri 1), 2), 6) limitatamente ai soli debiti senza indicazione della ripartizione geografica, 8), 9), 13), 15) anche omettendo la ripartizione per categoria, 16), 22-bis), 22-ter) per quest'ultimo anche omettendo le indicazioni riguardanti gli effetti patrimoniali, finanziari ed economici, 22-quater), 22-sexies) per quest'ultimo anche omettendo l'indicazione del luogo in cui è disponibile la copia del bilancio consolidato, nonché dal primo comma dell'articolo 2427-bis, numero 1).
6. Le società possono limitare l'informativa richiesta ai sensi dell'articolo 2427, primo comma, numero 22-bis, alle operazioni realizzate direttamente o indirettamente con i loro maggiori azionisti ed a quelle con i membri degli organi di amministrazione e controllo, nonche' limitare alla natura e all'obiettivo economico le informazioni richieste ai sensi dell'articolo 2427, primo comma, numero 22-ter.	6. Le società possono limitare l'informativa richiesta ai sensi dell'articolo 2427, primo comma, numero 22-bis, alle operazioni realizzate direttamente o indirettamente con i loro maggiori azionisti, a quelle con i membri degli organi di amministrazione e controllo, nonché **con le imprese in cui la società stessa detiene una partecipazione** ~~limitare alla natura e all'obiettivo economico le informazioni richieste ai sensi dell'articolo 2427, primo comma, numero 22-ter.~~
7. Qualora le società indicate nel primo comma forniscano nella nota integrativa le informazioni richieste dai numeri 3) e 4) dell'articolo 2428, esse sono esonerate dalla redazione della relazione sulla gestione.	7. IDENTICO
	7-bis. Le società che redigono il bilancio in forma abbreviata, in deroga a quanto disposto dall'articolo 2426, hanno la facoltà di iscrivere i titoli immobilizzati al costo di acquisto, i crediti al valore di presumibile realizzo e i debiti al valore nominale.
8. Le società che a norma del presente articolo redigono il bilancio in forma abbreviata devono redigerlo in forma	8. IDENTICO

ordinaria quando per il secondo esercizio consecutivo abbiano superato due dei limiti indicati nel primo comma.	
	2435-ter. (Bilancio delle micro-imprese) **1. Sono considerate micro-imprese le società di cui all'art. 2435 - bis che nel primo esercizio o, successivamente, per due esercizi consecutivi, non abbiano superato due dei seguenti limiti:** **1) totale dell'attivo dello stato patrimoniale: 175.000 euro;** **2) ricavi delle vendite e delle prestazioni: 350.000 euro;** **3) dipendenti occupati in media durante l'esercizio: 5 unità.** **2. Fatte salve le norme del presente articolo, gli schemi di bilancio delle micro-imprese sono determinati secondo quanto disposto dall'articolo 2435-bis. Le micro-imprese sono esonerate dalla redazione:** **1) del rendiconto finanziario;** **2) della nota integrativa quando in calce allo stato patrimoniale risultino le informazioni previste dal primo comma, dell'articolo 2427, numeri 9) e 16).** **3) della relazione sulla gestione: quando in calce allo stato patrimoniale risultino le informazioni richieste dai numeri 3) e 4) dell'articolo 2428.** **3. Non sono applicabili le disposizioni di cui al quinto comma dell'articolo 2423 e al numero 11-bis del primo comma dell'articolo 2426.** **4. Le società che si avvalgono delle esenzioni previste del presente articolo devono redigere il bilancio, a seconda dei casi, in forma abbreviata o in forma ordinaria quando per il secondo esercizio consecutivo abbiano superato due dei limiti indicati nel primo comma.**

Art. 2478-bis. (Bilancio e distribuzione degli utili ai soci). 1. Il bilancio deve essere redatto con l'osservanza degli articoli da 2423, 2423-bis, 2423-ter, 2424, 2424-bis, 2425, 2425-bis, 2426, 2427, 2428, 2429, 2430 e 2431, salvo quanto disposto dall'articolo 2435-bis. Esso è presentato ai soci entro il termine stabilito dall'atto costitutivo e comunque non superiore a centoventi giorni dalla chiusura dell'esercizio sociale, salva la possibilità di un maggior termine nei limiti ed alle condizioni previsti dal secondo comma dell'articolo 2364.	1. Il bilancio deve essere redatto con l'osservanza **delle disposizioni di cui alla sezione IX, del capo V del presente libro** ~~degli articoli da 2423, 2423-bis, 2423-ter, 2424, 2424-bis, 2425, 2425-bis, 2426, 2427, 2428, 2429, 2430 e 2431, salvo quanto disposto dall'articolo 2435-bis~~. Esso è presentato ai soci entro il termine stabilito dall'atto costitutivo e comunque non superiore a centoventi giorni dalla chiusura dell'esercizio sociale, salva la possibilità di un maggior termine nei limiti ed alle condizioni previsti dal secondo comma dell'articolo 2364.
2. Entro trenta giorni dalla decisione dei soci di approvazione del bilancio devono essere depositati presso l'ufficio del registro delle imprese, a norma dell'articolo 2435, copia del bilancio approvato e l'elenco dei soci e degli altri titolari di diritti sulle partecipazioni sociali.	2. IDENTICO
3. La decisione dei soci che approva il bilancio decide sulla distribuzione degli utili ai soci.	3. IDENTICO
4. Possono essere distribuiti esclusivamente gli utili realmente conseguiti e risultanti da bilancio regolarmente approvato.	4. IDENTICO
5. Se si verifica una perdita del capitale sociale, non può farsi luogo a distribuzione degli utili fino a che il capitale non sia reintegrato o ridotto in misura corrispondente.	5. IDENTICO
6. Gli utili erogati in violazione delle disposizioni del presente articolo non sono ripetibili se i soci li hanno riscossi in buona fede in base a bilancio regolarmente approvato, da cui risultano utili netti corrispondenti.	6. IDENTICO

BIBLIOGRAFIA

V. ANTONELLI (2013), *Le azioni proprie: profili contabili*, in *Contabilità Finanza e controllo*, Fascicolo 4.

M.S. AVI (2004), *Le azioni proprie nel bilancio d'esercizio: aspetti valutativi, riclassificatori e contabili*, in Le società, Fascicolo 1, volume 23.

M.S. AVI (2015), *Direttiva UE 34/13: come cambierà il bilancio d'esercizio nel 2016. Il bilancio civilistico: dal progetto di riforma OIC del 2006/2008 (per adeguamento della legislazione alle Direttive CR 2001/65/CE e 2003/51/CE) al recepimento della direttiva UE 34/2013*, Cafoscarina Editore, Venezia.

BANCA D'ITALIA (2012), *Le imprese italiane e gli strumenti derivati*, disponibile su: https://www.bancaditalia.it/pubblicazioni/qef/2012-0139/QEF_139.pdf.

E. BOCCHINI (1995), *Manuale di diritto della contabilità delle imprese Vol. 1*, UTET, Torino.

G. BRUNETTI, V. CODA, F. FAVOTTO (1999), *Analisi, previsioni, simulazioni economico-finanziarie d'impresa*, ETAS LIBRI, Milano.

M. BUSSOLETTI (2008), *La disciplina del patrimonio netto, il regime delle riserve*, in A. Provasoli a., F. Vermiglio, "Modifiche della disciplina codicistica del bilancio di esercizio: il progetto OIC di attuazione delle direttive nn.51/2003 e 65/2001", Giuffré, Milano.

O. CAGNASSO (2010), *Le operazioni sulle proprie azioni,* in Le nuove s.p.a. *(a cura di P. Abadessa, O. Cagnasso, L. Panzani)*, Zanichelli, Bologna.

P. CAPALDO (1998), *Reddito, capitale e bilancio di esercizio. Una introduzione*, Giuffré, Milano.

G. CAPODAGLIO, M. SANTI (2010), *Avviamento ed impairment test*, in Rivista Italiana di Ragioneria e di Economia Aziendale, Fascicolo 3-4.

G. CAPODAGLIO, I TOZZI (2013), *Il ritorno alle norme del Codice Civile da parte dei soggetti che abbandonano gli IAS/IFRS*, in Rivista Italiana di Ragioneria e di Economia Aziendale, Fascicolo 4-5-6.

S. CAPOLUPO (2008), *L'acquisto di azioni proprie: effetti dei differenti criteri di contabilizzazione*, in Il fisco, n. 40.

C. CARAMIELLO (1993), *Il rendiconto finanziario – introduzione alla tecnica di redazione*, Giuffrè, Milano.

M. CARATOZZOLO (2006), *Il bilancio di esercizio – Seconda edizione aggiornata ai Principi contabili nazionali e internazionali*, Giuffré, Milano.

M. CARATOZZOLO (2012), *Proposta di nuova Direttiva che sostituisce le direttive IV e VII*, in Contabilità finanza e controllo, Fascicoli 8-9.

F. CARBONETTI (1983), *L'acquisto di azioni proprie*, Giuffré, Milano.

M. CELLI (2006), *Alcune considerazioni sul trattamento contabile delle differenze di consolidamento,* in Rivista Italiana di Ragioneria e di Economia Aziendale, Fascicolo 5-6.

G. E. COLOMBO (1982), *Reddito di esercizio, principi contabili e norme giuridiche*, in "La determinazione del reddito delle imprese del nostro tempo alla luce del pensiero di Gino Zappa", Cedam, Padova.

G. E. COLOMBO (1986), *La "riserva" azioni proprie*, in AA.VV., Riserve e fondi nel Bilancio d'esercizio (a cura di G. Castellano), Giuffrè, Milano.

CONSIGLIO NAZIONALE DEI DOTTORI COMMERCIALISTI E DEGLI ESPERTI CONTABILI (2015), Guide operative: (a) *OIC 16, Immobilizzazioni materiali*; (b) *OIC 24, Immobilizzazioni Immateriali*; (c) *OIC 23, Lavori in corso su ordinazione*; disponibili su: www.cndcec.it

CONSIGLIO NAZIONALE DEI DOTTORI COMMERCIALISTI E DEGLI ESPERTI CONTABILI (2012), *La redazione del bilancio delle società di minori dimensioni: disposizioni normative e criticità"* , disponibile su: www.cndcec.it

CONSIGLIO NAZIONALE DEI DOTTORI COMMERCIALISTI E DEGLI ESPERTI CONTABILI (2010) *Le informazioni sulle operazioni con parti correlate: problematiche applicative e casi pratici il nuovo art. 2427, comma 1, n. 22-bis del Codice Civile* , disponibile su: www.cndcec.it

B. D'AGOSTINIS (2014), *Riflessioni sulle novità introdotte dalla direttiva 34/2013 in materia di bilancio di esercizio*, Cacucci, Bari.

R. D'ALESSIO (2012), *Il passaggio al metodo del patrimonio netto per valutare le partecipazioni*, in Contabilità finanza e controllo, Fascicolo 12.

A. DAMODARAN (2011), *Valutazione delle aziende*, Apogeo, Milano.

L. DE ANGELIS (2002), *Considerazioni sulla valutazione delle azioni proprie nel bilancio d'esercizio e sulla correlativa riserva,* in Giurisprudenza commerciale, Volume 29, Fascicolo 1.

F. DEZZANI, D. BUSSO, P. BIANCONE (2014), *Manuale IAS/IFRS – III^edizione*, Giuffré, Milano.

F. DI CARLO (2013), *Patrimonio netto,* in Il bilancio secondo i principi contabili internazionali IAS/IFRS. Regole ed applicazioni, (a cura di L. Potito) , Giappichelli, Torino.

G. ENNA (2008), *La contabilità d'impresa e i principi contabili nazionali e internazionali*, Cesi Professionale, Milano.

I. FACCHINETTI (2002), *Le analisi di bilancio – Logica e metodologia delle analisi per margini, indici e flussi per la conoscenza della realtà aziendale*, Terza Edizione, Il Sole 24 Ore, Milano.

S. FORTUNATO (1993), *Bilancio e contabilità di impresa in Europa*, Cacucci, Bari.

G. FERRERO (1991), *I complementari principi della «Chiarezza», della «Verità» e della «Correttezza» nella redazione del bilancio d'esercizio*, Giuffré, Milano.

G. FERRERO, F. DEZZANI, P. PISONI, L. PUDDU (2006); *Le analisi di bilancio, indici e flussi*, Giuffré, Milano.

G. FIORI (1999), *Il principio della "rappresentazione veritiera e corretta" nella redazione del bilancio di esercizio*, Giuffrè, Milano.

G. FIORI, R. TISCINI (2014), *Economia aziendale*, EGEA, Milano.

FONDAZIONE ARISTEIA (2006), *Aspetti contabili dei derivati di copertura,* disponibile su: www.fondazionenazionalecommercialisti.it

FONDAZIONE NAZIONALE DEI COMMERCIALISTI (2015), *Il Rendiconto Finanziario e l'informativa di bilancio,* (a cura di N. Lucido), disponibile su: www.fondazionenazionalecommercialisti.it

FONDAZIONE NAZIONALE DEI COMMERCIALISTI (2015), *Approccio per componenti e separazione terreno-fabbricati nei bilanci redatti con le norme codicistiche alla luce dei nuovi principi contabili nazionali,* (a cura di M. Pozzoli), disponibile su: www.fondazionenazionalecommercialisti.it

FONDAZIONE NAZIONALE DEI COMMERCIALISTI (2015), *La svalutazione delle immobilizzazioni tecniche alla luce dell'OIC 9, svalutazioni per perdite durevoli di valore delle immobilizzazioni materiali e immateriali: problematiche tecniche ed operative,* (a cura di M. Pozzoli), disponibile su: www.fondazionenazionalecommercialisti.it

G. FRATTINI (2011), *Contabilità & bilancio. Vol. 2: Il bilancio pubblico*, Giuffré, Milano.

A. GAETANO, R. CIMINI, A. PAGANI (2012), *La revisione dei principi contabili nazionali: prime considerazioni sul Progetto OIC*, in Financial Reporting, Fascicolo n. 2.

S. GARDINI (2010), *Il bilancio consolidato secondo i principi contabili nazionali e internazionali*, Giuffré, Milano.

L. GUATRI, M. BINI (2009), *Nuovo trattato sulla valutazione delle aziende*, Università Bocconi Editore, Milano.

F. IZZO, E. SARTORI, V. LUCIANI (2014a), *L'evoluzione della disciplina comunitaria del bilancio ordinario d'esercizio. Prime riflessioni sulla Direttiva 34/2013*, Rivista Italiana di Ragioneria e di Economia aziendale, Fascicolo 10/11/12.

F. IZZO, E. SARTORI, V. LUCIANI (2014b), *L'OIC 10 per la redazione del rendiconto finanziario*, Contabilità finanza e controllo, Fascicolo 6.

M. LACCHINI (1989), *I componenti straordinari di reddito. Una prospettiva*, Giappichelli, Torino.

M. LACCHINI M., R. TREQUATTRINI (2002), *Ascesa e declino del principio di prudenza nel sistema contabile italiano: riflessioni critiche,* in Rivista Italiana di Ragioneria e di Economia Aziendale, Fascicolo 7-8.

E. LAGHI (1995), *La nota integrativa e l'informazione esterna d'impresa*, Giappichelli, Torino.

E. LAGHI (2006), *L'armonizzazione contabile via IAS/IFRS. Prime riflessioni sull'evoluzione della disciplina in materia di bilancio delle società*, Giappichelli, Torino.

E. LAGHI, A. GIORNETTI (2009), *La prevalenza della sostanza sulla forma nella redazione del bilancio*, in Aa. Vv., *Abuso del diritto in campo tributario. De iure condito, de iure condendo o cos'altro?*, Fondazione Telos.

F. LIZZA (1983), *L'acquisto di azioni proprie nell'economia dell'impresa*, Giuffrè, Milano.

R. MAGLIO (1998), *Il principio contabile della prevalenza della sostanza sulla forma*, Cedam, Padova, 1998.

F. MANNI (1996), *Lineamenti di Ragioneria Generale – Il processo logico contabile di formazione del bilancio ordinario d'esercizio*, Giappichelli, Torino.

R. MARCELLO, N. LUCIDO (2013), *La Direttiva n. 34/2013 del Parlamento europeo e del Consiglio del 26 giugno 2013 in materia di bilanci*, in Il Fisco, n. 37.

L. MARCHI (2012), *Revisione aziendale e sistemi di controllo interno*, Giuffré, Milano.

M. MASSARI, L. ZANETTI (2002), *Valutazione finanziaria*, Mc Graw Hill, Milano.

A. MECHELLI (2006), *La rilevazione integrale dell'avviamento secondo l'Exposure Draft of Proposed Amendments to IFRS 3: considerazioni di principio e problematiche di carattere metodologico*, Economia Aziendale 2000 web, Fascicolo n.3.

A. MELIS (2008), *La qualità dell'informazione esterna. Principi contabili ed evidenze empiriche*, Giuffré, Milano.

C. MEZZABOTTA (2013), *Principi contabili internazionali. I principi generali del bilancio secondo la direttiva 34/2013: un confronto con gli IFRS*, in Rivista dei dottori commercialisti, Fascicolo 4.

OIC (2005), *Guida operativa per la transizione ai principi contabili internazionali (IAS/IFRS)*, disponibile su: http://www.fondazioneoic.eu/

OIC (2012), *Bozza Principio contabile nazionale "Passaggio ai principi contabili nazionali"*, disponibile su: http://www.fondazioneoic.eu/

OIC (2014), *Principi contabili nazionali 2014. Il testo completo dei nuovi documenti Oic e dei principi contabili rivisti*, Il Sole 24 ore, Milano.

A. QUAGLI A., P. PAOLONI (2011), *Il grado di accettazione in Europea del principio contabile IFRS for SMEs. Analisi delle risposte date da utenti e redattori al Questionario della Commissione Europea*, in Aa.Vv., L'ipotesi di espansione in Europa degli IAS/IFRS, Casa Editrice Rirea, Roma, pagg. 247-286.

M. PAOLONI, M. CELLI (2011), *Dall'economia d'azienda all'economia dei gruppi aziendali*, Giappichelli, Torino.

R. PEROTTA (2006), *L'applicazione dei principi contabili internazionali alle Business Combinations. Confronto con la disciplina interna*, Giuffré, Milano.

M. PISANI (1999), *Adattamento di "voci" relative all'esercizio precedente e applicazione retrospettiva di cambiamenti nelle politiche contabili e correzioni di errori determinanti*, in Rivista Italiana di Ragioneria e di Economia Aziendale, Fascicolo 11-12.

L. POZZA (2002), *La valutazione delle partecipazioni con il metodo del patrimonio netto*, in Rivista dei dottori commercialisti, Fascicolo 2.

M. POZZOLI (2003), *I componenti straordinari di reddito. Normativa civilistica. Obblighi fiscali. Prassi contabile*, EGEA, Milano.

M. POZZOLI, V. LUCIANI (2012), *Principi internazionali di valutazione - Analisi dei documenti emanati dall'International Valuation Standard s Board. Casi ed esempi di prassi generalmente accettata*, Gruppo 24 ORE.

M. POZZOLI, V. LUCIANI (2012), *Bozza OIC: passaggio ai principi contabili nazionali*, in Guida alla Contabilità & Bilancio, Fascicolo 22.

A. PROVASOLI, F. VERMIGLIO (2008), *Modifiche della disciplina codicistica del bilancio di esercizio: il progetto OIC di attuazione delle direttive nn.51/2003 e 65/2001*, Giuffré, Milano.

S. PUCCI (2010), *L'iscrizione nel bilancio delle società quotate delle operazioni di copertura del rischio finanziario - Seconda edizione riveduta e ampliata*, Giappichelli, Torino.

A. QUAGLI, G. D'ALAURO (2004), *La disciplina delle poste in valuta estera: profili contabili e fiscali*, in Rivista dei dottori commercialisti, Fascicolo n. 5.

A. QUAGLI (2015), *La riforma del bilancio di esercizio: i postulati e i criteri di valutazione*, in Amministrazione e finanza, Fascicolo 12.

E. SANTESSO, U. SOSTERO (1997), *Titoli, le partecipazioni e il metodo del patrimonio netto*, in Contabilità finanza e controllo, Fascicolo 11.

S. SARCONE (1992), *Aspetti economico-aziendali del metodo del patrimonio netto*, Cacucci, Bari.

G. SAVIOLI (2012), *Le operazioni di gestione straordinaria*, Giuffré, Milano.

U. SOSTERO; P. FERRARESE (2000), *Analisi di bilancio. Strutture formali, indicatori e rendiconto finanziario*, Giuffré, Milano.

C. SOTTORIVA (2014), *La riforma della redazione del bilancio di esercizio e del bilancio consolidato - la prima lettura della Direttiva 2013/34/UE del 26 giugno 2013 che abroga le direttive 78/660/CEE e 83/94/CEE (IV Direttiva CEE e VII Direttiva CEE)*, Giuffré, Milano.

C. SOTTORIVA (2015), *Il recepimento della direttiva 34/2013/UE in Italia; annotazioni a margine del Decreto Legislativo n. 139 del 18 agosto 2015*, in Rivista Italiana di Ragioneria e di Economia Aziendale, Fascicolo 7-8-9.

G. TROINA (2006), *Lezioni di Economia Aziendale*, CISU, Roma.

F. SUPERTI FURGA (2004), *Il bilancio di esercizio italiano secondo la normativa europea*, Giuffrè Editore, Milano.

M. TALIENTO (2011), *Contabilizzazione eterogenea del sale and lease-back alla luce della gradualistica adozione del principio di prevalenza della sostanza sulla forma*, *in* Rivista Italiana di Ragioneria e di Economia Aziendale, Fascicolo 1.

M. VENUTI (2006), *Il bilancio fino agli IFRS*, Giuffrè, Milano.

M. VENUTI (2014), *Il bilancio secondo la nuova direttiva contabile europea*, in Rivista dei Dottori Commercialisti, Fascicolo 1.

G. ZANDA, M. LACCHINI (1993), *Rivalutazione dei beni aziendali ed utilizzo di poste del patrimonio netto*, Giappichelli, Torino.

G. ZANDA, M. LACCHINI, T. ONESTI (2005), *La valutazione delle aziende*, Giappichelli, Torino.

G. ZANDA (2006), *Il bilancio delle società. Lineamenti teorici e modelli di redazione*, Giappichelli, Torino.

www.ingramcontent.com/pod-product-compliance
Lightning Source LLC
Chambersburg PA
CBHW081440170526
45166CB00008B/2263